2018—2019 年中国工业和信息化发展系列蓝皮书

U0590488

2018—2019 年中国自动驾驶产业发展蓝皮书

中国电子信息产业发展研究院　编著

宋　娟　主　编

王　伟　副主编

电子工业出版社

Publishing House of Electronics Industry

北京·BEIJING

内 容 简 介

《2018—2019年中国自动驾驶产业发展蓝皮书》围绕自动驾驶主题展开，聚焦车载智能计算平台、操作系统等热点领域，旨在加强行业共识，推动生态完善。本书主要分为四个部分：综合篇、技术篇、产业篇、企业篇，汇总了国内外自动驾驶关键技术、典型产品及产业发展现状，并梳理了国内典型企业的相关信息，为业内人士提供参考借鉴。

图书在版编目（CIP）数据

2018—2019年中国自动驾驶产业发展蓝皮书 / 中国电子信息产业发展研究院编著；宋娟主编 . —北京：电子工业出版社，2020.1

（2018—2019年中国工业和信息化发展系列蓝皮书）

ISBN 978-7-121-30578-8

Ⅰ . ① 2… Ⅱ . ①中… ②宋… Ⅲ . ①汽车驾驶－自动驾驶系统－汽车工业－工业发展－研究报告－中国－ 2018-2019 Ⅳ . ① F426.471

中国版本图书馆 CIP 数据核字（2019）第 293626 号

责任编辑：管晓伟
文字编辑：孙丽明
印　　刷：天津画中画印刷有限公司
装　　订：天津画中画印刷有限公司
出版发行：电子工业出版社
　　　　　北京市海淀区万寿路 173 信箱　邮编：100036
开　　本：720×1 000　1/16　印张：15.25　字数：391 千字　彩插：1
版　　次：2020 年 1 月第 1 版
印　　次：2020 年 1 月第 1 次印刷
定　　价：198.00 元

凡所购买电子工业出版社图书有缺损问题，请向购买书店调换。若书店售缺，请与本社发行部联系，联系及邮购电话：(010) 88254888，88258888。

质量投诉请发邮件至 zlts@phei.com.cn，盗版侵权举报请发邮件至 dbqq@phei.com.cn。

本书咨询联系方式：(010) 88254460，guanxw @ phei.com.cn。

前　　言

　　随着汽车智能化、网联化、电动化、共享化的发展趋势，汽车产业作为国民经济的重要支柱产业，面临新一轮的转型升级。根据预测，智能网联汽车将迎来 20 年的高速发展，到 2035 年，将占全球 25% 左右的新车市场。汽车功能的增加，尤其是自动驾驶技术的发展，需要更加强大的数据计算、存储和传输能力作为支撑。随之而来，电子电气架构将向集中化不断演进，汽车软件及电子电气市场规模快速增长。据赛迪数据显示，到 2020 年，汽车电子占整车成本比例将达 35% 左右，国内汽车电子市场规模有望接近 9000 亿元。在产业格局加速变革，技术链、价值链重塑的关键窗口期，汽车行业面临的不单是产品的竞争或者企业的竞争，而是整个产业生态的竞争。

　　国家层面高度重视智能网联汽车的发展。国家发展和改革委员会发布了《智能汽车创新发展战略》（征求意见稿）。工业和信息化部、公安部、交通运输部三部委印发了《智能网联汽车道路测试管理规范（试行）》。交通运输部发布了《数字交通发展规划纲要》。工业和信息化部陆续印发了《汽车产业中长期发展规划》《智能网联汽车技术发展路线图》《国家车联网产业标准体系建设指南》《车联网（智能网联汽车）产业发展行动计划》等一系列文件。

　　中国电子信息产业发展研究院中国软件评测中心持续开展智能网联汽车领域的基础性、前瞻性、战略性问题的研究，旨在加强行业共识，推动生态完善。聚焦车载智能计算平台、操作系统等热点领域，联合行业力量开展研究，编著发布了《智能网联汽车测试与评价技术》《车载智能计算平台白皮书（2018 年）》《车载智能计算基础平台参考架构 1.0（2019 年）》《车联网产业发展报告（2019）》等研究成果。

《2018—2019 年中国自动驾驶产业发展蓝皮书》围绕自动驾驶主题展开，旨在为相关行业提供基础工具书。本书主要分为四个部分：综合篇、技术篇、产业篇、企业篇，汇总了国内外自动驾驶关键技术、典型产品及产业发展现状，并梳理了国内典型企业的相关信息，为业内人士提供参考借鉴。

鉴于自动驾驶属于新兴领域，本书汇集的数据和资料难免存在疏漏。本书的主要观点和内容仅代表编制组目前对自动驾驶技术及产业发展的研判和思考。中国软件评测中心将不断深化研究，继续推出"蓝皮书"系列研究成果，欢迎各方专家学者和企业代表提出宝贵意见，共同推动研究的及时更新和纠偏。

目　　录

产 业 篇

｜企　业　篇｜

综 合 篇

第一章

自动驾驶技术简述

汽车产业作为国民经济的重要支柱产业，是推动实现制造强国和网络强国建设的重要支撑和融合载体。在智能化、网联化、电动化、共享化的背景下，自动驾驶成为智能网联汽车产业竞争的焦点。与此同时，汽车的技术链和产业链均面临重塑。

自动驾驶是指依靠机器视觉、人工智能、通信、定位系统协同合作，在没有驾驶人主动操作的条件下，自动安全地操作车辆。通过自动驾驶替代人的驾驶工作，能有效避免人为操作失误，减少交通事故。同时，协同的自动驾驶车辆可以显著提升道路通行效率，节省燃油和通行时间。并且，自动驾驶将人类从紧张的驾驶工作中解脱出来，这将带来全新的乘车体验，并催生出新的乘车休闲娱乐需求。

自动驾驶是下一代汽车转型升级的技术高地。近年来，学术界和产业界都对开发自动驾驶汽车产生了极大的兴趣。20世纪80年代，卡内基梅隆大学推出了可以在复杂环境中自动驾驶的Navlab车辆。1997年美国加州大学伯克利分校的PATH项目完成了自动驾驶车队的全程演示，在没有驾驶人干涉的情况下行驶了长达7.6km的路途。在2004年和2007年，美国国防高级计划局（DARPA）组织大学和公司开展自动驾驶汽车挑战赛。2009年谷歌开始进行自动驾驶实验，直至2016年7月，谷歌一共开展了里程为289万千米的自动驾驶实验。近几年，科技企业纷纷推动自动驾驶系统研究，如特斯拉的AutoPilot及奥迪A8 AI等。苹果、优步等企业也在进行自动驾驶汽车的研发工作。当前科技公司、整车企业、大学、研究院所等机构也在积极投入。低速自动泊车、高速路自动驾驶，以及无人驾驶出租车/小巴是当前自动驾驶业界较为关注的应用场景。

第一节　自动驾驶发展趋势带来诸多技术挑战

自动驾驶的基本功能包括感知、决策、执行。感知是指检测车辆周围的环境、车辆自身的运动状态以及驾驶人的输入及状态；决策是指根据感知获得的外部环境情况、当前车身的速度和位姿以及驾驶人驾驶意图和驾驶状态，通过一定的决策逻辑、规划算法，得出行驶路径、车辆速度等信息，下发给执行机构；执行是指执行决策获得的控制指令。

自动驾驶要求自动驾驶系统对算力、实时性、安全性等要求不断提高。L3 级以上自动驾驶汽车每天需处理大量的数据，例如，有报告指出谷歌的自动驾驶实验车辆每秒产生 750MB 感知数据，英特尔报告指出 L4 级需处理的数据量可达 4TB/ 天，此外自动驾驶的工作负载在周围环境改变的情况下可能会产生大幅改变，因此需要强大的算力和数据传输能力作为支撑。实时性是指自动驾驶系统能够及时进行计算、分析以及执行相应的操作，在传感器收集到外界数据的短时间内完成处理。实时性是保证系统稳定性和驾驶安全性的基本要求。同时由于自动驾驶功能的复杂，存在诸多信息安全威胁。新型电子电气架构对于实现智能网联汽车复杂功能、大量互联信息的高效传输和管理及系统安全十分必要。自动驾驶应用程序需要多个功能模块同时运行，同时还要保证满足各种时序和资源约束。由于实时性要求和资源限制，各种度量（例如，性能、可靠性、安全性、能耗）可能会相互制约。各种传感器，异构总线系统及 V2X（车用无线通信技术）的集成为攻击者提供了大量攻击面。传统的汽车设计缺乏对信息安全问题的考虑，对于智能网联汽车，车内网络和 V2X 都需要受到保护。为了保障安全，需要完善从零部件到整车的测试评价体系，包括功能安全、预期功能安全和信息安全，建立完备的安全保障体系，为其提供辅助支撑。此外，在自动驾驶系统的开发过程中，寻求具有足够覆盖度的运行场景，从而对自动驾驶系统的安全性进行全面分析，这也是研究人员面对的技术挑战之一。

第二节　自动驾驶技术路线

2014 年，SAE International（国际自动机工程师学会）发布 SAE J3016TM《标准道路机动车驾驶自动化系统分类和定义》，并于 2018 年 6 月对标准进行了修订更新。标准将自动驾驶分为 L0—L5 共 6 个级别。自动驾驶等级如图 1-1 所示。

Table—Summary of levels of driving automation

Level	Name	Narrative definition	DDT		DDT fallback	ODD
			Sustained lateral and longitudinal vehicle motion control	OEDR		
Driver performs part or all of the DDT						
0	No Driving Automation	The performance by the *driver* of the entire *DDT*, even when enhanced by *active safety systems*.	Driver	Driver	Driver	n/a
1	Driver Assistance	The *sustained* and *ODD*-specific execution by a *driving automation system* of either the *lateral* or the *longitudinal vehicle motion control* subtask of the DDT (but not both simultaneously) with the expectation that the *driver* performs the remainder of the *DDT*.	Driver and System	Driver	Driver	Limited
2	Partial Driving Automation	The *sustained* and *ODD*-specific execution by a *driving automation system* of both the *lateral* and *longitudinal vehicle motion control* subtasks of the *DDT* with the expectation that the *driver* completes the *OEDR* subtask and *supervises* the *driving automation system*.	System	Driver	Driver	Limited
ADS ("System") performs the entire DDT (while engaged)						
3	Conditional Driving Automation	The *sustained* and *ODD*-specific performance by an *ADS* of the entire DDT with the expectation that the *DDT fallback-ready user* is *receptive* to *ADS*-issued *requests to intervene*, as well as to *DDT performance-relevant system failures* in other *vehicle systems*, and will respond appropriately.	System	System	Fallback-ready user (becomes the driver during fallback)	Limited
4	High Driving Automation	The *sustained* and *ODD*-specific performance by an *ADS* of the entire *DDT* and *DDT fallback* without any expectation that a *user* will respond to a *request to intervene*.	System	System	System	Limited
5	Full Driving Automation	The *sustained* and unconditional (i.e., not *ODD*-specific) performance by an *ADS* of the entire *DDT* and *DDT fallback* without any expectation that a *user* will respond to a *request to intervene*.	System	System	System	Unlimited

图 1-1　自动驾驶等级（来源：SAE J3016 ™，2018，06）

人工驾驶（L0），即完全由驾驶人执行全部动态驾驶任务（DDT，Dynamic Driving Task），包括有主动安全系统介入的情况。

辅助驾驶（L1），即由自动驾驶系统在连续的特定设计运行工况（ODD，Operational Design Domain）下执行动态驾驶任务的横向或纵向车辆运动控制子任务（但不能同时），并由驾驶人负责完成动态驾驶任务的其余内容。

部分自动驾驶（L2），即由自动驾驶系统在连续的特定设计运行工况下执行动态驾驶任务的横向和纵向车辆运动控制子任务，并由驾驶人负责完成驾驶环境监控，并对道路目标和状态做出有效回应。

条件自动驾驶（L3），即由自动驾驶系统在连续的特定设计运行工况下执行所有动态驾驶任务。但是要求驾驶人具备汽车功能保障意识，并随时可以对自动驾驶系统发布的干预请求及与动态驾驶任务相关的其他车辆系统的故障做出有效回应。

高度自动驾驶（L4），即自动驾驶系统在连续的特定设计运行工况下执行全部动态驾驶任务和功能保障，不要求任何用户对干预请求做出回应。

完全自动驾驶（L5），即由自动驾驶系统在任意连续的运行环境下，执行全部动态驾驶任务和功能保障，不要求任何用户对自动驾驶系统的干预请求做出回应。

智能网联汽车功能演进目标路线如图 1-2 所示。

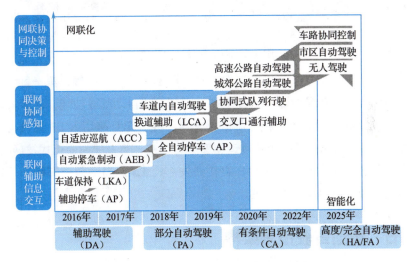

图 1-2　智能网联汽车功能演进目标路线

（来源：《节能与新能源汽车技术发展路线图》）

2015 年，工业和信息化部（以下简称"工信部"）关于"制造强国战略"的解读中首次提出了智能网联汽车概念，明确将网联化作为我国智能网联汽车的发展目标之一。节能与新能源汽车技术路线图战略咨询委员会、中国汽车工程学会发布的《节能与新能源汽车技术路线图》提出，智能网联汽车分级分为智能化与网联化两个层面。智能化层面，参考国际自动机工程师学会、美国高速公路安全管理局（NHTSA）、德国汽车工业联合会（VDA）等组织的分级方案，以 SAE 分级定义为基础，并且考虑到中国道路交通情况的复杂性，加入了对应级别下智能系统能够适应的典型工况特征，给出了中国智能网联汽车的智能化分级标准。智能化和网联化协同发展是我国自动驾驶技术方案的鲜明特色。我国网络及基础设施可为智能网联汽车的功能实现和运行提供支撑，同时智能网联汽车跨界融合的特质也将带来互联网行业与传统汽车行业的频繁互动，重新塑造汽车产业格局。自动驾驶技术路线如图 1-3 所示。

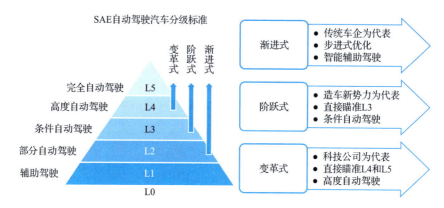

图 1-3　自动驾驶技术路线

目前企业对自动驾驶技术的研发存在三种不同的发展路线，第一种为渐进式发展路线，即在传统汽车上逐渐增加辅助驾驶或自动驾驶功能，逐步实现从 L1 级至 L5 级的发展。第二种为阶跃式发展路线，即直接切入 L3 级自动驾驶的研发，采用该发展路线的企业以造车新势力为主。第三种为变革式发展路线，即以自动驾驶技术为核心竞争力，直接研发 L4、L5 级自动驾驶车辆，采用该发展路线的企业以科技企业为主。

第三节　自动驾驶技术架构

自动驾驶核心技术涉及激光雷达、毫米波雷达、摄像头等新型传感器，车载智能计算平台、通信、高精度地图、线控系统等诸多方面，是一个技术密集型产品。自动驾驶技术架构如图 1-4 所示。

（1）应用。应用软件主要是实现自动驾驶功能，包括环境感知、决策控制、控制执行、云端协同和人机交互。

（2）自动驾驶操作系统。自动驾驶操作系统面向自动驾驶功能，是管理和控制汽车硬件与软件资源的程序系统。自动驾驶操作系统基于异构分布硬件架构，包含系统软件和功能软件的整体基础框架软件。自动驾驶操作系统使用并包含了车控操作系统，基于异构分布的硬件 / 芯片组合，是车控操作系统的异构分布扩展。系统软件创建复杂的嵌入式系统运行环境。功能软件根据自动驾驶核心共性需求，明确定义自动驾驶各共性子模块。

（3）车载智能计算硬件平台。车载智能计算平台是智能网联汽车电子电气架构的核心，多核异构计算架构为自动驾驶提供算力支撑。随着自动驾驶级别的提升，自动驾驶芯片所要处理的传感器数据也开始呈几何倍数增加，这对于

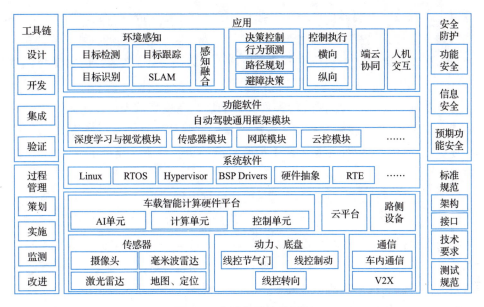

图 1-4 自动驾驶技术架构

处理器的计算能力、数据处理数量以及速度的要求亦愈加严格。异构计算能经济有效地获取高性能计算能力、可扩展性好、计算资源利用率高、发展潜力巨大。异构计算是指多种计算单元（CPU、GPU、DSP、FPGA、ASIC 等）的搭配、集成和融合。通常情况下，异构计算架构的芯片中既有 CPU 等传统的通用计算单元，也有高性能的专用计算单元。车载智能计算硬件平台架构采用异构芯片集成设计。硬件主要包括 AI 单元、计算单元和控制单元。该架构具有芯片选型灵活、可配置拓展、算力可堆砌等优点。

（4）云平台。云平台为智能汽车及其用户、管理及服务机构等提供车辆运行、基础设施、交通环境、交通管理等动态基础数据，具有数据存储、数据运维、大数据分析、云计算、信息安全等基础服务机制，提供数据处理能力，支持智能网联汽车实际应用需求。

（5）路侧设备。路侧设备是自动驾驶系统的关键组成，能提供自动驾驶所需的路侧感知预测等信息，提供更广泛的环境感知及决策，并且网联式自动驾驶离不开车路协同技术的发展。

（6）传感器。自动驾驶汽车的新型传感器主要包括摄像头、激光雷达、毫米波雷达、高精度导航定位系统等。车载摄像头应用广泛且价格相对低廉，车载应用最早，技术也最成熟。车载摄像头包括单目摄像头、双目摄像头、广角摄像头等。低等级自动驾驶（L1、L2）多应用单目摄像头，高等级自动驾驶（L3

及以上）则往往需要多个摄像头；毫米波雷达技术相对成熟，成本较低，可穿透雨雪、尘雾，具有不受恶劣天气影响的优势，但分辨率较低，较难成像；激光雷达主要优点是能对周边物体进行建模，形成高清 3D 图像，但精度受恶劣天气影响。激光雷达从机械旋转式演进到混合固态再到固态激光雷达，向小型化、低功耗、集成化方向发展；实现实时动态高精度定位需多技术融合。传统的 GPS 定位精度不能满足自动驾驶的需求，增强系统是提升 GPS 定位精度的必要途径，IMU（惯性测量单元）拥有更高的更新频率，而且不受信号影响，可以很好地与 GPS 形成互补。

（7）动力、底盘。自动驾驶控制执行系统中包括驱动控制、转向控制、制动控制等。控制执行是指系统在做出决策后，按照决策结果对车辆进行控制。车辆的各个操控系统都需要能够通过总线与决策系统相连接，并能够按照决策系统发出的总线指令精确地控制加速程度、制动程度、转向幅度、灯光控制等驾驶动作，以实现车辆的自主驾驶，这就需要线控底盘来支撑。因此自动驾驶汽车必须对车辆的传统执行机构进行电子化改造，升级为具有外部控制协议接口的线控执行部件系统，主要包括线控节气门、线控转向、线控制动三个部分。

（8）通信。自动驾驶通信技术包括车内通信与 V2X。车内通信网络主流总线主要有 CAN 总线、LIN 总线、FlexRay 总线和 MOST 总线等。近年来车载以太网受到汽车行业以及通信领域的广泛关注，目前百兆以太网技术已经成熟，并在应用成本、可扩展性方面表现出明显优势，已有车企采用其作为主干网络。V2X 是指借助新一代信息和通信技术，实现车与车、车与路、车与人、车与服务平台的全方位网络连接。现有 DSRC（专用短程通信技术）和 C-V2X（蜂窝车联网）两种技术路线，与 DSRC 技术相比，C-V2X 基于蜂窝网络通信技术，通信距离较远，技术安全性更高且性能可预期，拥有可持续的演进路径。

（9）工具链。提供配套工具，让开发工作更方便和快捷高效，将成为自动驾驶解决方案核心竞争力之一。参考基于 V 流程的开发模式，自动驾驶工具链主要包括设计工具、开发工具、集成工具和验证工具。设计工具用以实现需求定义、需求跟踪、需求变更、测试计划、测试用例设计、测试执行跟踪、测试缺陷跟踪、测试报告追溯等，满足产品从开发到测试全过程的需求对应和需求变更影响分析。开发工具包括软件开发和硬件开发工具。软件开发工具包括基于模型的应用软件开发工具、基于模型的嵌入式代码生成工具、AUTOSAR 开发配套相关工具、AI 开发工具等。系统集成包括软件、硬件、数据库技术、网络通信技术等的集成，以及不同厂家产品选型。测试验证工具包括仿真工具、测试管理工具、图形界面工具等。模拟仿真是提高自动驾驶系统开发迭代效率、丰富测试场景的重要手段。

（10）过程管理。使用一组实践方法、技术和工具来策划、控制和改进过程的效果、效率和适应性，包括过程策划（Plan）、过程实施（Do）、过程监测（Check）和过程改进（Act）四个部分，即PDCA循环。策划阶段通过市场调查、用户访问等，了解用户对产品质量的要求，确定质量政策、质量目标和质量计划等。设计和执行阶段实施策划阶段所规定的内容。根据质量标准进行产品设计、试制、试验及计划执行前的人员培训。监测阶段主要是在计划执行过程之中或执行之后，检查执行情况以判断是否符合预期。过程改进阶段主要根据监测结果，采取相应的措施。

（11）安全防护。功能安全、预期功能安全和信息安全构成了自动驾驶体系的安全要素。信息安全、功能安全主要针对自动驾驶系统的漏洞、故障导致的失效行为，而预期功能安全主要针对因功能预期失误或功能实现不足导致的功能未实现行为，主要原因是设计开发时系统功能定义不能充分覆盖目标市场的使用需求。

（12）标准规范。自动驾驶的国际、国家标准均在制定中，顶层标准体系虽已初步形成，但细分领域的标准仍需完善。考虑产业发展的需要、技术逻辑结构和产品物理结构组成，综合不同的功能要求、产品和技术类型，形成自动驾驶标准体系。针对自动驾驶所涉及的关键技术，构建并完善架构标准、接口标准、技术要求、测试规范等方面的关键标准，可以推动行业共识的形成，加速关键技术攻关和产品定型。

第四节　自动驾驶技术发展策略

一、提高技术创新能力

支持企业开展协同创新，攻关车载智能计算平台。紧密围绕产业实际应用需求，以完善产业链和应用生态建设为中心，采用系统工程方法，总体布局，分步推进，保持发展定力。要发挥好政府引导作用，更要发挥好企业主体作用。要充分利用市场化机制，突破关键共性技术，加快产品研发，推动应用示范。

二、强化安全保障体系

高度关注产品质量和信息安全保障工作，在关键核心技术的研发和应用过程中，同步关注信息安全技术研究和标准规范研制。支持相关检测机构加快模拟仿真、软件、网络安全、功能安全等检测工具研发和检测平台建设，强化技术保障能力，以测促研。

三、完善投资融资环境

完善融资环境，促进初创企业发展。引导整合社会各类资金，通过融资模式培育发展新技术、新业态、新模式。进一步完善融资环境，鼓励商业银行、股票发行机构等加大对有能力提供行业解决方案的车载智能计算平台企业的支持力度，适度扩大进入范围。

参考文献

[1] Zhang X，Gao H，Guo M，et al. A study on key technologies of unmanned driving[J]. CAAI Transactions on Intelligence Technology，2016，1（1）:4-13.

[2] 中国软件评测中心 . 车载智能计算平台白皮书（2018 年）[R]. 2018.

[3] 中国软件评测中心 . 车载智能计算基础平台参考架构 1.0（2019 年）[R]. 2019.

[4] 中国通信学会 . 车联网技术、标准与产业发展态势前沿报告（2018 年）[R]. 2018.

[5] 北京市经济和信息化委员会 . 北京市智能网联汽车产业白皮书（2018 年）[R]. 2018.

[6] 盖世汽车研究院 . 2018 年中国汽车电子行业白皮书 [R]. 2018.

第二章

自动驾驶产业地图

第一节　产业发展环境

一、全球新能源汽车产业保持高速增长

　　新能源汽车作为目前最有利于实现自动驾驶的平台正在快速发展，并逐步成为影响汽车产业发展的新兴势力。2018 年全球新能源汽车销量达到 201 万辆，实现 41.5% 的增长。中国新能源汽车销量增速远高于世界平均水平，达到61.6%。2018 年，中国新能源汽车销量达到 125.6 万辆，占全球新能源汽车总销量的 62%，中国已成为全球最大的新能源汽车市场。从市场增速看，我国新能源汽车市场已从初创期过渡到成长期，市场需求将进一步上升，产业进一步繁荣。2013—2018 年中国新能源汽车销量及增速如图 2-1 所示。

图 2-1　2013—2018 年中国新能源汽车销量及增速

（数据来源：赛迪顾问）

二、各国加速布局规划自动驾驶产业

从全球范围来看，美国、欧洲和日本等国家及地区的自动驾驶汽车起步较早，各国政府采取出台相应战略规划及政策、制定标准及法律法规以及建设示范区等措施，推动自动驾驶及智能网联汽车的发展，加快产业化进程。在我国，为推进中国汽车产业的转型升级，国家和各地方政府也已出台多项政策和规划。利好政策和相关标准的落地将加速智能网联汽车产业的发展，推动中国自动驾驶实现标准化和自主化。各国自动驾驶规则见表 2-1。

表 2-1　各国自动驾驶规划

国家	时　间	单　　位	名　　称	相关内容
美国	2016	交通运输部	《联邦自动驾驶汽车政策指南》	在联邦法律框架中纳入自动驾驶的安全监管
	2016	交通运输部	《联邦机动车安全标准——第 150 号》（FMVSS No.150）	所有轻型车辆强制安装 DSRC 作为统一标准的 V2V 通信设备
	2017	交通运输部	《自动驾驶系统 2.0：安全展望》	鼓励各州基于自动驾驶技术测试和部署重新评估现有交通法律法规
	2018.10	交通运输部	《自动驾驶汽车 3.0：准备迎接未来交通》	推动自动驾驶技术与地面交通系统多种运输模式的安全融合
	—	—	M-city 示范区	包括用于模拟高速公路环境的高速实验区和用于模拟市区和近郊的低速实验区两个区域
	—	—	Willow Run 示范区	作为 M-city2.0 版本，拥有更加复杂的交通环境布局
欧盟	2015	欧盟委员会	《GEAR2030 战略》	重点在于推进高度自动化和网络化驾驶领域的合作和发展
	2016	欧盟委员会	《合作式智能交通系统战略》	部署协同式智能交通系统（C-ITS）服务，实现 V2V、V2I 等网联式信息服务
	2017	交通和数字化基础设施部	《道路交通法》修正案	允许自动驾驶在特定条件下代替人类驾驶
	2018.5	欧盟委员会	《通往自动化出行之路：欧盟未来出行战略》	明确到 2020 年在高速公路上实现自动驾驶，2030 年进入完全自动驾驶社会
	—	—	瑞典 AstaZero 测试场	模拟城市环境，建有一个直径 240 米的环形高速测试区，通过减速带与另一条 700 多米长的多车道道路相连

国家	时间	单位	名　　称	相　关　内　容
日本	2013	—	《SIP 战略性创新创造项目计划》	提出自动驾驶商用化时间表和技术发展路线图
	2014	—	《SIP（战略性创新创造项目）自动驾驶系统研究开发计划》	推进基础技术及协同式系统相关领域的开发与实用化
	2017	—	《2017 官民 ITS 构想及路线图》	确定自动驾驶 L3、L4 等时间表
	2017	警察厅	《远程自动驾驶系统道路测试许可处理基准》	允许汽车在驾驶位无人的状态下进行上路测试
	2018.3	—	《自动驾驶相关制度整备大纲》	明确自动驾驶汽车的责任划分
	2018.9	国土交通省	《自动驾驶汽车安全技术指南》	明确规定 L3、L4 级自动驾驶汽车需满足的十大安全条件
中国	2017.4	工信部、国家发改委、科技部	《汽车产业中长期发展规划》	加强自动驾驶系统核心技术攻关
	2017.12	工信部	《促进新一代人工智能产业发展三年行动计划（2018—2020 年）》	支持自动驾驶操作系统发展
	2017.12	工信部、国家标准化管理委员会	《国家车联网产业标准体系建设指南（智能网联汽车）》	分阶段实现低级别到高级别的自动驾驶目标
	2018.4	工信部、公安部、交通运输部	《智能网联汽车道路测试管理规范（试行）》	制定公共道路自动驾驶测试的总则、测试管理、交通违法和事故处理、附则等
	2018.6	工信部、国家标准化管理委员会	《国家车联网产业标准体系建设指南（总体要求）》等系列文件	加紧研制自动驾驶及辅助驾驶相关标准
	2018.12	工信部	《车联网（智能网联汽车）产业发展行动计划》	发挥政策引领作用，分阶段实现车联网产业高质量发展的目标

数据来源：相关部门网站公开信息整理、赛迪顾问。

三、商用车 ADAS 的需求增加将加速自动驾驶产业发展

相比于乘用车，商用车因其体积大、盲区多、制动工况恶劣、载人或载货量大、长途驾驶人容易疲惫等多种原因成为重大交通事故高发主体，有着强烈的安全需求。安装 ADAS 可以监测驾驶人状态，提供预警功能，甚至进行有效干预，从而更好地保证行车安全，降低交通事故发生率。2017 年 3 月，交通运输部发布的《营运客车安全技术条件》中明确要求 9m 以上营运客车加装具备 LDW（车道偏离预警系统）、FCW（前向碰撞预警系统）等功能的 ADAS 产

品。随着国家相关政策的陆续出台及技术的突破带来成本的下降，过去商用车 ADAS 无人买单的窘境将得以改善，也使保险公司、车辆运营商等开始加大对商用车 ADAS 市场的关注，商用车 ADAS 市场有望迎来爆发式增长。

四、人工智能和 5G 为自动驾驶提供强大助推力

人工智能（AI）技术的快速发展，为汽车行业带来新的驱动力，加速车辆的智能化进程，使得自动驾驶逐渐成为可能。而 5G 技术的突破更是为自动驾驶技术的发展提供了强大的助推力。AI 包括算法、计算能力和数据三大要素，目前市面上算法多为深度学习算法，计算能力的实现依托于 GPU（图形处理器）、FPGA（现场可编程门阵列）等高性能计算芯片，数据则来源于具体应用场景下的海量信息。对于自动驾驶而言，AI 被应用于感知和决策环节，深度学习算法的长足发展使得汽车愈加智能化，可以实现精准感知、推断预测、高精定位、路径规划等行为。目前的 4G 网络仅能满足汽车共享状态更新的要求，尚不足以应对汽车自动驾驶的海量信息输送要求，而 5G 通信技术则可以满足网联自动驾驶汽车对高数据带宽和低延迟的需求，5G 网络的普及将极大地推动自动驾驶的进程。

五、技术快速迭代发展，特定场景功能成为焦点

当前，国际各大整车企业都已经推出 L2 级辅助驾驶功能系统，有代表性的包括通用汽车 Super Cruise、福特 Co-Pliot360、特斯拉 AutoPilot、沃尔沃 Pilot Assist，宝马 Personal CoPilot、戴姆勒 DRIVE PILOT、日产 ProPILOT、本田 AcuraWatch 等，具备了超车、变道、自动跟车等各类功能，奥迪新 A8 也已经具备 L3 级自动驾驶功能，成为首个 L3 级无人驾驶量产车并已在欧洲上线相关功能。辅助驾驶相关技术的积累为未来完全无人驾驶的发展奠定了基础。

与此同时，高等级智能网联汽车技术也取得快速发展。Waymo 已完成超过 1000 万英里的自动驾驶道路测试和超过 50 亿英里的模拟测试，目标是直接推出 L4 级自动驾驶系统，并在美国凤凰城等地推出自动驾驶出行服务。通用汽车通过收购 Cruise 强化无人驾驶能力，面向汽车出行市场开发量产 L4 级无人驾驶汽车，并向美国交通部提交无人驾驶豁免申请。日本丰田汽车则开发 e-Palette 移动平台并取消驾驶人座位，打通通勤、物流以及用餐、办公等各类生活场景，并依托 e-Palette 打造未来出行生态，利用丰田提供的开放 API 接口，供应商可以开发相应的硬件和控制软件，实现自有的智能驾驶功能。

特定场景无人驾驶方面，自主泊车系统（Autonomous Valet Parking，

AVP）等具有场景相对简单、运行范围有限且集中、技术实现难度相对较低等特点，有望成为下一个量产热点。2018 年 9 月，戴姆勒和博世合作研发的自动代客泊车系统在中国首次亮相。法雷奥与思科也共同开发远程自动泊车系统，驾驶人可在车库入口下车，使用智能手机激活系统，车辆将自主完成泊车。此外，无人驾驶技术也已经在国外多个地区的园区、景区、港口、机场、环卫等特定场景下拥有了广泛的应用。

第二节　产业链全景图

广义上看，自动驾驶产业并不是传统的阶级化链式产业链，而是需要车企、互联网企业等各类企业间合作互通催生出的新型商业机会和组织形态。主要包括感知系统、决策系统、执行系统和通信系统。

一、感知系统

自动驾驶汽车的感知部分直接影响车辆的安全性和稳定性，感知系统包括摄像头、激光雷达、毫米波雷达、高精度地图与定位等。不同的感知方式在环境、距离和功能方面具有不同的优势，因此多传感器融合可以确保获得全局信息，并辅助计算机做出更准确的判断规划。

车载摄像头的核心传感器 CMOS 和图像处理器 DSP 主要被国外企业垄断，包括索尼、三星、德州仪器、Mobileye 等。国内舜宇光学是车载镜头的龙头企业，市场占有率全球第一；欧菲科技引入国内领先研发团队，产业布局初见成效。

激光雷达被国外的生产商占领主要市场，Velodyne 公司的包括 16 线、32 线、64 线以及 128 线激光雷达等产品、Quanegy 公司的 M8 和 S3 两款全固态激光雷达以及 IBEO 公司的 4 线和 8 线的机械旋转式激光雷达等均处于领先地位。相对而言，国内有较为完整的产业链和光机电技术基础，禾赛科技、速腾聚创、巨星科技等企业在激光雷达领域仍有较大机会。

毫米波雷达近年来也逐渐成为自动驾驶汽车中参与多传感器信息融合的感知设备，市场目前基本被国外厂商占领，如博世、大陆、海拉、德尔福等企业在行业内拥有深厚的技术积累和实际经验。而在国内，像行易道、苏州豪米波、深圳安智杰、纳雷科技、南京隼眼等毫米波雷达厂商，也在积极进行布局，力争追赶国际水平。

高精度地图与定位在自动驾驶中扮演着重要角色，无论是整车企业，还是零部件公司还是科技公司都普遍达成了共识，自动驾驶的地图服务需要全行业各大参与者共同来推动向前发展。目前国外的主要市场被 HERE、TomTom 等公司占领，国内市场则以百度地图、高德地图、四维图新等公司为主力。预计到 2025 年，全球智能网联汽车传感器市场规模将达 548 亿美元。

二、决策系统

自动驾驶汽车的决策系统依据感知系统获取的信息来进行决策判断，包括计算平台、操作系统、自动驾驶算法等。

车载计算平台是自动驾驶汽车决策系统竞争的焦点，全球芯片制造商、汽车零部件供应商、整车企业及互联网企业正展开积极布局。目前，国际先进企业均取得了一些实质性的技术进展，部分企业已经推出系列产品，并积极与整车企业开展合作。目前在芯片、ADAS、IP 领域，英伟达、英特尔、微软、Mobileye、恩智浦、德州仪器、高通等在技术研发方面占据优势。

自动驾驶操作系统是自动驾驶的核心部分。自动驾驶操作系统包含系统软件和功能软件两部分，其中系统软件创建复杂嵌入式系统运行环境，功能软件则根据自动驾驶核心需求明确各共性子模块。国际巨头企业抢先布局自动驾驶操作系统的系统软件，嵌入式操作系统 QNX 的市场占有率最高，Linux 基于开源代码适合于个性化定制等，各大供应商纷纷推出不同的操作系统以满足不同整车企业的需求。

自动驾驶决策算法是自动驾驶企业的核心竞争力。目前有诸多车企和科技企业参与研发，一方面包括大众、特斯拉、上汽、一汽等在内的传统车企和造车新势力，一方面还有着眼于算法集成层面的初创公司，同时还有谷歌、百度等互联网科技企业和博世等的大型一级供应商（Tier1）涉足其中。

三、执行系统

自动驾驶汽车不仅仅靠感知和决策，它还需要线控系统的执行。线控系统主要有五大部分，分别为线控转向、线控制动、线控换挡、线控节气门、线控悬驾。它们决定了自动驾驶汽车行驶的安全性和舒适性。

目前，国外供应商在自动驾驶汽车执行系统领域具有绝对优势，相关执行控制专利技术和零部件产品将依然长期掌控在如博世、大陆、德尔福等大型 Tier1 手中，在价格和性能上均远超国内水平。以线控制动系统为例，作为执行系统的核心功能，目前全球领先的 Tier1 依靠成熟的底盘控制技术和规模效应，在线控制动领域占据主导地位，且在底盘控制接口方面不对外开放，形成了一定程度的行业壁垒。博世推出的 iBooster 线控制动系统，通过电动机替换高压蓄能器实现技术革新，推动主缸完成制动过程，产品已批量应用于大众、奥迪、特斯拉及凯迪拉克等品牌的车型。日立、大陆和天合也分别推出了EACT、MKC1、IBC 线控制动系统。国内技术储备相对较弱，中国京西重工、万向集团、武汉元丰、伯特利、易立达等企业正加速布局。由于传统汽车制造业正在受到新技术冲击，国内外电动汽车厂商、互联网造车新势力等在电控、电池方面占有技术优势的企业也正面临新的机遇。

四、通信系统

通信系统包括车内通信及 V2X。V2X 是连接车与车(V2V)、车与路(V2I)、车与人（V2P）、车与云（V2C）等的信息交互平台，包括安全解决方案、电子电气架构及云平台等领域。目前，V2X 通信系统以美国主导的 DSRC 标准和我国主导的 C-V2X 标准为主，未来随着 5G 通信系统的逐渐成熟，5G-V2X 有望成为新的技术标准。信息安全贯穿自动驾驶汽车信息交互系统，为自动驾驶汽车的正常安全行驶提供了有效保障。随着汽车智能化、网联化程度的逐渐提高，新一代电子电气架构也将有别于传统模式，为此，全球汽车企业、零部件供应商及电子、半导体和软件系统公司依托 AUTOSAR 汽车开放系统架构共同开发汽车电子标准架构，其中包括新一代电子电气架构。云平台聚焦车路协同管理，是未来实现智慧交通、智慧城市的基础。

第三节　产业发展分析

一、产业现状

2018 年，我国汽车销量出现 28 年以来的首次下降，全年汽车产销量分别为 2780.92 万辆和 2808.06 万辆，同比下降 4.16% 和 2.76%。其中乘用车产销量分别为 2352.94 万辆和 2370.98 万辆，同比下降 5.15% 和 4.08%；商用车产销量分别为 427.98 万辆和 437.08 万辆，同比增长 1.69% 和 5.05%。虽然 2018 年我国的汽车销售量有所下降，但总体销量体量依然巨大，自动驾驶产业的潜在市场广阔，规模巨大。从产业结构上看，我国在自动驾驶产业结构分布相对均衡，受商用车强制加装 ADAS 系统的政策影响，ADAS 系统及配套解决方案企业所占比例最高，达到 21.4%。

2018 年中国自动驾驶产业结构分布图如图 2-2 所示。

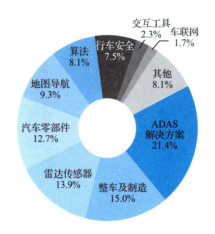

图 2-2　2018 年中国自动驾驶产业结构分布图

（数据来源：赛迪顾问）

二、产业细分领域分析

（一）传感器制造成本高，部分技术被国外厂商垄断

车辆自动驾驶操作必须基于车辆周围实时环境的信息进行判断，因此需要各类传感器提供周围环境准确的信息。自动驾驶所需传感器主要包括车载摄像头、激光雷达、毫米波雷达和超声波雷达等，不同的传感器有不同的功能，优劣各异且目前由单一传感器无法替代，只有进一步加强各传感器的协同配合，组成自动驾驶环境感知解决方案以实现对外界环境的数据收集、处理及分析等工作。由于激光雷达具有可准确获取目标信息和成像能力强等优点，在自动驾驶感知系统中占据了重要地位，但其成本高昂。另外，由于激光雷达制造、调试、装配等流程复杂，较多零部件难以满足严格的车规级别要求，部分关键技术目前被国外厂商垄断。国内以禾赛科技等公司为例主要通过牺牲一定精度的方式降低激光雷达成本，加速 ADAS 系统传感器量产升级，同时积极推动技术研发与创新,争取实现核心技术国产化。毫米波雷达具有探测距离远,精度较高、穿透雾、灰尘的能力强，能够全天候全天时工作等优势。特斯拉在其智能汽车中已使用替代激光雷达的解决方案，采用毫米波雷达与摄像头的方式。但是毫米波雷达市场也被国外厂商所垄断，国内主要的零部件供应商正在致力于车载毫米波雷达研发。

（二）计算机视觉方案积累薄弱，差距明显

多种传感器获取不同角度的信息，需要在汽车端整合、分析，以获得车辆自动驾驶所需准确的环境信息。一方面需要高效的芯片，对各类信息进行快速运算，及时分析获取结果；另一方面也需要先进的算法程序，对各类传感器获取的信息进行感知、识别和判断。在自动驾驶产业中，芯片和算法程序通常整合在一起，市场壁垒较高，行业巨头 Mobileye 不仅拥有深厚的算法、数据积累，而且能够自主研发视觉芯片和高精度地图。计算机视觉方案方面我国与国外差距较大，国内供应商相关技术目前主要应用于 ADAS 系统，远不能满足自动驾驶所需技术要求；对于算法程序来说，通过新兴的人工智能（AI）技术是提高感知识别准确度的有效途径，而国内的人工智能初创企业却较少将自动驾驶作为自己的应用方向。

多个不同类的感知设备可以获得不同方位与类别的信息，收集的不同信息之间可以相互补充，也可能会存在冗余与矛盾的情况，这就需要利用控制中心下达正确的指令，要求其对多个不同类的感知设备收集到的信息进行融合与综合判断。在多个感知设备使用的情况下，进行信息融合，是保证安全驾驶的前提。感知技术的融合可提高系统的冗余度与容错性，从而保证信息决策的快速与正确。最终要实现感知技术融合，需要硬件与软件层面的相互配合。感知技术融合在自动驾驶汽车领域属于一项非常关键的技术。从产业的角度来看，此前《麦姆斯咨询》报道称，传感器融合系统需求预计将在未来 5 年内以约 19.4% 的复合增长率（CAGR）增长，预计市场规模将在 2023 年达到 75.8 亿美元。

（三）造车新势力快速壮大且估值较高

自 2015 年蔚来、前途、威马等造车新势力集中涌现以来，国内共崛起近 60 家造车新势力。新兴车企多数具有互联网基因，往往具备极强的资本运作能力，资金实力雄厚。行业内 15 家主流企业共发生融资活动 120 多笔，造车新势力总融资规模已经超过 1500 亿元。其中，蔚来汽车已经成功赴美上市，IPO 定价为每股 6.25 美元，估值高达 64 亿美元，紧随其后的威马汽车、小鹏汽车等估值均在 200 亿元以上。近年来，在车市整体遇冷、政策补贴退坡、行业竞争加剧等因素的影响下，造车新势力面临的压力陡增。

（四）按运营场景进行自动驾驶落地的科技公司发展迅猛

由于传感器、算法等技术成本较高及相关监管法律法规及标准尚不成熟等

原因，全场景下的无人驾驶还无法实现。但是，按不同应用场景进行自动驾驶车辆的运营成为初创型科技企业发展的重要方向。其中，进行自动驾驶出租车场景运营的代表性企业有 pony.ai 和 Roadstar.ai；图森未来专注于端到端的高速路段以及集中在港口码头一类的固定场景下的商用车自动驾驶；智行者科技和驭势科技则明确定位于停车场、公园、机场等园区场景下低速物流车、清扫车、摆渡车等的自动驾驶落地。分场景的运营能够实现自动驾驶技术的快速落地，也能针对细分领域解决行业痛点，因而得到社会和资本的认可，这类企业估值较高且发展迅猛。

三、产业规模与结构预测

中国自动驾驶产业在宏观政策、潜在市场、技术创新、基础设施建设等有利因素影响下，将逐步成型并快速增长。中国汽车市场巨大，虽然近期增速放缓，但整体保有量依然巨大。随着智能网联汽车以及新能源汽车比例的不断提升，市场对自动驾驶技术的需求逐步增长，自动驾驶产业将会逐渐成型并壮大。短期内，自动驾驶产业主要增长点反映在 ADAS 系统在乘用车和商用车上的普及与升级，长期来看，自动驾驶产业未来发展的核心将在于传感器解决方案、车辆决策方案等系统软件的开发及与芯片等硬件的集成。

（一）产品渗透率逐渐增长，ADAS 系统 2021 年产业规模将突破千亿元

2017 年 4 月，工信部、国家发改委、科技部联合发布的《汽车产业中长期发展规划》中提出"到 2020 年，汽车 DA（驾驶辅助）、PA（部分自动驾驶）、CA（有条件自动驾驶）系统新车装配率超过 50%，网联式驾驶辅助系统装配率达到 10%，满足智慧交通城市建设需求"。ADAS 系统作为人类驾驶到无人驾驶的过渡产品，将率先得到大规模应用。未来，随着技术的突破，ADAS 产品成本将逐渐下降。搭载 ADAS 功能的车型将从高端车型向中低端车型渗透，前碰撞预警、车道保持系统、自动泊车辅助等 ADAS 功能将进一步普及。盲区监测、车道偏离预警等功能有望在新上市车型中实现完全覆盖。在整个汽车市场中，配备盲区监测功能的 ADAS 产品渗透率将超过 80%。预计未来两年，中国汽车市场对 ADAS 的需求量将保持持续增长的态势，年均复合增长率约为 27.8%，在 2021 年实现近千亿产业规模。

（二）驾驶辅助向自动驾驶功能逐步升级加速，2025 年之前有望实现 L3 级功能大规模普及

随着激光雷达、毫米波雷达等自动驾驶关键器件逐渐实现国产，预计成本及售价会逐步降低，在中高端乘用车上装配率加速上升。同时以 BAT（百度、阿里巴巴、腾讯）为代表的互联网公司及资本布局的科创公司进入自动驾驶领域，带来人工智能、云计算等先进技术，加速视觉解决方案、传感器融合方案等难点的研发与升级。中国自动驾驶综合技术水平有望在 2020 年进入 L2—L3 阶段，于 2025 年之前大规模普及并实现 L3 级别自动驾驶的商业化。

（三）产业结构重心将逐步由 ADAS 系统及传感器制造向算法芯片系统研发和市场运营领域转移

短期内，自动驾驶产业的结构重心主要在 ADAS 系统的普及及雷达传感器的升级，ADAS 系统解决方案及雷达传感器的制造将是产业重点。长期来看，随着 ADAS 系统市场逐渐趋于饱和、雷达传感器成本逐步减低，未来自动驾驶产业结构重心将逐步向算法程序开发及芯片集成等高技术附加值和后市场运营等价值链下游领域转移。

参考文献

[1] 中国软件评测中心 . 车载智能计算平台白皮书（2018 年）[R]. 2018-09.

[2] 中国通信学会 . 车联网技术、标准与产业发展态势前沿报告（2018 年）[R]. 2018.

[3] 北京市经济和信息化委员会 . 国内外智能网联汽车产业发展概况 [R]. 2019.

[4] 北京市经济和信息化委员会 . 北京市智能网联汽车产业白皮书 [R]. 2018.

技 术 篇

第三章

车载智能计算平台

　　智能网联汽车从交通运输工具日益转变为新型移动智能终端。汽车功能和属性的改变导致其电子电气架构随之改变，进而需要更强的计算、数据存储和通信能力作为基础，车载智能计算平台是满足上述要求的重要解决方案。作为汽车的"大脑"，车载智能计算平台是新型汽车电子电气架构的核心，也是新型智能汽车电子产业竞争的主战场。

第一节　汽车智能计算平台

　　为了实现高等级自动驾驶，汽车智能计算平台是必要的解决方案。在汽车智能化和网联化过程中，汽车智能计算平台主要完成汽车行驶和信息交互过程中海量、多源、异构数据的高速计算处理，运用人工智能、信息通信、互联网、大数据、云计算等新技术，实时感知、决策、规划，并参与全部或部分控制，实现汽车的自动驾驶、联网服务等功能。

　　汽车智能计算平台的架构包括"车、云、网、库"，分别指的是车载智能计算平台、云端智能计算平台、通信网络和资源库，如图 3-1 所示。车载智能计算平台是由传统 ECU（Electronic Control Unit，电子控制单元）逐步向智能高速处理器转变的新一代车载中央计算单元，包括芯片、模组、接口等硬件以及驱动程序、操作系统、基础程序等软件，能够保障智能网联汽车感知、规划、决策和控制的高速可靠运行。云端智能计算平台主要是指为车载智能计算平台提供深度学习模型训练、仿真测试、数据存储等支撑能力及提供实时高精度地图数据服务和全局路径规划的云端计算系统。通信网络主要是指车端与云端、计算平台与外部环境的网络通信系统及身份认证与标识解析体系等。资源库主要是指开发环境、驱动程序、调试工具、编译工具等支持系统和应用工程化开发和维护的一系列组件。

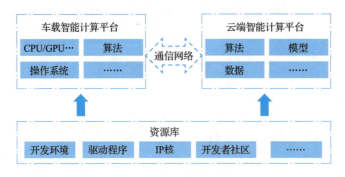

图 3-1 汽车智能计算平台

随着智能网联汽车的高速发展，由机器替代人类完成驾驶任务，车辆自身需要完成感知、规划、决策和控制等一系列任务，导致系统功能愈加复杂，实时性要求、安全等级要求不断提高，以 CAN 总线为基础的传统汽车分布式架构已不能满足发展需求。集中式的新型电子电气架构对于实现智能网联汽车复杂功能、大量互联信息的高效传输和管理及系统安全十分必要。而基于高性能 SoC（System on Chip，系统级芯片）构建的车载智能计算平台集成了多个异构处理器，提供高性能计算能力，实现集中控制策略，满足 L3 级以上自动驾驶车辆的需求。

第二节　车载智能计算平台的功能定位

车载智能计算平台主要完成的功能是以环境感知数据、导航定位信息、车辆实时数据、云端智能计算平台数据和其他 V2X 交互数据等作为输入，基于环境感知定位、智能规划决策和车辆运动控制等核心控制算法，输出驱动、传动、转向和制动等执行控制指令，实现车辆的自动控制，并向云端智能计算平台及 V2X 设备输出数据，还能够通过人机交互界面，实现车辆驾驶信息的人机交互。车载智能计算平台功能定位如图 3-2 所示。

车载智能计算平台需要强大的硬件运算资源，同时需要实现功能安全、预期功能安全和信息安全管理，包括错误监测、信息安全策略、安全纠正策略及安全警示和降级的策略等。能够基于摄像头、毫米波雷达、激光雷达、导航定位系统、高精度地图和 V2X 通信等多信息融合，实现环境感知定位、智能决策规划和车辆运动控制等，满足智能网联汽车智能驾驶系统的高性能和高安全性的控制需求。车载智能计算平台需要满足如下要求：一是满足计算性能与实时性要求；二是满足功能安全要求、预期功能安全要求和信息安全要求；三是支持多种车内通信协议如 CAN-FD/Ethernet 等；四是支持 FOTA（Firmware Over-The-Air，无线固件）升级，实现功能迭代；五是满足车规级标准（温度、电磁兼容、可靠性等）；六是满足低功耗要求；七是满足成本要求。

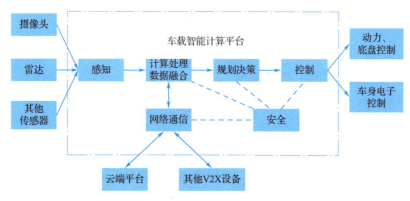

图 3-2 车载智能计算平台功能定位

第三节 车载智能计算平台的关键技术

作为智能网联汽车电子电气架构的核心，车载智能计算平台涉及算力、算法等方面的众多关键技术。与此同时，覆盖其全生命周期的安全防护体系及从零部件到整车的测试评价体系为其提供辅助支撑。

算力方面，涉及芯片、操作系统、驱动、安全管理、存储管理和错误管理。算法方面，主要包括环境感知、智能规划决策和控制等功能模块。其中重点关注 AI 芯片，目前主要用于加速计算，为车载智能计算平台提供算力支持。操作系统方面，车载智能计算平台涉及自动驾驶操作系统和车控操作系统。为了提升自动驾驶环境感知性能，车载智能计算平台还应该具备实时动态的高精度定位和高带宽低时延的网络通信能力。随着车载智能计算平台集成方案的改变及功能的增加，其安全防护体系和测试评价体系所涵盖的内容也在不断地拓展。

一、参考架构

2019 年 5 月，中国软件评测中心联合工信部装备工业发展中心、清华大学、国汽智联、一汽、上汽、华为、中兴、地平线等企业联合研究并发布了《车载智能计算基础平台参考架构 1.0（2019 年）》。该研究报告指出，车载智能计算平台需要软硬件协同发展促进落地应用。结合车辆平台和传感器等外围硬件，同时采用车内传统网络和新型高速网络（如以太网、高速 CAN 总线等），根据异构分布硬件架构指导硬件平台设计，装载运行自动驾驶操作系统的系统软件和功能软件，向上支撑应用软件开发，最终实现整体产品化交付。

车载智能计算基础平台需要包含自动驾驶操作系统和异构分布硬件架构两部分。其中，自动驾驶操作系统是基于异构分布硬件架构，包含系统软件和功能软件的整体基础框架软件。车载智能计算平台侧重于系统可靠、运行实时、分布弹性、高算力等特点，实现感知、规划、控制、网联、云控等功能，最终完成安全、实时、可扩展的多等级自动驾驶核心功能。车载智能计算基础平台参考架构如图 3-3 所示。

二、AI 芯片

高性能 AI 芯片为车载智能计算平台提供算力支持，正由通用走向专用。L3 级以上自动驾驶汽车每天需要处理大量的数据，因此需要强大的计算和数据传输能力作为支撑。同时，算力和功耗的平衡是车载智能计算平台的关键和瓶颈。在自动驾驶领域，AI 芯片相比传统处理器在数据吞吐能力、并行计算能力和功耗方面存在优势。CPU 通用性强，但很难同时满足自动驾驶所要求的巨大算力和超低功耗。GPU 依托深度学习算法的发展，是目前 AI 芯片最有竞争力的方案之一，该方案具有多核心、高内存带宽等设计特点，特定类型数据的计算性能远高于 CPU。现在半定制 FPGA 和全定制 ASIC 正成为 AI 芯片的优选方案。相比于 CPU 和 GPU，FPGA 具有低延迟、高性能和配置灵活的特性。ASIC 方案尽管存在初期开发成本高、开发周期长的缺点，但是相较上述几种类型的芯片，具有低延迟、低功耗的特点，并且在量产后具有显著的成本优势，所以长远来看，该方案将成为 AI 芯片的主流方案。从通用走向专用是 AI 芯片发展必经之路。

三、测试技术

针对车载智能计算平台的测试技术已较为多样，涵盖了多个测试层面。车载智能计算平台有基础部件测试、控制系统测试、功能测试、信息安全测试等。其中，基础部件测试主要包括气负荷测试、机械负荷测试、气候负荷测试、化学负荷测试等；控制系统测试主要包括软件在环、硬件在环、实车在环的模拟仿真测试；功能测试主要以验证功能实现为目的进行的仿真测试、实车测试；信息安全测试主要包括车载智能计算平台的程序安全、通信安全、数据安全、

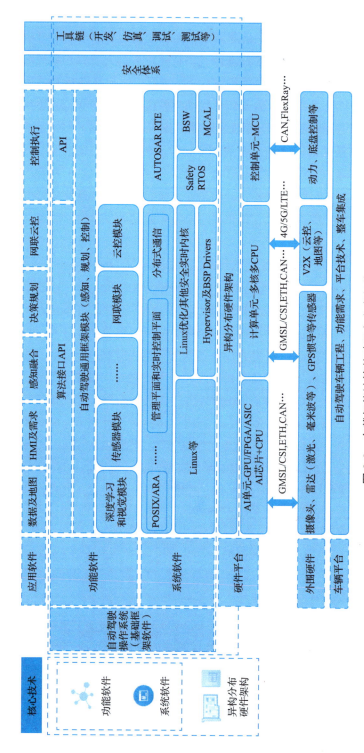

图 3-3 车载智能计算基础平台参考架构

系统安全等内容。

四、标准研制

目前针对自动驾驶汽车的功能安全、信息安全、预期功能安全的相关国家标准、国际标准还在制定当中，导致测试缺乏依据。针对信息安全的相关国家标准目前仍在制定中，而预期功能安全的国际标准《ISO/AWI 21448 : Road vehicles — Safety of the intended functionality》目前已完成工作组草案（WD），将于 2019 年 12 月推出委员会版草案（CD），进一步征求各国意见，并计划于 2021 年发布正式的 ISO 标准。2018 年 6 月，工业和信息化部、国家标准化管理委员会共同组织制定了《国家车联网产业标准体系建设指南（总体要求）》《国家车联网产业标准体系建设指南（信息通信）》和《国家车联网产业标准体系建设指南（电子产品与服务）》系列文件，2019 年 11 月，有关单位编制完成了《国家车联网产业标准体系建设指南（车辆智能管理）》并公开征求意见。顶层标准体系虽已初步形成，但细分领域的标准仍需完善。此外，针对智能网联汽车的测试验证过程，工业和信息化部、公安部、交通运输部联合发布了《智能网联汽车道路测试管理规范（试行）》，明确上路测试的一系列要求以及交通违法处理依据，汽标委智能网联汽车分标委也已起草完成《汽车软件升级技术要求》标准草案，模拟仿真测试、应用场景测试、关键功能模块技术规范等相关标准也在预研中。

参考文献

[1] 中国软件评测中心 . 车载智能计算平台白皮书（2018 年）[R]. 2018.

[2] 中国软件评测中心 . 车载智能计算基础平台参考架构 1.0（2019 年）[R]. 2019.

第四章

自动驾驶操作系统

在电动化、智能化、网联化、共享化"新四化"的发展趋势下，智能网联汽车正快速成为继个人电脑、智能手机后的大型智能互联移动终端。智能网联汽车操作系统是产业发展的内核和基石，加快布局操作系统、突破关键共性技术，不仅对我国的智能网联技术和产业生态，而且对我国的产业安全、国家安全而言，都具有深远意义。

智能网联汽车操作系统是管理和控制汽车硬件与软件资源的程序系统，其功能是管理系统的硬件、软件和数据资源，控制运行程序、网络通信和安全机制及为用户提供界面交互等。智能网联汽车操作系统主要可分为两大类，即车载操作系统和车控操作系统。车载操作系统正在向智能座舱、实现网联功能演变；车控操作系统未来主要支撑实现对车辆的自动驾驶控制。自动驾驶操作系统是车控操作系统面向自动驾驶功能的延伸，是自动驾驶系统中软件体系的核心组成部分，提供自动驾驶计算平台硬件管理，并为各类自动驾驶算法提供运行平台，实现多传感器信息采集、车辆行驶环境感知、智能驾驶决策、底层车辆控制等诸多功能，是自动驾驶技术的"灵魂"所在。

第一节　自动驾驶操作系统关键技术

自动驾驶操作系统使用并包含了车控操作系统，其基于异构分布硬件 / 芯片组合，是车控操作系统的异构分布扩展。车控操作系统是指传统车控 ECU 中主控芯片 MCU 装载运行的嵌入式操作系统，如 AUTOSAR（OSEK）操作系统，可参考 Classic AUTOSAR 软件架构，吸收了其模块化和分层思想。自动驾驶操作系统，既有车控操作系统的功能和特点，还能够提供高性能、高可靠的传感器、分布式通信、自动驾驶通用框架等模块，以支持自动驾驶感知、规划、决策、控制等功能的共性实现。自动驾驶操作系统将车控操作系统纳入整体系统软件和功能软件框架。车控操作系统运行在 MCU 上，一般以功能安全 ASIL-D 等级保障车载智能计算基础平台安全可靠，并根据自动驾驶需求进行一定程度上的扩展。

系统软件和功能软件是车载智能计算基础平台安全、实时、高效的核心和基础。自动驾驶操作系统包含系统软件和功能软件两部分。系统软件创建复杂嵌入式系统运行环境，可参考借鉴 AUTOSAR 软件架构分层思想，可以实现与 Classic 和 Adaptive 两个平台的兼容和交互。功能软件根据自动驾驶共性需求，进行通用模块定义和实现，可补充 AUTOSAR 架构在自动驾驶方面的不足和缺失。

一、系统软件

系统软件是针对汽车场景定制的复杂大规模嵌入式系统运行环境。系统软件一般包含异构分布系统的多内核设计及优化、Hypervisor、POSIX/ARA（AUTOSAR Runtime for Adaptive Applications）、分布式系统 DDS（数据分发服务）等。

自动驾驶操作系统要求多内核设计，内核要求与 Classic AUTOSAR 和 Adaptive AUTOSAR 对内核的要求类似。车载智能计算基础平台支持异构芯片，需考虑功能安全、实时性能要求。当前异构分布硬件架构各单元所加载的内核系统安全等级有所不同，如 AI 单元内核系统 QM ～ ASIL-B、计算单元内核系统 QM ～ ASIL-D、控制单元内核系统 ASIL-D，因而出现不同安全等级的多内核设计或单内核支持不同安全等级应用的设计。保证差异化功能安全要求的同时满足性能要求，是自动驾驶操作系统软件设计的关键。

目前应用在汽车或嵌入式系统中的 RTOS（实时操作系统），如 OSEK OS，VxWorks，RT-Linux 等，可以作为计算单元内核的选择，但要考虑其汽车功能安全等级及市场成熟度。另外，车载智能计算基础平台的复杂性也要求内核系统对系统软件、功能软件及应用软件的库支持和可编程性。国内相关 ICT 企业如华为、中兴等也推出了自研实时内核系统，并开始商用或计划通过汽车功能安全评估。Linux 内核紧凑高效、开源灵活、广泛支持芯片和硬件环境及应用层程序。目前技术路线也有对 Linux 系统进行定制优化、实现部分 CPU 和内存资源保护并高效实时的混合系统，达到功能安全等级要求。QNX 是目前广泛应用的汽车嵌入式 RTOS 内核系统，其建立在微内核和完全地址空间保护基础之上，硬实时、稳定、可靠、安全，满足 ASIL-D 功能安全等级。

Hypervisor 虚拟化技术有效实现资源整合和隔离。Hypervisor 是一种硬件虚拟化技术，管理并虚拟化硬件资源（如 CPU、内存和外围设备等），提供给运行在 Hypervisor 之上的多个内核系统。自动驾驶操作系统是基于异构分布硬件的，应用程序如 AI 计算和实时安全功能可能分别依赖不同的内核环境和驱动，但在物理层面共享 CPU 等。Hypervisor 是实现跨平台应用、提高硬件利用率的重要途径。

系统软件可借鉴 Adaptive AUTOSAR 平台思想，采用 POSIX API。POSIX（可移植操作系统应用程序接口）能够很好地适应自动驾驶所需要的高性能计算和高带宽通信等需求。Adaptive AUTOSAR 采用基于 POSIX 标准的内核系统，可使用所有标准的 POSIX API，旨在满足未来高级自动驾驶的需求。自动驾驶操作系统软件基于实时嵌入式软件单元架构，可借鉴 Adaptive AUTOSAR 平台思想，在不同内核系统采用 POSIX API 与应用软件、功能软件交互。

DDS 满足多种分布式实时通信应用需求。DDS 属于通用概念，是一种分布式实时通信中间件技术规范。自动驾驶操作系统需要建立跨多内核、多 CPU、多板通用、高速高效的 DDS 机制。DDS 可采用发布 / 订阅架构，强调以数据为中心，提供丰富的 QoS（服务质量）策略，能保障数据进行实时、高效、灵活地分发，可满足各种分布式实时通信应用需求。

目前自动驾驶算法大多在基于 Linux 内核的中间件环境 ROS（机器人操作系统）中进行搭建和验证。ROS 主要提供"节点"间数据传递服务。为了增强"节点"间数据的实时性、持续性和可靠性，近期发布的 ROS2 通信系统基于分布式系统数据分发服务设计。ROS 依托于 Linux 系统，无法满足车规级和嵌入式系统要求，其效率、安全等方面的问题也限制其商业产品化。

管理平台和数据平台是自动驾驶操作系统实现的设计基石。管理平台和数据平台是复杂嵌入式系统的通用概念。管理平台包含日志、管理、配置、监控等非强实时功能，存在于每个硬件单元中。数据平台是实时控制平台，实现自动驾驶操作系统的主要功能和数据处理，运行自动驾驶通用数据、实时状态监控、数据收集、失效切换、网联、云控、信息安全等功能模块。

二、功能软件

功能软件主要包含自动驾驶的核心共性功能模块。核心共性功能模块包括自动驾驶通用框架、网联、云控等，结合系统软件，共同构成完整的自动驾驶操作系统，支撑自动驾驶技术的实现。

自动驾驶通用框架模块是功能软件的核心和驱动部分。L3 及以上等级自动驾驶系统具备通用、共性的框架模块，如感知、规划、控制等及其子模块。一方面，自动驾驶会产生安全和产品化共性需求，通过设计和实现通用框架模块来满足这些共性需求，是保障自动驾驶系统实时、安全、可扩展和可定制的基础。另一方面，重点算法特别是人工智能算法仍在不断演进，如基于 CNN（卷积神经网络）框架的深度学习感知算法、基于高精度地图等多源信息融合定位算法、基于通用 AI 和规则的决策规划算法和基于车辆动力学模型的控制算法等。自动驾驶通用框架模块定义核心、共性自动驾驶通用框架和数据流，包含共性模块的实现；提供对外接口 API（应用程序编程接口）和服务，以接入非共性或演进算法、HMI（人机接口）等；通用框架模块也会调用自动驾驶操作系统内的云控、网联、信息安全等功能软件模块，或使用这些模块提供的服务。通用框架模块的设计和实现，可以充分利用市场不断成熟的、不同领域的算法子模块，促进产品高质高效的快速迭代。

网联模块是自动驾驶操作系统功能软件中实现网联通信、处理网联数据的功能子模块。除满足常规网联服务场景要求外，该子模块通过完善的通用框架模块设计实现网联协同感知、网联协同规划、网联协同控制等网联自动驾驶功能。网联数据通过 V2X 获得，包括路测数据、摄像头、智能信号灯、道路交通提示预警及其他车辆信息等，与单车传感器系统的多种探测手段相结合和融合处理，能够有效实现单车感知范围扩展到数百米，车辆间防碰撞，根据预警直接控制车辆启停等重要感知、规划和控制功能。单车智能化与 V2X 网联功能的有机结合增强自动驾驶系统整体的感知、决策和控制能力，降低自动驾驶成本，最终实现无人驾驶。该子模块是智能网联汽车的典型特征，也是自动驾驶操作系统的核心功能之一。

云控模块是与云控基础平台交互的功能子模块。云控基础平台为智能网联汽车及其用户、管理和服务机构等提供车辆运行、基础设施、交通环境等动态基础数据。云控基础平台具有高性能信息共享、高实时性云计算、多行业应用大数据分析等基础服务机制。云控模块通过自动驾驶通用框架模块的支持，提供云控基础平台所需的数据支撑，同时通过高速通信与中心云 / 边缘云进行云端感知、规划和控制等数据的实时同步，实现云一端分工协同，如基于广泛多车感知的云端感知、云端多车感知融合和云端最终裁决等。

功能软件需要支持深度学习嵌入式推理框架，便于成熟算法的移植和适配。自动驾驶是深度学习算法的重要应用场景，尤其在视觉、激光雷达及决策规划方面，算法企业、科研机构进行了长期且富有成效的研究和产品化工作。自动驾驶操作系统功能软件中需要支持深度学习嵌入式推理框架（如 TensorRT），并兼容 TensorFlow 和 Caffe 等主流训练开发框架的深度学习模型，便于已有成熟算法和开发生态的移植和适配。

传感器模块规范和模块化各类自动驾驶传感器，为传感数据融合提供基础。L3 及以上等级自动驾驶技术方案多依赖激光雷达、摄像头、毫米波雷达等不同类型、不同安装位置的传感器，这些传感器的硬件接口、数据格式、时空比例、标定方法不同。针对传感器的多样性、差异性和共性需求，自动驾驶操作系统功能软件用预置传感器模块来规范和模块化自动驾驶各类传感器，为异构传感器信息融合处理提供基础。

第二节　技术研究热点

一、微内核

内核是一个操作系统的核心，操作系统的内核一般分为微内核和宏内核两种结构。内核负责管理系统的进程、内存、设备驱动程序、文件和网络系统等，连接硬件和应用程序，决定着系统的性能和稳定性。内核为应用程序提供对计算机硬件安全访问的一部分软件。内核通常提供硬件抽象的方法来进行硬件操作，为应用软件和硬件提供简洁、统一的接口，从而屏蔽复杂性，使程序设计更为简单。

宏内核架构操作系统中的所有系统功能包括调度、内存管理、进程间通信、文件系统、设备驱动等都共享同一个地址空间，并且在特权模式下执行。微内核并非是一个完整的操作系统，而只是操作系统中最基本的核心部分，通常用于实现与硬件紧密相关的处理。完整的操作系统由特权模式的微内核（含基本服务）和非特权模式的系统服务、设备驱动这三个部分组成，共同为用户程序提供服务，操作系统和用户程序一起构成业务应用系统。

宏内核系统相关的服务基本都是放于内核态的内核中，例如文件系统、设备驱动、虚拟内存管理、网络协议栈等；而微内核则把更多的系统服务（例如文件系统、POSIX 服务、网络协议栈及外设驱动）放到用户态应用，形成一个个服务，等待其他应用的请求。为了在宏内核与微内核之间扬长避短，也发展出了中间的混合内核形态，有部分服务也会放置于内核中。

微内核、宏内核、混合内核操作系统架构如图 4-1 所示。

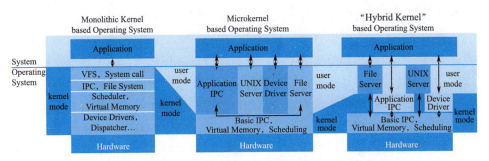

图 4-1 微内核、宏内核、混合内核操作系统架构

微内核操作系统建立在模块化、层次化的结构之上，且采用 C/S 模式和面向对象的设计。优点主要体现在：提高了系统的可扩展性，增强了系统的可靠性、可移植性，提供了对分布式系统的支持，融入了面向对象技术。由于服务都运行在用户态，服务与服务之间采用消息传递通信机制，当某个服务出现错误时，不会影响内核和其他服务。此外，微内核可以将任务划分成多种安全级别，从而采用相应的访问控制策略来实现任务间的隔离。

另外，微内核操作系统的运行效率较低。在微内核中，由于服务器之间、客户和服务器之间的通信都需要经过微内核，同样的服务请求至少需要进行 4 次上下文切换。

二、虚拟化

虚拟化是一种资源管理技术，通过对计算机资源的抽象和模拟，提供一个隔离执行环境，即虚拟机。虚拟化可以实现计算机资源的动态分配、灵活调度、有效共享，提高计算机的资源利用率。

智能化、网联化的需求持续推动汽车电子电气架构变革。随着汽车智能化、网联化发展，汽车电子底层硬件不再是由实现单一功能的单一芯片提供简单的逻辑计算，而是需要提供更为强大的算力支持；软件也不再是基于某一固定硬件开发，而是要具备可移植、可迭代和可拓展等特性。智能化与网联化共同推动了汽车电子电气架构的变革，一方面是车内网络拓扑的优化和高速网络的启用，另一方面是 ECU（电子控制单元）的功能进一步集成到域控制器甚至车载计算平台。

另外，集中化的电子电气架构与汽车电子功能安全标准并不相符。根据功能安全 ISO 26262 标准，自动驾驶系统、仪表与 HMI（人机接口）需要满足不同等级的功能安全要求，从安全角度应该进行物理上的隔绝。虚拟机管理的概念被引入汽车电子系统，允许在虚拟机之上运行不同安全等级的操作系统，从而保障不同功能域的功能和信息安全。

虚拟机技术一般可以分为全虚拟化、半虚拟化及硬件辅助的虚拟机。全虚拟化的典型代表是早期的 VMWare，虚拟化管理程序在运行的时候捕获虚拟机操作系统的特权指令，并进行二进制翻译，使得虚拟机操作系统以为自己运行在物理机上。全虚拟化的优点在于无须修改虚拟机操作系统，缺点在于性能较差。半虚拟化的典型代表是早期的 Xen，它在虚拟化管理程序中添加了一些接口函数，然后修改虚拟机操作系统，在特权指令等需要修改的地方修改虚拟机操作系统的代码以便支持虚拟化。半虚拟化的优点在于性能明显提升，缺点在于需要给虚拟机操作系统打补丁。硬件辅助的虚拟化指的是在处理器中直接加入虚拟化指令支持，处理器引入了新的虚拟化模式。

虚拟化的优势在于隔离性、独立性、兼容性。虚拟机独立运行在隔离的环境中，不会被其他虚拟机干扰和破坏，而且虚拟化屏蔽了底层硬件的差异，对上层操作系统及应用提供统一的硬件接口，易于实现软件的平台化。

参考文献

[1] 中国软件评测中心 . 车载智能计算基础平台参考架构 1.0（2019 年）[R].
2019.

[2] 沈苏彬 . 物联网技术架构 [J]. 中兴通信技术，2011（01）:13-15.

[3] 吴松，王坤，金海 . 操作系统虚拟化的研究现状与展望 [J]. 计算机研究与发展，2019，56（1）: 58-68.

[4] 李鹏，张凡 . L4 微内核操作系统及其应用技术研究 [J]. 计算机技术与发展，2014，24（4）: 29-32.

第五章

激光雷达

激光雷达（LiDAR）是集激光、全球定位系统（GPS）和惯性测量装置（IMU）三种技术于一体的系统。作为当前自动驾驶汽车探知周围环境的主要零部件，激光雷达通过激光撞击障碍物后返回所需的时间来计算目标的相对距离。在光电处理后激光束形成三维点云能够产生精确的三维图像，因而获得关于目标的距离、方向、高度、速度、姿态和形状等信息（见图5-1）。

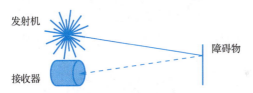

图 5-1　激光雷达原理图

激光雷达在自动驾驶感知系统中起着重要的作用，其优点包括：高精度，能够获取极高的距离、角度、速度分辨率，全天候目标探测，抗有源干扰能力强、检测范围广等。同时，激光雷达的缺点也很明显，如在雨雪雾等极端天气下性能较差、采集的数据量过大、价格昂贵等。

第一节　系统组成

大多数激光雷达系统主要包括三部分：激光器、光学扫描器、光电检测器。

激光器使用高度专业化的二极管，在电磁光谱的光学部分或其附近产生能量。来自激光器的能量通过受激发射的原子过程被放大到极高的强度，最后将能量变成高度定向的波束，所有的单个能量波被对齐，变为"同相"并且沿相同的方向移动。

激光雷达成像的速度取决于外部反射的光子经光学扫描部件进入系统的速度。目前存在许多扫描的方法以改变方位角和仰角，例如双振荡平面镜、双轴扫描镜、多面镜等。

光电检测技术即读取和记录反射回到激光雷达信号的技术，主要有两种光电检测技术，分别为固态检测器（Solid State Detector）和光电倍增管。

当激光雷达安装在移动的平台时，需要其他设备辅助以保证激光雷达测量数据的可用性。卫星导航系统（GNSS）可以提供准确的地理位置信息，惯性测量单元（IMU）则记录当前位置激光雷达的姿态和转向信息。GNSS 和 IMU 配合使用将激光雷达测量点由相对坐标系转换为绝对坐标系上的位置点，从而应用于不同的系统中。

第二节　技术路线

车用激光雷达主要有机械式激光雷达和固态激光雷达两种。

一、机械式激光雷达

机械式激光雷达是一种可以通过机械旋转扫描激光的激光雷达。机械式激光雷达的发射系统和接收系统在宏观上是旋转的，发射部件垂直排列成激光光源的线性阵列，通过透镜在垂直面上产生不同方向的激光束。在步进电动机的驱动下，垂直面内的激光束不断地从"线"旋转到"面"，并通过旋转扫描光"面"形成多重激励，实现检测区域的三维扫描。

机械式激光雷达的优点包括探测性能优越、技术成熟等，是当前激光雷达技术路线的主流。但其内部机械结构精密、零件数多、组装工艺复杂、制造周期长，因此生产成本居高不下。同时由于内部含有大量可动部件，易受车辆振动影响，在行车环境下磨损严重，平均失效时间为 1000～3000 小时，而汽车厂商的要求高达上万小时，长期使用可靠性差。因此其高昂的成本和较短的使用寿命使其无法实现车规级量产。此外，机械式激光雷达还存在接受光窗数值小、信噪比低等缺点。针对机械式激光雷达的以上缺点，需要进一步优化系统方案。

二、固态激光雷达

固态激光雷达是指完全取消了机械扫描结构的激光雷达。固态激光雷达的发射系统和接收系统均固定不动，通过电子方式把激光导向空间的各个方向，实现对周围空间的扫描。目前固态激光雷达主要包括 MEMS 激光雷达、光学相控阵（OPA）激光雷达和泛光面阵式（Flash）激光雷达三种。

（一）MEMS 激光雷达

MEMS 激光雷达是指将微机电系统 MEMS 和振镜结合起来并驱动其旋转以实现激光扫描的雷达。其发射系统结构如图 5-2 所示，驱动电路同时作用于激光器和 MEMS 振镜，使得激光器产生激光脉冲及 MEMS 振镜发生旋转。此时，所发射的脉冲在振镜不断地旋转反射下进行激光扫描，最后经光学单元准直后射出。作为机械旋转扫描激光雷达的升级换代，MEMS 激光雷达得到了广泛的应用。

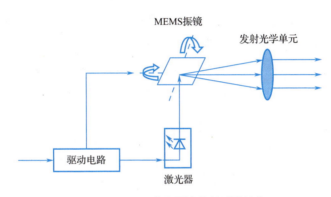

图 5-2　MEMS 激光雷达发射系统结构

MEMS 激光雷达机械结构的微型化和电子化设计能够避免机械式激光雷达的整体旋转，有效降低驱动过程中整个系统的功耗和出现问题的概率，实现体积小、宏观结构简单、可靠性强等优点。同时，将芯片技术应用于主要零部件的生产，提高了批量生产能力，使得其价格远低于同等性能的机械式激光雷达。但是 MEMS 激光雷达也存在半导体工艺难度大、选材范围小等缺点。

（二）相控阵激光雷达

OPA（相控阵）激光雷达是采用光学相位控制阵列技术实现激光扫描的一种激光雷达。OPA 发射器由多个可独立控制的发射和接收单元组成，改变加载其上的电压便可改变各单元发出的光波特性，再通过调整发射光波之间的相位关系在一定方向上实现相互增强的干涉，从而产生具有方向性的高强度光束。因此，在设计好的程序控制下，OPA 的各个相位控制单元使一个或多个高强度光束的方向实现随机空间扫描（见图 5-3）。

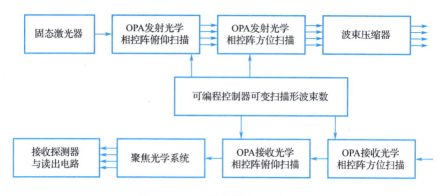

图 5-3　OPA 激光雷达原理框图

OPA 激光雷达具有扫描速度快、扫描精度高、扫描区域全覆盖、开发成本低等优点。同时，OPA 激光雷达存在易形成旁瓣、影响激光束射程和角分辨率、采用高精度集成微阵列芯片设计技术难度大等缺点，限制了其实现车规级量产。

（三）泛光面阵式激光雷达

Flash（泛光面阵式）激光雷达是通过记录光子飞行时间计算环境距离的激光雷达，属于非扫描式激光雷达。在运行过程中，成像系统发射大面积激光覆盖探测区域。由于物体表面到返回点的距离不同，光源到达物体表面后部分反射回图像上的像素点飞行时间也不同，由雷达内部的高灵敏度接收器计算每个像素对应的距离，完成对周围环境的信息采集与绘制，探测范围可以达到百米以上。

Flash 激光雷达是目前全固态激光雷达中主流的技术产品之一，主要优点有成像速度快、成本低、集成度高、非离散采集、能够改善感知系统对环境的空间理解能力等。但是由于受限于芯片技术，目前 Flash 激光雷达的应用范围较小。另外，多发射器同时发射脉冲激光，也限制了其模块的功率。

OPA 激光雷达和 Flash 激光雷达相比于仍保留有微动机械结构的 MEMS 激光雷达来说，电子化得更加彻底，三种固态激光雷达的方案总结如表 5-1 所示。由于固态激光雷达不需要机械旋转部件，同时可以大大压缩雷达的整机结构和尺寸，易于集成并提高使用寿命，是未来重要的技术方向，有望替代机械式激光雷达。

表 5-1　固态激光雷达方案对比

技术路线	MEMS	OPA	Flash
定义	微机电系统，将原本体积较大的机械旋转部件集成到硅基芯片上，由可以旋转的微镜来反射激光器的光线，从而实现扫描	运用光学相控阵相干原理，采用多个光源组成阵列，通过控制各个光源发光时间差，合成具有特定方向的主光束，然后再加以控制，主光束便可以实现对不同方向的扫描	Flash 方案发射激光覆盖区域，通过类似照相机的工作模式对光子飞行时间信息进行记录并绘制图像
优点	1. 无外部机械旋转部件，可靠性提高 2. 体积小，容易集成 3. 成本降低，有利于量产	1. 无任何机械部件，结构简单，体积小，成本低 2. 扫描速度快，扫描精度高	光源发射端产业链成熟，接收端可选择方案多，量产容易
缺点	1. 寿命短 2. 面积太大，难以解决光线接收问题 3. 上游元器件及半导体工艺不够成熟	1. 阵列单元加工精度要求高 2. 扫描角度有限 3. 接收面大，信噪比差	1. 探测距离短 2. 难以检测到低反射率的物体 3. 难以通过激光人眼安全测试要求

第三节　实际应用

自动驾驶车辆广泛应用二维激光雷达和三维激光雷达。二维激光雷达应用于扫描单一平面，结构简单，测距速度快，系统稳定可靠。三维激光雷达通过丰富的点云数据得到车辆环境的深度信息，实现障碍物的精确检测、驾驶区域的构建、车道、路缘等道路要素，及障碍物和非结构化道路驾驶区域的获取，同时还能识别驾驶环境中的行人和车辆、红绿灯和交通警示牌等信息，弥补二维激光雷达应用于地形复杂、路面不平整的环境时数据失真等缺陷。

一、动静态障碍物检测与分类

障碍物检测是自动驾驶汽车自主导航的基本前提和安全保障。对于静态障碍物，车辆需要通过激光雷达准确获取障碍物的位置、宽度、长度、高度等信息以便进行防碰撞、避障等动作；对于动态障碍物，车辆需要通过激光雷达获取障碍物的横纵向移动速度、位置、长宽高、类别等信息，车辆可以基于移动障碍物的信息进行合理的动作规划。

二、道路边缘检测与道路特征识别

道路边缘检测可以让车辆更合理地规划当前路径的可行驶区域，在 GPS 导航失效时保障车辆继续行驶。同时,不同颜色的道路区域反射率不同,基于此,激光雷达可以利用反射率进行车道线检测。对于多线激光雷达，车辆可以利用每条线之间的关系进行坡度检测。

三、高精度地图构建和定位

自动驾驶的实现需要厘米级高精度地图的定位，传感器对环境模型、传感器场景和交通状况的感知，以及决策系统最终做出驾驶控制。其中，激光雷达通过多次获取道路三维点云数据和人工过滤点云地图误差信息，能够对齐拼接形成高精度地图。另外，除了提供高精度地图中当前道路的静态环境模型信息，激光雷达还可以通过预先存储的点云和图像特征数据提供高精度定位，具有地图采集、环境感知和辅助定位等多项功能。

第四节　发展趋势

从国内外主流厂商的市场行为报道和产品发布计划分析，未来车用激光雷达的技术发展趋势主要表现在以下几个方面。

应用全固态车用激光雷达，取消机械结构。机械旋转扫描激光雷达尚属传感器的初级阶段，其机械扫描结构外置，尺寸大，不能适应广泛装车应用，尽管支持前期评估测试，但难以进入车用激光雷达前装产品线。未来发展趋势是取消机械旋转结构，利用半导体工艺将机械部件集成，采用电子部件替代机械旋转部件实现扫描，进一步提升技术可靠性，改善探测距离、范围、精度等重要性能。

实现小型化和轻量化，降低技术成本。小型激光雷达可避免顶装安装方式，集成至传统车辆的外观实现汽车周边监控或探测。另外，激光雷达单机重量不应该超过 1kg，对于多线短距激光雷达更应限制在 300～500g，便于嵌入车身，有利于整车设计。具有体型小、轻量化的优势，意味着量产成为可能。由于缺少需要精确光学配准的机械转动部件，装配难度可以通过软件控制，固体激光雷达的使用寿命变长，有效降低了技术成本。

趋于智能与网络化，提升技术指标。在未来车联网技术的支持下，自动驾驶将实现"人""车""路""云"互联互通及信息共享。其中，激光雷达将作为整个网络的一个节点，不仅可作为智能网联汽车上安装的部件，还可以合理地响应网络终端的指挥，调整其工作模式，实现软硬件的解耦，更高效、灵活地完成感知层任务。因此，在这种技术要求背景下，车载激光雷达将变得越来越智能化，测量范围、视场覆盖和网格密度等指标将随着技术的发展而不断提高，并实现包括数据处理下移、模式配置更加灵活、检测区域更趋集中等更多功能。

参考文献

[1] 陈晓冬，张佳琛，庞伟凇，艾大航，汪毅，蔡怀宇 . 智能驾驶车载激光雷达关键技术与应用算法 [J]. 光电工程，2019，46（7）:34-46.

[2] 余莹洁 . 车载激光雷达的主要技术分支及发展趋势 [J]. 科研信息化技术与应用，2018，9（6）:16-24.

[3] 杨艳，高玉英 . 智能网联产业链分析——激光雷达成关键部件 [J]. 汽车与配件，2018（18）:56-61.

[4] 陈敬业，时尧成 . 固态激光雷达研究进展 [J]. 光电工程，2019，46（7）:47-57.

[5] 王耀川 . 光学相控阵激光雷达系统及系统性能分析 [D]. 哈尔滨工业大学，2007.

第六章

毫米波雷达

第一节　工作原理

毫米波雷达是一种工作在毫米波段、利用无线电方法找到目标并确定其空间状态（如相对距离、相对速度、角度、运动方向等）的雷达。车载毫米波雷达发射毫米波后，通过分析处理目标的反射信号来获取车体周围的物理环境信息，跟踪分类后结合车身动力学数据进行信息融合，最后由中央处理器合理决策，输出执行命令。毫米波雷达工作原理如图 6-1 所示。

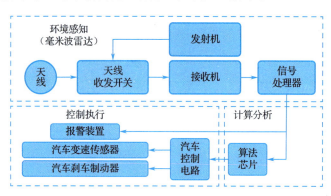

图 6-1　毫米波雷达工作原理图

与激光雷达类似，毫米波雷达在自动驾驶领域同样发挥着重要作用，甚至因为其价格优势，开始在某些实际应用中取代昂贵的激光雷达。除了价格低，毫米波雷达还有如下优点：波长短、体积小、灵敏度高、分辨率高；穿透能力强，受天气因素影响较小；波束窄、频带宽，受白天黑夜光线变化影响较小，可以全天候工作；可实现远距离探测等。

第二节　硬件组成

毫米波雷达系统的组成主要包括天线、前端收发组件、数字信号处理器（DSP）。

天线是毫米波发射和接收的重要部件，通常被集成在 PCB（Printed Circuit Board，印制电路板）上。为了避免影响汽车外观，天线一般被安装在车头位置，同时由于需求量极大，常需批量生产以满足市场需求，所以天线具有体积小、成本低、易安装、多样化等优点。

前端收发组件是毫米波雷达的核心射频部分，负责毫米波信号调制、发射、接收，以及回波信号的解调。前端收发组件的集成主要有混合微波集成电路（HMIC）和单片微波集成电路（MMIC）两种形式。相比 HMIC，MMIC 简化了雷达系统结构，集成度高、成本低且成品率高，更适合大规模生产。

数字信号处理器通过嵌入不同的信号处理算法，提取从前端采集得到的中频信号，获得特定类型的目标信息。一般毫米波雷达的数字信号处理依靠 DSP 芯片或 FPGA 芯片实现，考虑到 FPGA 芯片在大数据量的底层算法处理上的优势及 DSP 芯片在复杂算法处理上的优势，融合 DSP 芯片和 FPGA 芯片的实时信号处理系统的应用越来越广泛。

第三节　频段划分

国际上在 2015 年将车载雷达的频率统一为 77.5～78GHz，结束了多年来毫米波雷达频段使用混乱的情况。毫米波雷达最初运用于 2005—2013 年，欧盟将 24GHz、79GHz 作为车载毫米波雷达的频谱，美国车载毫米波雷达的频谱为 24GHz、77GHz，日本为 60～61GHz。随着世界范围内 76～77GHz 毫米波雷达的广泛应用，日本也逐渐转入了 77～79GHz 毫米波雷达的开发中。各国的车载雷达频段主要集中在 23～24GHz、60～61GHz 和 76～77GHz（79GHz）3 个频段，这种毫米波车载雷达频段使用混乱的情况使得汽车行业车载雷达的发展受到了限制。在 2015 年日内瓦召开的世界无线电通信大会上，各国讨论决定将 77.5～78GHz 频段划分给无线电定位业务，以支持短距离高分辨率车载雷达的发展，车载雷达正式获得了全球统一划分的频率。

从我国的情况看，车用毫米波雷达的相关频率划分受到国家无线电管理部门的密切关注和高度重视。无线电主管部门一直在积极推进车载雷达的频率划分。2005 年，原信息产业部发布了《微功率（短距离）无线电设备的技术要求》，将 76～77GHz 频段规划给车辆测距雷达使用。工信部 2012 年发布了《关于发布 24GHz 频段短距离车载雷达设备使用频率的通知》，将 24.25～26.65GHz 频段规划用于短距离车载雷达设备。2016 年，国内正式启动国际电联智能交通全球频率统一（WRC-191.12）议题工作。工信部下发《关于同意车载信息服务产业应用联盟开展智能交通无线电技术频率研究试验的批复》文件，授权车联组织产业单位在合肥、大连、泰州、绵阳等城市开展 77～81GHz 车用毫米波雷达研究试验工作，验证雷达性能参数、频率需求等各类技术指标，为中国车载雷达频率规划和 WRC-191.12 议题中国提案工作提供了技术参考，推动车载雷达安全、可靠地应用于中国智能汽车和智慧交通行业。

第四节 应用场景

通常汽车上会安装多颗雷达组成系统，以应对复杂的交通场景。为覆盖短程、中程、远程探测功能，满足自动驾驶汽车的多功能感知需求，国际上主要使用两种毫米波雷达：24GHz 毫米波雷达、77GHz 毫米波雷达。24GHz 雷达系统主要实现近距离探测（SRR），77GHz 雷达系统主要实现中远距离探测（LRR），二者被广泛应用于自适应巡航（ACC）、前向防撞报警（FCW）、盲点检测（BSD）、辅助停车（PA）、辅助变道（LCA）等高级驾驶辅助系统（ADAS）相关功能中。毫米波雷达的典型应用场景如表 6-1 所示。

表 6-1 毫米波雷达的典型应用场景

种类	24GHz 毫米波雷达	77GHz 毫米波雷达
距离	近距离	中远距离
功能	BSD（Blind Spot Detection，盲点探测系统）：10m LCA（Lane Change Assist，变道辅助系统）：70m PA（Parking Assist，泊车辅助系统）：5m RCTA（Rear Cross Traffic Alert，警示系统）：70m S&G（Stop&Go，自动驻车）：70m	ACC（Adaptive Cruise Control，自适应巡航系统）：150～200m FCW（Forward Collison Warning，安全车距预警系统）：70m

资料来源：意法半导体资料、东北证券。

第五节 发展趋势

随着毫米波雷达技术的不断发展，业内推断其未来发展趋势主要包括以下四个方面。

高频化。从频段来看，目前主流的毫米波雷达频段为 24GHz 和 77GHz。根据美国联邦通信委员会 FCC 和欧洲电信标准协会 ESTI 的规划，24GHz 的宽频段（21.65 ~ 26.65GHz）将在 2022 年过期，在此之后汽车在 24GHz 频段下能用的仅剩下 24.05 ~ 24.25GHz 范围的窄带频谱。反之，在 77GHz 频段，汽车雷达将能使用 77 ~ 81GHz 高达 4GHz 的带宽。长期来看，车载毫米波雷达将会统一于 77GHz 频段（76 ~ 81GHz），该频段带宽更大、探测距离更远、精度更高，相比于 24GHz，其物体分辨准确度可提高 2 ~ 4 倍，测速和测距精确度可提高 3 ~ 5 倍。同时，可进一步缩减天线尺寸，更便于安装部署。另外，从成本角度看，77GHz 毫米波雷达系统的成本下降到和 24GHz 毫米波雷达相差无几时，24GHz 雷达也将会被 77GHz 雷达取代。

集成化。随着在汽车中应用的毫米波雷达传感器数量的增加，会面临空间限制的问题，毫米波雷达的发展趋势必然是集成度更高、体积更小、功耗更低，并且性价比更高。目前大多数毫米波雷达前端基于锗硅（SiGe）技术，大都是分立式的，即发射器、接收器和处理组件均为独立单元，这使得其设计过程十分复杂，并且整体方案体积庞大。随着 CMOS 工艺（互补金属氧化物 PMOS 管和 NMOS 管共同构成的互补型 MOS 集成电路制造工艺）的特征尺寸不断缩小，在 28nm 节点之后的 CMOS 工艺已经能基本胜任毫米波雷达的波段，因此成本更低、产业链更成熟的 CMOS 工艺将成为更加合适的选择。利用 CMOS 工艺，不仅可将单片微波集成电路（MMIC）做得更小，甚至可以与微控制单元（MCU）和数字信号处理（DSP）集成在一起，实现更高的集成度。

智能化。在自动驾驶中，毫米波雷达需要得到视野中目标的具体空间位置，形成类似 LiDAR 之类的点云去做环境建模，甚至通过机器学习方法直接分析出雷达点云中每个点对应的具体物体，因此对毫米波雷达的分辨率提出了较高的要求。毫米波雷达相比其他传感器分辨率较低，无法辨识行人和对周围障碍物进行精准的建模，各毫米波雷达企业都针对这个问题提出了不同的解决方案。例如，采用新型天线发射可控的高定向电磁波束、引入人工智能引擎实现探测识别和分类，或采用基于数学算法的合成孔径雷达成像技术进一步提高检测精度等。

协同化。智能网联汽车自动驾驶的前提是实时高精度高可靠性道路交通环境感知，传感器作为环境感知与控制系统的信息源和电子眼，是保证未来自动驾驶汽车安全可靠的关键。毫米波雷达具有独特的技术优势，在测距能力、分辨率、全天候适应性等方面较为均衡，且成本较低，但由于其不可规避的劣势，随着自动驾驶等级的提高和多种主动安全应用的搭载，未来车载摄像头、激光雷达、毫米波雷达等将进一步协同融合，共同发挥感知作用实现车辆环境 360 度覆盖探测。

参考文献

[1] 杨艳，高玉英 . 智能网联产业链分析 : 毫米波雷达成关键部件 [J]. 汽车与配件，2019（6）: 64-69.

[2] 马斌 . 车载雷达获得全球统一频率划分 [J]. 中国无线电,2015（11）: 21-22.

[3] 崔春宽，何少斌，李东浩，王崇阳，刘奎 . 77GHz 毫米波雷达传感器技术研究 [J]. 汽车实用技术，2018（1）: 17-20.

[4] 王金明，刘宇，贾宁 . 车载毫米波雷达产业发展 [J]. 汽车与配件，2019（15）:54-55.

[5] 中国汽车工程学会、天津智能网联汽车产业研究院 . 中国智能网联汽车产业发展报告（2018）[M]. 北京 : 社会科学文献出版社，2018.

第七章

摄像头

智能网联汽车使用摄像头采集图像信息，通过数据融合、特征提取等算法分析图像中的道路环境，实现路标识别、车道线感应、行人识别、车辆识别等特殊功能，应用较为广泛。

第一节　智能网联汽车摄像头功能

目前，主流的智能网联汽车传感器配置方案通常包含 6 个以上的摄像头。根据不同等级的自动驾驶功能的需要，摄像头的安装位置也有不同，主要可分为前视、后视、侧视及内置摄像头。

前视摄像头通常安装在前风挡玻璃后面，使用专用图像处理芯片对车辆前方图像进行识别和处理，可以识别车辆前方的多种目标并计算目标参数信息，包括车道线、车道线距离车轮的距离及撞线速度、前方车辆、摩托车、自行车等，同时可识别出车辆的距离、相对速度、前方关键车辆（CIPV）、预计碰撞时间（TTC）等关键参数；也可识别前方多个行人目标、会车灯光、交通标志。通过图像处理可获取多种交通目标信息，进而通过获取的交通目标信息实现多种主动安全、自动驾驶及舒适功能。

侧视摄像头可以实现主动安全的核心功能（如车道偏离预警），也可通过车辆识别应用、车辆识别、行人识别、道路标识识别等支撑自动驾驶功能。侧视摄像头一般安装在后视镜之后，采用55度左右的镜头来得到较远的有效距离。侧视摄像头是自动紧急刹车（AEB）、自适应巡航（ACC）等主动控制功能的信号入口，和前视摄像头一样，关系到自动驾驶功能安全和主动安全辅助功能，安全等级较高。

过去的盲点检测系统一般使用超声波雷达或者毫米波雷达，目前也逐渐开始采用摄像头。未来汽车的左、右、后视镜甚至可能直接被摄像头代替。宝马 I8 就直接使用摄像头代替原有的后视镜，这个方案能为车主提供更为广阔的视野，同时提供后方车辆提醒等智能驾驶辅助应用，进一步提升车辆的自动驾驶能力和行驶安全性。

第二节　车载摄像头性能特点

由车载摄像头组成的车辆视觉系统在成本和功能多样性方面具有显著优势。在成本方面，摄像头的造价低廉，每只仅 30 ～ 50 美元。相比之下，车规级激光雷达的成本高达数千美元。此外，交通标识识别、信号灯颜色识别等视觉功能只能通过摄像头实现，摄像头在功能上具有不可替代性。

此外，摄像头由于自身工作原理，在应用过程中也面临挑战：在极端恶劣的天气情况下，摄像头可能发生功能失效；摄像头探测距离较小，在高速行驶等需要长距离探测的场景中，需要激光雷达或其他措施予以辅助；另外，高画质视频产生的数据流量很大，需要配备更高速的数据传输手段（如以太网、LVDS 等）和更强的图像处理芯片，从而带来成本上升。

车载摄像头由于其低成本、多用途的特性，未来将成为智能网联汽车中广泛应用的传感器。但同时，车规级摄像头，尤其是与自动驾驶相关的车载摄像头，工艺要求比工业级要求更为严格，安全等级要求更高。车载摄像头具体的性能要求包括以下方面：

（1）温度要求。车载摄像头需要在 -40 ～ 80℃的温度范围内可靠工作。

（2）防磁抗震。车载摄像头须具备可靠的防磁抗震性能，以应对车辆启动时产生的电磁脉冲。

（3）较长的使用寿命。车载摄像头需要达到 8 ～ 10 年以上的使用寿命。

同时，车载摄像头要在复杂或高度动态的路况环境下保证稳定的数据采集，其要求包括以下方面：

（1）高动态。车载摄像头要在较暗环境、明暗差异较大环境（如出入隧道）或复杂光线环境（如夜间城市繁华道路）下仍能实现可靠成像，要求其互补金属氧化物半导体（CMOS）具有适应高动态光环境的特性。

（2）中低像素。车载摄像头通常以 30 万～ 120 万中低像素来满足成像需求，从而降低芯片和网络的负担。

（3）角度要求。车载摄像头布局需要满足自动驾驶车辆的市场和视距要求。

其中，一般采用 135° 以上的广角镜头作为环视和后视镜头，而前置摄像头一般采用视角范围为 55° 的摄像头，从而满足视距要求。

汽车作为安全关键应用，始终高度重视相关产品的安全可靠性，因而认证要求高。尽管车载摄像头模组通常由 2 级、3 级供应商供应，但在品质上仍然要求严苛，整车企业普遍仍倾向于采用已经量产应用的摄像头产品，且整车企业选择供应商后不会轻易更换，从而形成了较为强大的供应体系壁垒。

第三节　自动驾驶摄像头技术发展现状

在自动驾驶中，摄像头是视觉影像处理系统的基础，行业十分重视车载摄像头创新技术产品的开发。国内外企业先后推出新型产品，助力摄像头在自动驾驶领域的应用推广。2019 年 2 月，保隆科技公司运用芯仑科技和武汉大学的芯片与算法技术，推出了动态视觉传感器（DVS）产品，采用 100 万像素摄像头，同通过背景过滤和信息提取，降低后端信号处理复杂度，从而使感知层能够使用较少算力完成目标识别算法。DVS 采用具备独立运算能力的像素点，解决了传统摄像头图像信息输出不连贯及后端图像处理计算量过大的问题，改善了传感器在变化光照环境下的成像效果。同时，DVS 通过从时间和空间维度输出连续的三维点云并抓取有效数据，从而提供高精度位置和时间信息。DVS 采用了 3 种图像输出模式，包括图片模式（兼容传统图像处理算法和硬件）、光流模式和动态模式（通过判定光强变化输出仿生的动态特征脉冲）。

2019 年 7 月，软件供应商 StradVision 发布了高级自动驾驶摄像头技术。StradVision 已开发完成的基于摄像头的 SVNet 软件，具备实时提示反馈、盲点监测等功能，并且在可能发生事故之前提醒驾驶人，从而避免碰撞事故的发生。此外，这个软件还能够实现车道监测、突然的车道变化和车辆速度监测等功能。StradVision 表示，即使在光线和天气条件不佳的情况下，这些功能依然可以使用。SVNet 可以运行在自动驾驶汽车的芯片组上，从而使自动驾驶汽车的成本得到显著降低。StradVision 正在对传感器融合技术进行优化，利用摄像头和激光雷达传感器生成更丰富的道路数据，从而让车辆更好地识别道路上的物体，而路障识别正是实现自动驾驶的关键技术之一。StradVision 指出，高级自动驾驶摄像头技术能够让自动驾驶车辆中的高级 ADAS 系统实现更高水平的安全性、准确性和便利性。StradVision 当前正在与汽车整车企业及一级供应商合作，共同开发安全性系统。例如，通过前置摄像头让车辆采取自动紧急制动，通过后置摄像头让车辆实现盲点监测等系统。未来，高级自动驾驶摄像头技术还可以为自动代客泊车系统的开发提供帮助。

2019 年 8 月，国内汽车厂商展示了一个可在自动驾驶环境中安全地交接驾驶责任的摄像头系统。该道路和驾驶人摄像机系统由一个朝向车内的红外线摄像机和一个朝向车外的摄像机组成。据该汽车厂商介绍，这套由一个朝内和一个朝外的摄像机组成的系统，可连续地观察驾驶人是否在负责地驾驶，同时也可以观察交通状况。该摄像头系统一个显著特征是前端摄像机高清的图画质量、绝佳的夜视功能及一个 125° 的视角广度，以便更快地察觉横向运动的物体。该摄像头系统除了应用传统的计算机视觉算法，还运用了神经网络技术，对驾驶人和道路状况进行监控，并对安全带和安全气囊等被动安全系统进行调整，以适应当前的情况。

2019 年 9 月，博世推出全新多功能单目车载摄像头系统。博世运用多路径识别算法和人工智能增强了目标识别能力。例如，摄像头可以在没有路标的情况下，精准探测道路边缘是否能够通过。这款摄像头的人工智能算法集成到瑞萨生产的 V3H 芯片中，提高了摄像头的路标识别能力，能够准确读取路标上的文字和数字，并向驾驶人提供相关信息；同时优化了驾驶人辅助系统功能，提高了自动紧急制动系统的可靠性。

斯坦福大学研究人员于 2019 年 7 月展示了一款团队自主研发的全新拐角摄像头系统。该摄像头系统可捕获各类物体表面反射的光线，拥有更宽、更远的视野及更快的成像速度，从而可以实现超视线监控。该摄像头系统能够以高能激光扫描周边环境，并通过传感器捕捉物体反射到周围墙壁上的单个光粒子，通过处理算法重建环境，不再依赖均匀且足够强的环境光线。该摄像头系统的扫描速率为 4 帧 / 秒，能够以 60 帧 / 秒的速度重构场景，能看到从角落等视野盲区处反射回来的不可见光的实时运动。除了进行速度和分辨率等改进，研究团队还将使系统变得更加通用，以应对更具挑战性的视觉环境，如雨雪及沙尘暴等天气。

参考文献

[1] 汽车电子 . 车载摄像头行业分析报告：摄像头产业的下一蓝海 . 2017.

[2] 许峰，程子龙，陈华，等 . 激光雷达与摄像头交互式障碍物检测算法 [J]. 数字通信世界，2017.

[3] 万厚宝，阳春 . 一种车载智能后视镜导航系统 [P]. 2016.

[4] 搜狐汽车.自动驾驶升级，摄像头技术随之不断进化 [R]. 2019.

[5] 李芊蕾，尹术飞.上海保隆的智能制造实践 [J]. 企业管理，2017.

[6] 搜狐汽车.DVS 重新定义自动驾驶摄像头 [R]. 2019.

[7] 汽车之家.StradVision 发布自动驾驶摄像头技术 [R].2019.

[8] 搜狐汽车.为自动驾驶技术大陆推出整合的摄像头系统 [R].2019.

[9] 盖世汽车.博世新摄像头结合多径方法与人工智能大幅提升目标识别能力 [R]. 2019.

[10] 汽车之家.斯坦福大学研发出全新自动驾驶摄像头 [R]. 2019.

第八章

通信技术

第一节 车载通信网络

在 20 世纪 80 年代，车载网络技术的诞生和应用在某种程度上来说，不仅减少了汽车电子系统的线束重量，也解决了各个系统之间的资源互享问题，并提升了对系统可靠性及安全性的控制。

传统车载通信网络可以分为 4 种。第一种是控制器局域网（CAN），主要负责动力总成的通信；第二种是本地互联网络（LIN），主要用于对时间不敏感（如空调控制、环境照明、座椅调整等）的舒适性调节用途；第三种是针对信息娱乐系统的多媒体数据通信网络（MOST）；第四种是可用于电子助力转向（EPS）、防抱制动（ABS）和车辆稳定等辅助驾驶功能的 FlexRay。

此外，近年来车载以太网受到汽车行业及通信领域的广泛关注。

一、CAN

CAN 是应用最为广泛的车载通信协议，也是较为高效的一种通信技术。其主要应用在汽车的底盘、发动机及动力系统设备。2000 年，CAN 协议已经正式成为全球范围内车载电子设备的生产标准及要求。

CAN 协议的优点在于：线束数量及控制器的接口引脚数量被大幅缩减；可以实现快速简单的在线诊断及编程；可以实现多个控制器一起工作。

CAN 协议的缺点在于：无法为下一代的线控系统提供所需冗余，最大的数据传输速率只能达到 1Mbps。

二、FlexRay

FlexRay 是由宝马等几个公司共同推出的总线，它采用的确定访问方式可以追溯到 FTDMA（Frequency and Time Division Multiple Access，分频分时多址连接方式），可以满足高级汽车的高速通信需求。与 CAN 相比，FlexRay 的主要的优势在于：可靠性更强，FlexRay 支持双信道运行操作并可以排除闲杂信号；灵活性更强，FlexRay 支持异步和同步数据的传送，可以满足各类汽车的驾驶需要；支持面更广，FlexRay 支持总线、星型及混合等多种拓扑结构；数据传输的效率更快，与 CAN 的传输效率 1Mbps 相比，FlexRay 可以实现 10Mbps 的传输率。

目前，FlexRay 通信技术主要应用在汽车底盘和传动装置上。据相关人士调查分析，尽管 FlexRay 还存在技术不够完善、应用成本较高等问题，但未来的几年里，FlexRay 很有可能成为汽车通信的主流技术标准，线控驾驶技术、线控节气门及线控减震技术都有可能通过 FlexRay 来实现。

三、车载以太网

由于传统车载通信网络需要使用网关在采用不同通信协议的设施间重传数据，因此车载通信网络所需的布线量非常大。目前一辆低端车的线束系统成本约 300 美元，重量约 30 公斤；一辆豪华车的线束系统成本约 550 ~ 650 美元，重量约 60 公斤。若沿用目前的电子电气架构体系，自动驾驶时代的线束成本将超过 1000 美元，重量可达 100 公斤。因此汽车厂商的制造成本随线束成本和系统复杂性的增长而明显提高，从而降低了汽车产品的经济性。此外，由于网关通信存在延迟问题，因而会影响到需要快速响应的安全关键性应用。

另外，汽车电子控制单元（ECU）的数量在不断增加以支撑日益丰富的汽车电子功能。目前，普通车型装备的 ECU 数量达到 80 ~ 90 个，豪华车型则通常装备有 150 个以上的 ECU。此外，随着汽车技术在智能化方向上的不断发展，高清摄像头和激光雷达等数据密集型应用设备不断出现，也导致数据速率和整体带宽需求显著提高。

目前，汽车通信网络开始采用基于域的架构设计。将各个关键功能分配至不同的域：ADAS、车身控制、动力总成、底盘控制、信息娱乐等。如图 8-1 所示，该车载网络以以太网作为骨干网络，将 5 个核心域控制器（动力总成、底盘控制、车身控制、信息娱乐、ADAS）连接在一起。各个域控制器在实现专用的控制功能的同时，还提供强大的网关功能。通常情况下，不同的域使用不同的网络协议组合。随着网络复杂性的不断提高，这种方法的效率越来越低。因此以太网技术将成为基于区域的车载网络技术的关键。车载以太网可以同时支持 AVB、TCP/IP、DOIP、SONIP 等多种协议或应用形式，改变了传统的车载网络中 ECU 到 ECU 的点到点通信方式，降低了车身重量及制造成本，提高了车辆的燃油效率。面向域控制器的混合车载网络架构如图 8-1 所示。

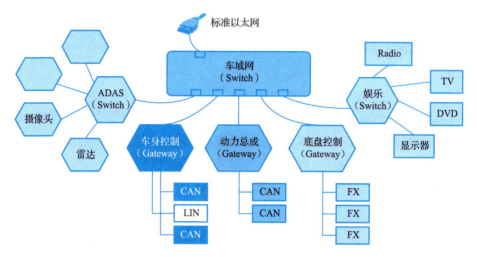

图 8-1 面向域控制器的混合车载网络架构

以太网技术作为一种较为成熟的通信技术，除了能够支持高速数据传输，还可以支持 OSI 通信。目前，以太网已经在数据通信和工业自动化领域得到广泛应用，并且明确定义了面向更高速度等级的发展路线图，从而打通了在汽车领域的推广路径。相比之下，CAN、LIN 等传统汽车通信协议却已经成为某些功能应用发展的瓶颈，且尚未形成明确的升级路径来缓解问题。

未来以太网或将成为汽车通信网络的基础，通过提供共同的协议栈，使车辆各系统采用同构网络，其协议和数据格式都是一致的，减少不同设备对于网关服务的需求，并降低相关软硬件的开发成本。同时，以以太网为主干网络的车载网络具有良好的可扩展性，从而实现更高传输速度和更低延迟。

分域架构将不同的数据域连接到本地交换机，再通过以太网骨干网聚合数据，使用相同的核心协议为不同的域传送数据，从而更有效地使用已有的资源，并且支持不同的速度，还可以通过整合网络中不同领域的数据来支持新的应用。

通常认为车载以太网协议是一个包含多层协议系统的协议簇，其中包括应用层、传输层、网络层、数据链路层，每一层均具有不同的功能。车载以太网及其支持协议技术架构如图 8-2 所示。

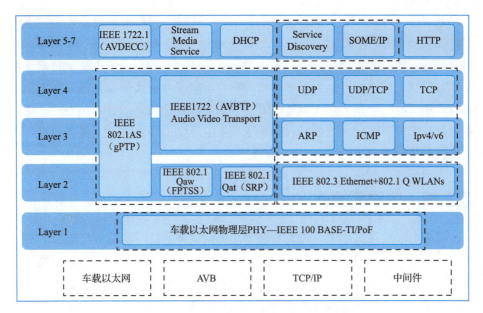

图 8-2　车载以太网及其支持协议技术架构

参照 OSI 模型，车载以太网在物理层采用了博通公司的 BroadR-Reach 技术，提供了标准的以太网 MAC 层接口，并使用通用的数据链路层逻辑功能和帧格式。BroadR-Reach 利用两组编码和信令方法实现较低的布线成本和较高的数据传输速率。BroadR-Reach 使用混合电缆等特殊设备和回音抵消等先进的数字信号处理技术，支持一条链路上的两个节点同时在该链路中发送和接收数据，并能够区分发送和接收的数据。以上技术的应用，使得车载以太网明显不同于传统车载 CAN、LIN、FlexRay 网络，且系统复杂度更高，因而传统车载网络开发、测试工程师的相关经验不易在车载以太网开发测试工作上移植、应用。

随着车载信息娱乐与驾驶辅助功能的快速发展，汽车多媒体数据传输的需求快速增长，为基于以太网的音视频桥接（AVB）技术提供了应用空间。AVB 具备高带宽，可以确保数据传递的及时性和可靠性，同时应用成本较低，非常适合在汽车中部署。AVB 协议簇包括精准时钟定时和同步协议（gPTP）、流预留协议（SRP）、时间敏感流转发和排队协议（FQTSS）及音视频传输协议（AVBTP）。

TCP/IP 协议簇是车载以太网络结构的中心部分，是硬件相关层和软件处理层的重要连接点，并充当高层应用需求和网络层协议之间的桥梁，从而使高层的软件应用能够在互联网络中起作用，实现主机到主机之间的端到端通信。

TCP/IP 协议簇包含两个关键的传输协议，分别为用户数据报协议（UDP）和传输控制协议（TCP）。

车载以太网应用层协议提供了用户与网络的交互界面，负责处理特定的网络细节信息。应用层可根据用户需求为用户提供多种应用协议，如超文本传输协议（HTTP）、通信控制（SOME/IP）、服务发现（Service Discovery）、动态主机配置协议（DHCP）、流媒体服务（Stream Media Service）、设备发现、连接管理和控制协议（IEEE 1722.1）等。

第二节 车联网通信

所谓车联网通信技术（V2X），是利用无线射频等技术实现车与车、车与路、车与人、车与传感器等设备间的相互联系，以达到信息共享的目的，提高交通效率和交通的安全性。车联网通信技术为我国交通领域的发展提供了一个更加开阔的平台，不仅给交通管理带来了极大的便利，而且有效地避免了意外事故的发生，很大程度上减少了人员伤亡和财产损失。

2019 年 3 月，欧盟道路交通研究咨询委员会发布智能网联汽车路线图，明确提出基于数字化基础设施支撑网联式协同自动驾驶。华为近日发布全球产业展望，预测 2025 年 C-V2X 蜂窝车联网技术将嵌入全球 15% 的车辆中。

一、车联网通信需求分析

从功能需求上看，智能网联汽车的发展对汽车通信系统提出了更高的功能要求，从而不再局限于解决手动驾驶车辆的道路安全和交通效率问题，而是在典型的应用功能（如障碍物警告、道路工程信息、车载标牌、交通灯相位辅助等）之外提出了更为广泛的应用场景。

其中包括如下方面：

（1）车辆状态数据共享。在 V2X 中，每辆车都会定期广播安全消息，以告知临近车辆其位置、速度、前进方向和其他参数。自动驾驶汽车还需要在行驶过程中和其他车道上的车辆共享接下来几秒钟内的预测路径等消息数据。

（2）车队管理。在 V2X 中，车辆与其附近或位于特定地理区域（也称为安全信息相关区域）中的车辆和路边站进行通信。与没有明确成员资格的"开放团体"概念相反，车队代表"封闭团体"，车辆需要成为团体成员才能参加。为了创建和维护车队，并协调分散的动态通信，需要通过实时通信建立团体管理容错机制。

（3）操纵协商。在自动驾驶过程中，参与车辆需要主动为变道操纵保留道路空间。与分发定期或事件驱动的安全消息不同，道路空间预约需要在涉及的车辆之间进行协商，以请求和确认操作。这种交换可为合作车辆提供最佳和安全的轨迹，并最大限度地降低碰撞风险。

（4）交叉路口管理。1G-V2X 仅限于定期广播交叉路口的静态和动态信息，即交叉路口拓扑和交通信号灯信息的分布，从而使诸如信号灯最佳控制方案之类的功能成为可能。在特定条件下，它还允许交通参与者更改交通信号灯的状态，以及优先控制和抢占道路交通的控制权。未来，V2X 通信还可以为范围内的车辆分配行驶优先级，从而有可能取代交通灯。

（5）协作感测。V2X 通信允许自动驾驶汽车交换来自雷达、摄像机和其他传感器的本地传感器数据。从本地传感器捕获沿路检测到的数据被汇总至各个对象分类列表，例如障碍物、车辆和行人，可以与相邻车辆交换这些对象的详细信息。协作感测将传感器的视野扩大到 V2X 通信范围，并实现了车辆之间的协作感知。

除了功能要求，智能网联汽车 V2X 通信还需要满足特定性能要求，保障安全可靠性。其性能要求包括以下内容：

（1）高消息速率。在传统的车际通信中，车辆通常以 100ms ～ 1s 的时间间隔定期广播安全消息，具体的广播速率由车辆无线信道上的负载决定。但在自动驾驶场景中，需要尽量缩短车辆间的距离，以保证交通效率。这就要求使用较高的广播频率，及时更新临近车辆的形式信息，保障自动驾驶汽车能够及时建立完整且最新的环境模型，使其能够以安全高效的方式协调操控。

（2）数据负载控制。在自动驾驶场景中，较小的车距和较高的车辆密度可能导致网络中较高的数据负载。而较高消息速率和用于详细描述交通场景的额外数据进一步加重了数据负载。为了控制网络中的数据流量，需要有效利用可用频谱，通过分散拥塞控制（DCC）功能对消息进行有效的优先级排序，并严格控制转发操作。

（3）低端到端延迟。端到端延迟主要包括从本地传感器收集数据的延迟、协议堆栈中的处理延迟及无线链路上的传输延迟。端到端延迟还包括由安全机制（生成和验证签名与证书），以及 DCC 功能中的排队延迟。在 V2X 中，通常将关键道路安全应用程序的等待时间要求设置为 300ms。在诸如车队驾驶的自动驾驶场景中，由于车辆之间的距离较小，并且为了确保车队的行驶稳定性，通信等待时间需要进一步缩短。

（4）高度可靠的数据包传递。V2X 需要具备高度可靠的数据包传递，因为数据丢失或传递错误信息可能会导致车辆控制算法故障并带来安全风险。

二、车联网通信网络架构

从网络架构上看，车联网系统是一个"端-管-云"三层体系。

第一层（端系统）：端系统是汽车的智能传感器，负责采集与获取车辆的智能信息，感知行车状态与环境；是具有车内通信、车间通信、车网通信的泛在通信终端；同时还是让汽车具备车联网寻址和网络可信标识等能力的设备。

第二层（管系统）：解决车与车（V2V）、车与路（V2R）、车与基础设施（V2I）、车与人（V2P）等的互联互通，实现车辆自组网及多种异构网络之间的通信与漫游，在功能和性能上保障实时性、可服务性与网络泛在性，同时它是公网与专网的统一体。

第三层（云系统）：车联网是一个云架构的车辆运行信息平台，它的生态链包含了智能交通系统（ITS）、物流、客货运、危险及特种车辆、汽修汽配、汽车租赁、企事业车辆管理、汽车制造商、4S 店、车管、保险、紧急救援、移动互联网等，是多源海量信息的汇聚，因此需要虚拟化、安全认证、实时交互、海量存储等云计算功能，其应用系统也是围绕车辆的数据汇聚、计算、调度、监控、管理与应用的复合体系。

车联网核心的技术之一，是根据车辆特性给汽车开发了一款 GID（Global ID，相对于 RFID）终端。它是一个具有全球泛在联网能力的通信网关和车载终端，是车辆智能信息传感器，同时也具有全球定位和全球网络身份标识（网络车牌）功能。

GID 可以将汽车智能信息传感器、汽车联网、汽车网络车牌三大功能融为一体。具体包含以下方面：

车辆状态的信息感知功能：GID 与汽车总线（OBD、CAN 等）相连，内嵌多种传感器，可感知和监控几乎所有车辆的动态与静态信息，包括车辆环境信息和车辆状态诊断信息等。

泛在通信功能。GID 具有 V2V、V2I 和自组网（SON、移动 Ad Hoc、AGPS 等）的能力，具有车内联网及多制式之间的桥接与中继功能，具备全球通信、全球定位与移动漫游能力。

汽车网络车牌功能。GID 从汽车、网络、用户中提取天然属性，生成汽车的"网络身份证"，使得每辆汽车在网络中都具有一种天然、唯一性的身份标识，它不是一个标签，而是网络可信标识与寻址技术。

三、车联网发展路径

从发展路径上来看，及时侦测道路路况并了解车辆的运行状况，全面获取交通状态信息，并根据车/路况等相关状态发布智能交通信息，从而提升交通效率，改善出行体验，实现绿色运输是车联网与 ITS、汽车电子、移动互联网等领域发展的共同目标。基于 GID 的车联网的出现，是传统 M2M 和车载通信的进化与飞跃。

需要特别说明的是，车联网产生的信息总量将远大于电信行业。因此，车联网与 ITS 云计算平台就成为了智能网联汽车成功的关键。智能交通云平台需要综合信息采集处理、道路交通状况监测、车辆监管与疏导、信号控制、系统联动及预测预报、信息发布与诱导等功能，实现交通信息的融合、共享和统一决策。

目前车联网、ITS 相关的云服务，主要分为三类，即 IaaS 基础云服务、PaaS 平台云服务和 SaaS 应用云服务。

IaaS 基础云服务基于云框架，提供车联网与交通相关的基础计算服务，如车辆区域监控、车辆/交通状态数据存储、接入计费与结算、车辆安全状态监控、道路交通实时分析等；同时，向第三方应用开发商提供开放性接口 API，并作为一种核心能力，帮助他们快速构建相关的应用服务。

PaaS 平台云服务可以提供海量 GPS 数据、ITS 全息数据处理、GID 数据处理、信息挖掘与分析、云存储、信息安全、数据总线等功能。

SaaS 应用云服务则基于基础云服务的能力和第三方的服务资源，支撑开发者开发特定的车联网和 ITS 应用，并发布和支持多种用户终端（包括 PC 浏览器、手机等）。

在现有技术条件和产业发展背景下，车联网在存在诸多亟需解决的问题，具体包括以下几个方面：

V2V、V2I 融合通信。在一辆车里，V2V 与 V2I 通常是两种体制，目前具有 V2V 能力的车辆很少，V2I 也只应用于少数普通公网，实时性得不到保障，而 802.11P 并不能完全胜任 V2V 及与 V2I 的融合与桥接能力。

精确的车辆定位。GPS 不能完全满足车辆定位的要求，也不具备足够的安全保障，需要尽快接入北斗卫星定位数据，创新出快速、精准的定位技术方法。

车联网标准。由于车联网涉及面极广，不同技术领域和部门的关注点和出发点各有不同，哪些标准亟待制定应明确和统一。在立法方面，车联网作为未来汽车行业的标配功能，在前装与后装市场上的规范、法制、监管、标准等都需要尽快出台试行草案。

车联网运营问题。车联网运行数据量庞大，普通平台难以承受，同时为了保障安全可靠，车联网终端需要实行实名制，同时由于联网车辆都捆绑了若干移动终端和人员，具有多属性、多归属特点，因此，其运营主体既不是传统电信运营商，也不单是 TSP、车厂或 4S 店，而是呈现出鲜明的"虚拟运营"特点。

此外，云平台的开放与接口技术、定位与计算技术、网络可视技术、数据挖掘与分析技术、快速检索技术等，都存在大量技术难点和潜在障碍有待解决。

参考文献

[1] 岳文农 . 浅谈汽车车载总线技术 [J]. 商品与质量：学术观察（10）：80，89.

[2] L. Hobert，A. Festag，I. Llatser，等 . Enhancements of V2X Communication in Support of Cooperative Autonomous Driving [J]. IEEE Communications Magazine，53（12）：64-70.

[3] 赵刚 . 基于车载以太网的协议研究 [D/OL]. 河北：河北工业大学，2015.

第九章

高精度地图与定位

第一节　高精度地图

一、高精度地图概述

　　地图是地理信息空间的载体，是将客观现实世界中的空间特征以一定的数学法则（即模式化）进行符号化、抽象化。地图将空间特征表示为形象符号模型（或者称为图形数学模型）。表 9-1 给出了普通电子地图和高精度地图在制作过程和导航方面的区别。

表 9-1　普通电子地图和高精度地图在制作过程和导航方面的区别

项　　目	普通电子地图	高精度地图
道路信息	经度、纬度	经度、纬度、海拔、高程、坡度、倾斜、曲率
包含内容	道路网络、显示背景、显示文字、索引及其他数据	车道标线、道路参考线、车道参考线、车道交换引导参考线
精度	10 米左右	10 厘米

　　高精度地图在数据采集过程中，对数据的方位（经度、纬度、海拔）及姿态（航向、倾斜角、俯仰角）的测量精度要求非常高，同时采集数据的精细覆盖程度也非常高。通常在制作过程中，高精度地图利用高精度采集的数据制作高精度的道路拓扑模型，在道路网络拓扑关系上建立精度较高的车道模型及道路通行空间范围边界区域内的精细化对象模型，包括路肩、护栏、立交、隧道、龙门架、交通标牌、可变信息标牌、轮廓标、收费站、杆、交通灯、墙面、箭头、

文本、符号、警示区、导流区等。

在高精度地图所包含的驾驶辅助信息中，最重要的信息是道路网的精确三维表征。此外，高精度地图还包括许多语义信息，地图可能会报告交通灯上不同颜色的含义，也可能会报告道路的速度限速及左转车道的位置，并且达到厘米级精度。高精度的地图信息对无人驾驶至关重要，智能网联汽车实现定位、感知及规划都依赖高精度地图。高精度地图可以帮助车辆找到合适的行车空间；帮助规划层确定最优的行驶路线，并帮助预测软件预测道路上其他车辆的位置变化；在有限速或障碍物的路段，高精度地图可以使车辆预先准备，提前加速或者变道。

二、技术框架

高精度地图道路网络的拓扑结构通过将车道信息及道路周边交通引导、提示、交通通行区域边界等对象信息附着在道路拓扑关系上，以形成高精度的地图模型。地图模型的属性包括空间位置属性、形状属性，还有基本的静态属性、可扩展的静态属性，以及动态属性、实时属性和与动态相关的其他属性。

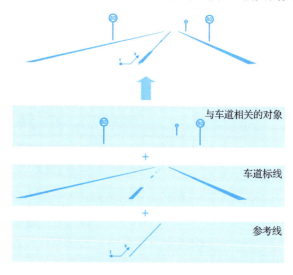

图 9-1　高精度地图的三个层次

如图 9-1 所示，通常完整的高精度地图通过三个层次来表达真实道路信息：第一个层次是参考线，代表传统导航地图的道路；第二个层次是车道标线，代表车道信息；第三个层次是与车道相关的对象，如限速标牌等。因此，在定义高精度地图数据模型时通常分为三部分：道路拓扑模型、车道模型、对象模型。

（一）道路拓扑模型

为了实现和提高路径规划功能，需要将现实世界的道路结构进行抽象，形成以顶点与边组成的道路拓扑模型，如图 9-2 所示。图 9-2 中的边以弧形线段表示，线段由一系列顺序的点表示线的基本形状走势。在道路拓扑模型中除了要表示出道路走势，还要描述道路的连通关系，这种连通关系是通过顶点确定。道路拓扑模型除了图形属性以外，还包括车道数量、道路等级、功能属性等。

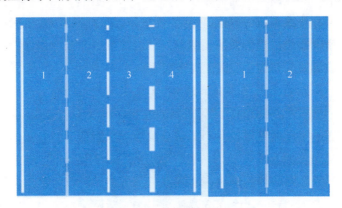

图 9-2　道路拓扑模型

道路拓扑模型定义的核心内容是与道路相关的数据表达，包括以下几项主要信息：

（1）参考线的定义及参考线的几何信息。

参考线代表一条道路，与传统导航地图的道路线一致，可用于道路级别的路径规划，其几何信息通常采用 WGS-84 坐标系来表达。

（2）参考线间的联通关系。

（3）参考线上的各类道路属性。

道路属性包括道路方向、道路形态、道路等级、车道数量等。

（4）参考线对应的道路坡度、曲率、航向。

道路拓扑模型数据可以满足道路级别的路径规划，以及高级驾驶辅助系统（ADAS）应用场景下对节气门、制动、转向的预先控制和规划。

（二）车道模型

车道模型记录了车道的行驶参考线、车道的边线（也称标线）及停止线等。车道模型中还记录了车道与道路拓扑的关系。车道模型如图 9-3 所示。

车道模型定义的核心内容是与车道相关的数据表达，包括以下几项重要内容：

（1）车道中心线。

车道中心线即代表一条车道，其几何信息通常采用 WGS-84 空间坐标来表示。

（2）车道的属性信息。

车道的属性信息包括车道方向、车道类型、车道通行限制、车道限速等。

（3）车道中心线间的联通关系。

（4）车道标线或车道边界线。

（5）车道中心线与参考线的关系。

（6）车道标线与车道中心线的关联关系。

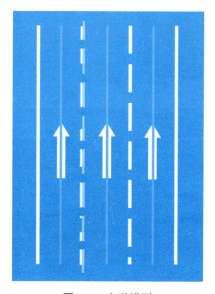

图 9-3 车道模型

车道模型既可以满足路径规划需求，又可以通过车道标线的信息提供车道间横向联通信息（如可否跨越等）。

（三）对象模型

对象模型记录了道路和车道行车空间范围边界区域内的要素。对象模型属性包括对象的位置、形状及属性值，其中位置要素包括路牙、护栏、立交、隧道、龙门架、交通标牌、可变信息标牌、轮廓标、收费站、杆、交通灯、墙面、箭头、文本、符号、警示区、导流区等。对象模型如图 9-4 所示。

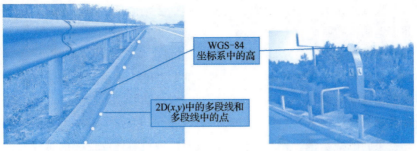

（a）对象模型中的信息　　　　　　　　（b）对象模型中的信息

（c）对象模型实拍图

图 9-4　对象模型

对象模型记录了道路周边的环境对象，通常包括以下内容：

（1）道路两侧的护栏、路牙、沟渠、轮廓标、隔音墙、隧道墙。

（2）道路两侧的各类杆牌，如限速标牌、信息标牌等。

（3）道路两侧的交通灯、信号灯、紧急电话亭。

（4）跨越道路的龙门架、高架桥。

（5）路面上的箭头、文字、符号。

（6）路面上的减速墩、警告区域、填充区域。

对象模型中的几何表达通常分为点、线、面三种类型，如通过线来表达两侧的护栏、路牙等，通过面来表达墙、标牌、区域等，通过点来表达电话亭。对象模型中的数据通常用于辅助定位。

三、构建方法

高精度地图有严格规范的生产流程。首先，根据用户应用的需要（一般是车厂，且需明确将地图应用于何种级别的自动驾驶车型中）对产品定生产规划；

其次，通过数据采集、数据处理、对象检测、手动验证、地图发布 5 个步骤完成高精度地图构建：

1. 数据采集

数据采集利用多种传感器收集数据，例如 GPS、惯性测量单元、激光雷达和摄像机。

2. 数据处理

对收集到的数据进行整理、分类，从而获得没有任何语义信息或注释的初始地图模板。

3. 对象检测

利用人工智能检测静态对象，包括车道线、交通标志和电线杆，并对其进行分类。

4. 手动验证

确保自动地图创建过程正确，并及时发现问题。

5. 地图发布

经过以上 4 个步骤之后，地图建立，并可以进行发布。

目前，采用专业的采集车和众包设备进行高精度地图信息的数据采集，同时收集大量的卫星影像星系、用户反馈信息、互联网信息等用于数据生产。为了保障数据生产的准确性并节省成本，通常采用专业队伍进行规模化采集与众包采集结合的方式。众包采集主要作用是发现数据变化范围，对变化的区域进行精准测绘。数据处理利用人工智能技术自动提取和拟合，以加快数据生产流程和节省人力成本。

为确保数据的准确性，地图生产企业需成立规模化的专业数据采集队伍。专业数据采集队伍有专业的知识技能，能够更好地发挥专业采集车的效能。专业数据采集队伍通常配备一台专业采集车和数个差分基站。专业采集车配备的惯导、摄像头和激光雷达设备都经过了专业参数标定，可开展高精度轨迹、图像、激光点云等数据的采集工作。其中，高精度轨迹数据包括经纬度、海拔、航向、倾角、俯仰角及速度信息。数据采集完成后利用人工智能技术对数据进行解算、时空配准、要素提取和矢量化处理。

由于专业采集设备较昂贵，每个采集小队需要的设备成本多达数百万元。基于市场客户的需求，数据采集速度要非常快速且需要全区域覆盖。出于成本考虑，专业的采集设备不能无限制的扩张。因此，在数据采集时考虑通过众包采集收集大量可靠数据，并发现数据变化的范围，再通过专业采集车对数据变化的可信信息进行核实和专业测量。

随着智能网联汽车的发展,汽车已经成为高精度地图"采集—生产—应用—更新"闭环中的一个重要环节。智能网联汽车是地图数据成果的消费者,同时也是地图云中心数据的提供者。车端的运营状态数据（如实时位置、车身姿态、驾驶行为、各类传感器数据、实时交通数据等）通过路测设备或蜂窝网络传送至地图云中心,地图云中心对这些实时大数据进行深度挖掘和分析,形成对高精度地图的有效更新,并通过空中下载（OTA）等形式下发到车端,如此循环往复,不断对高精度地图进行实时更新优化,形成一套智能网联汽车体系下的高精度地图生产运营一体化的闭环运营模式。

第二节　高精度定位

一、概述

与高精度地图一样,高精度定位对自动驾驶也尤为重要。高精度定位可支撑智能网联汽车完成决策和控制。具体而言,智能网联汽车领域的高精度定位是指在车辆实时运动状态中连续获取车辆高精度位置信息的单一或者多种模式混合定位的体系。通常情况下,全球导航卫星系统（GNSS）是高精度定位的基础。为了提高精度,需要在 GNSS 中加入对定位卫星信号的差分辅助;为了提高定位输出频率和适应无卫星信号环境,还需要集成高精度惯导系统;在运行状态中,还需要跟高精度地图进行匹配,并和摄像头、激光雷达、毫米波雷达等车身传感器的辅助定位融合。

从定位技术的原理来看,高精度定位可以分为 3 种类型,第 1 种是 GNSS 定位,基于卫星定位技术,可提供 10 米精度的定位能力;第 2 种是惯导定位,目前前装导航采用惯导定位技术;第 3 种是高精度定位,基于视觉传感器、毫米波雷达、激光雷达等,提供亚米级到厘米级的定位能力。

从定位技术的功能特点来看,又可将其分为全局定位和局部定位。全局定位（也称为绝对定位）是指通过定位系统直接获取目标在全球坐标系下的位置信息（含三维坐标、速度、方向、时间等全局信息）。全局定位又分为单点定位和差分定位。其中,使用单个接收机的定位称为单点定位。单点定位只利用单一的观测量,定位精度较差。而差分定位则包含两个或两个以上接收机,利用差分校正量提高定位精度。差分定位根据服务区域不同可分为局域差分和广域差分;也可根据差分修正参量的不同,分为位置差分、伪距差分和载波相位差分。局部定位（也称相对定位）,是指在智能网联汽车运行的局部环境中,通过对周边环境中特殊物体的图像识别或特征匹配，与事先保存的地图信息进行比对获得环境物体和自车的局部相对位置；或者通过传感器探测周边静态物体、运动目标的相对距离和相对角度及相对速度等信息，解算出自车与动态目标、静态目标物之间的相对位置。局部定位最终可以还原出全局位置信息。

二、全局定位技术

GNSS、RTK/CORS/VRS、INS/Odometry 和星基差分作为全局定位的典型技术，其工作原理及特点如下。

全球卫星导航系统（GNSS，Global Navigation Satellite System），是对北斗卫星导航系统、全球定位系统（GPS）、格洛纳斯卫星导航系统（GLONASS）、伽利略卫星导航系统等卫星导航定位系统的统一称谓，也可指代多个卫星导航定位系统及其增强型系统的相加混合体。GNSS 是以人造卫星作为导航台的星级无线电导航系统，能为在地球表面或近地空间的任何地点的用户，提供全天候的 3 维坐标、速度及时间信息。北斗卫星导航系统（以下简称北斗系统）是我国自主建设、独立运行的卫星导航定位系统，是为全球用户提供全天候、全天时、高精度的定位、导航和授时服务的国家重要空间基础设施，由空间段、地面段和用户段 3 部分组成。以北斗系统为例，空间段由若干地球静止轨道卫星、中圆地球轨道卫星和倾斜地球同步轨道卫星 3 种轨道卫星组成；地面段包括主控站、时间同步 / 注入站和监测站等若干地面站；用户段包括北斗兼容其他卫星导航系统的芯片、模块、天线等基础产品，以及终端产品、应用系统与应用服务等。

实时动态（RTK，Real-Time Kinematic）载波相位差分技术（以下简称 RTK 技术），是一种通过接受基准站和测量站采集的载波相位，在用户接收机中进行求差及坐标解算，以求解位置数据的方法。传统的静态、快速静态、动态测量方法都需要事后进行数据解算，才能获得厘米级的定位精度；而 RTK 技术采用了载波相位动态实时差分方法，能够实时获得厘米级定位精度，极大地提高了移动测量效率，是 GNSS 应用的重大突破。RTK 技术通过在地面建立基站，并事先确定每个基站的精确位置，同时每个基站也通过 GPS 测量自身位置，将测出来的位置与自身位置对比得出误差，再将这个误差作为校正参数传给接收设备，以供其调整自身位置计算。虽然在 RTK 技术的作用下，能将车辆的位置精度确定在 10 厘米以内，但仍存在很多问题。例如，GPS 信号的遮挡问题，或者受到天气影响，导致根本无法接收到信号。另外，GPS 定位信息的更新频率很低，大约为 10 赫兹，无法满足自动驾驶车辆的数据需求。

连续运行参考站（CORS）系统属于地基增强系统，是计算机网络技术、卫星定位技术、数字通信技术等高新科技深度融合的产物，已成为 GNSS 应用的发展热点之一。CORS 系统由基准站网、数据处理中心、数据传输系统、定位导航数据播发系统、用户应用系统 5 个部分组成，各基准站与监控分析中心间通过数据传输系统连接成一体，形成专用网络。CORS 系统提供了国际通用格式的基准站坐标和 GNSS 测量数据，可满足不同行业用户对高精度实时定位导航的需求。

虚拟参考系统（VRS，Virtual Referent System）是由 Herbert Landau 博士提出的。VRS 是一个集 GNSS 硬件、软件和网络通信技术于一体的新型系统。VRS 通过在一定区域内架设一定数量的基准站接收卫星信号，并将信息传送至信息处理中心，同时用户移动站（如车辆）也将接收机的位置信息发送到数据处理中心，数据处理中心会根据移动站的位置，选择多个合适的基准站信息作为参考，通过整合各基准站信息虚拟出参考站，并将参考站改正数据下发给移动站用作差分计算，并最终得出定位数据。通常会选择移动站周围 5 千米范围内的基准站作为参考站。在实际应用中，一般选择几米之内的基准站作为参考站，从而有效减小差分数据误差，提升定位精度。

惯性导航系统（INS, Inertial Navigation System）是航位推测系统的一种，有时也简称为惯性系统或惯性导航。INS 以牛顿经典力学作为工作原理，通过测量得到物体运动的加速度，并利用加速度对时间的连续积分计算得到物体的速度和位置的变化。在 GNSS 信号受到阻挡、干扰等造成接收机不能实现定位的情况下，INS 能够持续提供定位结果，弥补 GNSS 定位的不足，提高定位精度和有效率。INS 主要是利用陀螺仪将测量值转换至全局坐标系。三轴陀螺仪的三个外部平衡环一直在旋转，同时三轴陀螺仪的旋转轴始终固定在世界坐标系中，车辆在坐标系中的位置是通过测量旋转轴和三个外部平衡环的相对位置来计算的来的。加速度计和陀螺仪是惯性测量单元（IMU）的主要组件，IMU 的主要特征在于高频更新，更新速度达到 1000 赫兹，所以 IMU 所提供的位置几乎是实时位置信息。但是 IMU 存在定位误差积累的问题，运动误差随时间的增加而增加该问题可通过将 GPS 和 IMU 集合来解决。Odometry 是传统车辆轮式里程计发展而来的一种里程传感器，一般用于与惯导系统配合，对惯导的累积误差进行修正，同时也对定位结果进行里程核实。

星基增强系统（SBAS，Satellite-Based Augmentation System）通过地球静止轨道（GEO）卫星搭载的卫星导航增强信号转发器向用户下发星历误差、卫星钟差、电离层延迟等多种修正信息，对定位精度进行改进，扩大差分服务范围。目前，SBAS 已成为各航天大国竞相发展的高精度定位技术，在全球已经建立多个 SBAS 系统。中国也在 2015 年 6 月发布了国内首个广域差分星基增强系统，国际命名为 Atlas。各国 SBAS 系统的工作原理大致相同，都是通过各地的众多差分站对导航卫星进行监测，获得原始观测数据并送至中央处理设施，中央处理设施通过计算得到各卫星的定位修正信息，通过上行注入站发给 GEO 卫星，最后卫星将定位修正信息播发给广大用户，从而达到降低定位误差的目的。

三、局部定位

视觉定位是实现局部定位的典型技术，包括图像获取、图像识别、图像匹配和测距等过程。第一步利用专业相机获取包含特定目标（路牌、路牌箭头）的视频图片。第二步通过深度学习来识别图片中的目标信息，如对识别到的目标进行分类及通过检测算法得到目标在图片中的位置坐标。第三步结合自动驾驶车辆周围的地图信息（周边路牌、路面箭头的经纬度、目标类别和形状等），通过算法将地图信息从三维坐标系（即世界坐标系）转换到二维坐标系（即图像坐标）。第四步根据目标检测获取到的坐标和转换得到的坐标及目标类别进行匹配。匹配成功之后利用算法得到目标与自动驾驶车辆的横向距离和纵向距离，再结合目标的位置反算出自动驾驶车辆的位置。自动驾驶中典型的基于图像识别的定位流程图如图 9-5 所示。

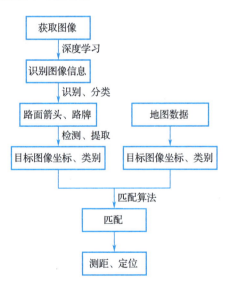

图 9-5　自动驾驶中典型的基于图像识别的定位流程图

通过视觉手段（如图像、激光雷达、毫米波雷达等一种或多种传感器同和形式）可以进行道路特征识别，检测路面上的车道线等高精度地图对象，以及道路沿目标（如路牌、建筑物等），并通过一定算法形成道路特征指纹库，回传到云中心，不断积累、融合，形成可供智能网联汽车在运行时调用比对的高精度特征指纹大数据库。其原理和上述图像识别匹配类似，可作为辅助手段用来定位。

其中，利用激光雷达可以通过点云匹配来给智能网联汽车进行定位。该方法是将激光雷达传感器的检测数据与高精度地图数据进行连续匹配，通过对匹配结果进行分析可以获得汽车在高精度地图上的全球位置及行驶方向。匹配算法很多，主要有迭代最近点（IPC）算法、直方图滤波算法和卡尔曼滤波算法。激光雷达定位具有较高的稳健性，但由于高精度地图构建难度高、更新速度慢等原因，也使激光雷达定位存在固有缺陷。

相比之下，图像数据是相对最容易收集的数据，汽车摄像头便宜且种类繁多，还易于使用，但要用摄像头来独立实现高精度定位是很困难的。但是可以将摄像头数据与地图、GPS 结合起来，利用概率来判断摄像头数据与地图或 GPS 等传感器数据做比对，从而定位车辆或障碍物的位置。

由于各种定位方法既有各自的技术有点，也有相应缺陷，因此，为了有效实现智能网联汽车的高精度定位功能，可以考虑将不同的定位技术相结合。例如 2019 年 5 月，博世在中国自动驾驶高精度地图产业发展创新大会上分享了其在自动驾驶高精度地图中的环境感知与高精定位技术。博世提出的解决方案是基于卫星定位和特征定位互为冗余和补充的定位技术方案，从而规避不同定位技术的固有弊端。例如，在隧道里，卫星信号会被遮挡，或因为多路径效应使卫星定位的性能受到影响，而在此场景中，特征定位的可靠性是可以保障的。与此相对应的，在恶劣的天气情况下，或在道路边界等视觉信息模糊的情况下，视觉定位可能受到严重影响，性能也将被显著削弱。而此时，卫星定位依旧可以发挥它的优势。

参考文献

[1] 盖世汽车资讯 . 一场关于高精度地图 + 定位的深思 [R]. 2019.

[2] 李荣明，芦利斌，金国栋 . 单目视觉定位方法研究综述 [J]. 现代计算机（专业版），2011.

第十章

自动驾驶算法

　　自动驾驶涉及的算法非常复杂。算法是指解题方案准确而完整的描述，是一系列解决问题的清晰指令，是用系统的方法描述解决问题的策略机制。自动驾驶通过让车辆实现环境感知、路径规划并自主控制的技术感知，实现环境信息和车内信息的采集与处理。自动驾驶决策依据获取的信息来进行判断，确定适当工作模型，制定相应控制策略，替代人类做出驾驶决策。在系统做出决策后，执行系统替代人类对车辆进行控制，反馈到底层模块执行任务。本章对自动驾驶的感知算法、决策规划算法和控制执行算法分别进行阐述。

第一节　感知算法

　　感知算法包括目标检测与识别、目标跟踪、传感器融合、定位等。目标检测与识别是指检测数字图像中的物体位置及类别。目标跟踪是指在视频序列中，预测后续帧中目标的大小与位置。传感器融合是集中多个或多种传感器获取的数据、信息，综合分析以便获得更加准确的环境感知结果，从而提高自动驾驶系统决策的正确性。定位是指通过结合定位传感器和地图的信息，获得精确的定位结果。

一、目标检测与识别

　　目标检测与识别是自动驾驶核心任务之一。目标检测与识别通过传感器观测交通环境，从实时数字图像、雷达数据等信息中检测出目标并对其识别分类，为自动驾驶操作提供决策依据。目标检测与识别算法分为两类，分别为基于传统特征的算法和基于深度学习的算法。大多数基于传统特征的算法思路是用一些特殊的图像特征或特征点表征每一类物体的特点，从而达到图像的匹配和识别任务。基于传统特征的算法一般通过精巧的设计能够对图像具有一定的尺度不变性、旋转不变性，使得对与同样的物体，所以在不同的尺度和角度情况下实现识别任务。基于传统特征的算法如方向梯度直方图（Histogram of Oriented Gradient，HOG）、尺度不变特征变换（Scale-invariant Feature Transform，SIFT）和颜色自相似（Color Self-Similarity，CSS）等。

随着计算机技术及算法的发展，深度学习大幅度提升了自动驾驶算法的性能。深度学习是一类模式分析方法的统称，通过组合低层特征形成更加抽象的高层表示属性类别或特征，以发现数据的分布式特征。深度学习有多个常用模型框架，如自动编码器、稀疏编码、限制波尔兹曼机、深信度网络、卷积神经网络等。

基于卷积神经网络（Convolution Neural Network，CNN）的深度学习模型是最常用的模型和研究热点之一。20世纪60年代，Hubel和Wiesel在研究猫脑皮层中用于局部敏感和方向选择的神经元时发现其独特的网络结构可以有效地降低反馈神经网络的复杂性，继而提出了CNN。近年来CNN经过不断改进，其精确度和计算效率得到极大提升。CNN是一种前馈神经网络，其人工神经元可以响应一部分覆盖范围内的周围单元，在大型图像处理方面表现出色。CNN通过卷积神经网络对传感器数据提出图像的特征，通过模型计算来得出输出量。

目标检测方法分为两步检测算法（Two-Stage）和一步检测算法（One-Stage）。两步检测算法是把整个检测过程分为两个步骤，第一步提取一些可能包含目标的候选框，第二步再从这些候选框中找出具体的目标并微调候选框。典型的两步检测法主要有R-CNN算法、Fast-RCNN算法、Faster-RCNN算法等。一步检测算法则直接生成目标的类别概率和位置坐标，经过一次检测即可直接得到最终的检测结果。因此，一步检测算法检测速度更快，比较典型的算法如YOLO算法和SSD算法。

R-CNN算法基于CNN算法良好的特征提取及分类性能，可实现目标检测问题的转化。R-CNN算法无法完整地训练，另外由于每个候选框提取的特征是独立计算的，整个过程包含了大量冗余计算。Fast-RCNN算法主要解决提取特征时冗余计算的问题，无需对每一个预选区进行卷积运算，大大提高了检测速度。2015年，Ren等提出Faster-RCNN算法，使用卷积运算一次即可得到卷积特征图像，Faster-RCNN算法是对Fast-RCNN算法的进一步加速。

YOLO算法和SSD算法是端到端的CNN模型。YOLO算法不采用两步检测的解决思路，不需要类似的候选框提取的步骤，而将图像分类和位置检测完全集成在一个网络里，将边框位置设计成可以回归的参数，直接由网络回归得出，速度极大地得到提升，但是检测精度与 Faster-RCNN 算法相比有所降低。SSD 算法在 YOLO 算法和 Faster-RCNN 算法的基础上，增加了多尺度的卷积层，使精度保持与 Faster-RCNN 算法相近，同时速度比 YOLO 算法更快。

二、目标跟踪

目标跟踪是计算机视觉领域中研究的热点之一，在自动驾驶领域有广阔的应用前景。目标跟踪分为单目标跟踪与多目标跟踪。单目标跟踪视频画面中的单个目标，多目标跟踪同时跟踪视频画面中的多个目标，从而得到这些目标的运动轨迹。

目标跟踪算法研究难点与挑战包括实际复杂的应用环境、背景相似干扰、光照条件变化、遮挡等外界因素，以及目标姿态变化、外观变形、尺度变化、平面外旋转、平面内旋转、出视野、快速运动和运动模糊等。

目标跟踪主流算法大致分为两类：一类目标跟踪算法直接从图像序列中检测到运动目标，并进行目标识别，最终跟踪感兴趣的运动目标，不依赖于运动目标的先验知识。另一类目标跟踪算法首先为运动目标建模，随后在图像序列中实时找到相匹配的运动目标，依赖运动目标的先验知识，典型的算法有卡尔曼滤波，粒子滤波，mean-shift 等。

三、传感器融合

自动驾驶所涉及的传感器一般有激光雷达、摄像头、毫米波雷达、超声波雷达、速度和加速度传感器等。由于传感器都有各自的局限性，因此单个传感器满足不了各种工况下的精确感知。自动驾驶汽车需要运用到多传感器融合技术，以保障在各种环境下平稳运行。

传感器融合是集中多个 / 多种传感器采集的数据或处理得到的信息，综合分析以便更加准确、可靠地描述外界环境，从而提高系统决策的正确性。传感器融合的基本原理类似于人类大脑对环境信息的综合处理过程。人类对外界环境的感知是将眼、耳、鼻和皮肤等器官所探测的信息传输至大脑，并与先验知识进行综合，以便对其周围的环境和正在发生的事件做出快速、准确地评估。

传感器融合的体系结构包括分布式体系结构、集中式体系结构和混合式体系结构 3 种。分布式体系结构首先对各个独立传感器采集的原始数据进行局部计算，然后再将处理结果输入信息融合中心进行优化组合，综合分析后获得最终的结果。分布式体系结构对通信带宽的需求低、计算速度快、延续性好，但跟踪精度较低。集中式体系结构将各个传感器获得的原始数据直接送至中央处理器进行融合处理，可以实现实时融合。集中式体系结构数据处理精度高、算法灵活，但存在对处理器的要求高、可靠性较低、数据量大、难于实现等缺点。混合式体系结构中，部分传感器采用集中式融合，其余传感器则采用分布式融合。混合式体系结构具有较强的适应能力，兼顾了集中式融合体系结构和分布式体系结构的优点，稳定性强。混合式体系结构比分布式体系结构和集中式体系结构复杂，较分布式体系结构加大了计算代价，较集中式体系结构加大了通信代价。

第二节　决策规划算法

决策规划功能预测自行车与其他车辆、车道、行人等在未来一段时间内的状态，给出决策。由于人类驾驶过程中所面临的路况与场景多种多样，因此决策规划算法的优化需要高效的人工智能模型及大量的有效数据。这些数据需要尽可能地覆盖到各种罕见的路况，而这也是驾驶决策发展的最大瓶颈所在。

决策规划算法包括避障算法、路径规划算法和行为规划算法。路径规划算法又分为全局路径规划算法和运动路径规划算法。先进的决策规划理论包括模糊推理、强化学习、神经网络和贝叶斯网络技术等。

避障算法包括两个层级，交通情况的前瞻层级和实时反映层级。交通情况的前瞻层级是指通过现有的交通情况，估计碰撞发生的时间和最短碰撞距离，并基于此重新规划路线。如果第一层级失效，则实时反映层级根据雷达数据再次进行本地路径的重新规划，一旦雷达检测到障碍物，立即避障。

常见的车辆路径规划算法主要有 Dijkstra 算法、Lee 算法、双向搜索算法、Floyd 算法、A* 算法和蚁群算法等。

Dijkstra 算法是最短路径算法的经典算法之一。Dijkstra 算法按路径长度的递增次序，逐条产生最短路径，适用于计算道路权值均为非负的最短路径问题。Dijkstra 算法以思路清晰、搜索准确见长;缺点是由于输入为大型稀疏矩阵，占用空间大，计算耗时长。

Lee 算法引入局部统计的方法，将非线性的图像模型线性化，解决了迭代算法的不足。与 Dijkstra 算法相比，Lee 算法更适用于数据随时变化的道路路径规划，且其运行代价小于 Dijkstra 算法。在最佳路径存在的情况下，Lee 算法就能够找到最优解。

Floyd 算法是一种利用动态规划的思想，计算图中任意两点间的最短距离的算法。Floyd 算法可以正确求解有向图或负权的最短路径问题。Floyd 算法时间复杂度与对每一个节点求解一次 Dijkstra 相同，但是实际的运算效果优于 Dijkstra 算法。

双向搜索算法在从起点开始寻找最短路径的同时，也从终点开始向前进行路径搜索，最佳效果是二者在中间点汇合，可缩短搜索时间。但是在终止规则不合适的情况下，双向搜索算法有可能在两个方向都搜索到最后才终止，使搜索时间增加 1 倍。

A* 算法是启发式搜索算法。A* 算法通过引入估价函数加快搜索速度，提高了局部择优算法搜索的精度，从而得到广泛的应用，是当前较为流行的最短路径算法。

蚁群算法是一种随机搜索算法，是在对大自然中蚁群集体行为的研究基础上总结归纳出的一种优化算法，具有较强的鲁棒性和全局搜索能力，而且易于与其他方法相结合。

综上所述，以上算法单独应用于求解车辆路径规划问题时均存在一定缺陷，所以目前的研究侧重于结合多种算法构造混合算法，如将 Dijkstra 算法与蚁群算法结合等。

在接收到全局路径后，自动驾驶车辆结合从感知模块得到的环境信息（包括其他车辆与行人、障碍物、道路上的交通规则信息），做出具体的行为决策。在行为决策方面，当前算法主要包括专家系统和贝叶斯网络。专家系统是基于独立知识库（如地图、交通规则），根据条件产生出相应的动作或结论的系统；还可以用或、与、非等逻辑运算复合输入、输出。但专家系统的缺点在于建模所需时间过长，成本过高；知识库可能有错误，多条规则可能出现矛盾，从而导致系统脆弱。因此，专家系统不能单独用于构建自动驾驶的决策算法。贝叶斯网络是一个概率推理系统，贝叶斯网络在数据处理方面，针对事件发生的概率及事件可信度分析上具有良好的分类效果。贝叶斯网络在模块化和透明性等方面存在优势。

第三节　控制执行算法

在执行层中，车辆的各个操控系统都需要能够通过总线与决策系统相连接，并能够按照决策系统发出的总线指令精确地控制加速程度、制动程度及转向幅度等驾驶动作。

分析历史发展规律可以发现，控制理论的每次突破都将带来控制系统的发展，新的控制系统出现从而丰富汽车的功能，提升汽车的安全性。控制理论与控制系统演进路线如图 10-1 所示。理论到应用需要电子硬件技术的支撑，具体功能的实现离不开芯片计算能力及半导体工艺的发展，因此，实际应用与理论算法的突破之间有一定的时间间隔。

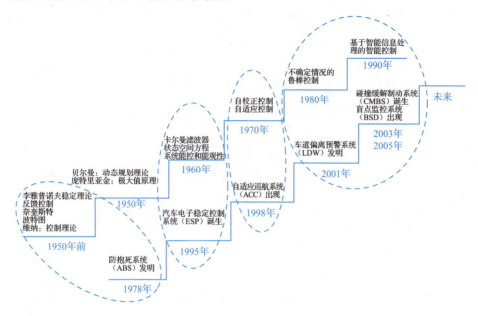

图 10-1　控制理论与控制系统演进路线

（来源：盖世汽车）

比例－积分－微分算法（即 PID 算法）是闭环控制算法。闭环控制是根据控制对象输出反馈来进行校正的控制方式。闭环控制在测量出实际与计划发生偏差时，按定额或标准来进行纠正。PID 是比例、积分、微分的缩写，分别代表了三种控制算法。通过这三个算法的组合可有效地纠正被控制对象的偏差，从而达到一个稳定的状态。

砰－砰控制（即 Bang-Bang 控制）是工程领域中最为常见的一种综合控制形式，实际上是一种时间最优控制。在 Bang-Bang 控制形式中，根据系统的运动状况，最优控制的各个控制变量在整个过程中分段地取为允许控制范围的正最大值或负最大值，仅仅在这两个边界值上进行切换，其作用相当于一个继电器，所以也是一种位式开关控制。Bang-Bang 控制在某些方面具有比常规 PID 控制更为优越的性能，尤其是对于给定值的提降及大幅度的扰动作用，效果更为显著。

卡尔曼滤波算法是一种利用线性系统状态方程，通过系统输入 / 输出观测数据，对系统状态进行最优估计的算法。卡尔曼滤波器的原理是根据上一时刻的状态，将预测的状态与当前时刻的测量值进行加权，加权后的结果作为当前时刻的实际状态。卡尔曼滤波算法适用于线性系统、离散系统和有限维系统。卡尔曼滤波算法的优势在于采用物理意义较为直观的时域状态空间；仅需要前后两个时刻的数据，数据存储量较小；递推算法便于实现；可以推广到非平稳随机过程的情况。

智能控制包括智能信息处理、智能信息反馈和智能控制决策，主要用来解决传统方法难以解决的复杂系统控制问题。智能控制研究对象的主要特点是具有不确定性的数学模型、高度的非线性和复杂的任务要求。智能控制以控制理论、计算机科学、人工智能、运筹学等学科为理论基础，并进一步拓展。在智能控制理论中应用较多的理论有模糊逻辑、神经网络、遗传算法、专家系统，以及自适应控制、自组织控制和自学习控制等。

参考文献

[1]Wang Y, Liu S, Wu X, et al. CAVBench: a benchmark suite for connected and autonomous vehicles[J]. 2018.

[2] 张贵英，向函，赵勇. 基于计算机视觉的自动驾驶算法研究综述 [J]. 贵州师范学院学报，2016.

[3] 丰晓霞. 基于深度学习的图像识别算法研究 [D]. 太原理工大学，2015.

[4] 周慧子，胡学敏，陈龙，等. 面向自动驾驶的动态路径规划避障算法 [J]. 计算机应用，2017.

[5] 谭会生，廖雯，贺迅宇. 一种改进蚁群算法的移动机器人快速路径规划算法研究 [J]. 动力学与控制学报，2019.

[6] 王永初. 智能控制理论与系统的发展评述 [J]. 华侨大学学报（自然科学版），2004.

[7] 盖世汽车研究院. 2018 年中国汽车电子行业白皮书 [M]. 2018.

第十一章

线控系统

执行是指系统在做出决策后，按照决策结果对车辆进行控制。车辆的各个操控系统都需要通过总线与决策系统相连接，并能够按照决策系统发出的总线指令精确地控制加速程度、制动程度、转向幅度、灯光控制等驾驶动作，以实现车辆的自动驾驶。

执行控制是自动驾驶真正落地的基础。感知定位如同驾驶人的眼睛，决策规划相当于驾驶人的大脑，而执行控制就好比驾驶人的手脚。并且决策规划无法和执行控制剥离，对执行控制缺乏了解，决策规划就会无从做起。

在自动驾驶感知识别、决策规划、控制执行三个核心系统中，和传统汽车零部件行业贴合最近的就是控制执行端（包括驱动控制、转向控制、制动控制等）。自动驾驶的路径规划等驾驶决策是由传感器根据实际的道路交通情况进行识别而得出，都是电信号，这就需要线控底盘来实现自动驾驶。

线控底盘主要有 5 大系统，分别为线控转向、线控制动、线控换挡、线控节气门、线控悬挂。而线控转向和线控制动则是面向自动驾驶执行端方向最核心的产品，其中又以线控制动技术难度更高。面向自动驾驶线控底盘组成如图 11-1 所示。

自动驾驶汽车线控系统研发成果可分为 3 个版本，1.0 版为对原车的踏板及方向盘进行了物理截断的改装，有时会出现漏油和电动机烧毁的情况；2.0 版为基于原车的高级驾驶辅助系统（ADAS）实现线控。3.0 版为完全定制化，线控系统均为基于自动驾驶的需求特别定制的。

图 11-1 面向自动驾驶线控底盘组成

第一节　线控节气门

自动驾驶车辆的加速线控系统，最早的车辆都有一个节气门拉线，加速踏板通过拉线控制气门开合。目前加速线控系统直接通过发动机管理系统来控制电子油门。

自动驾驶汽车线控节气门如图 11-2 所示。目前线控节气门技术已经成熟。在传统燃油汽车中，线控节气门基本是标准配置；混合动力汽车和电动汽车均采用线控节气门，基本不需要换挡。

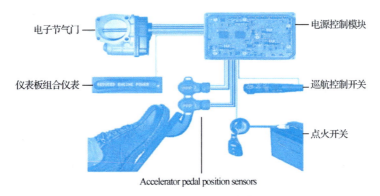

图 11-2　自动驾驶汽车线控节气门

（来源：百度）

线控节气门控制系统经过多年的发展，逐渐发展成可根据加速踏板的位置，由电子控制单元（ECU）来决定电子节气门的开合大小及喷油量、喷油时间间隔，以完成电子线控化。

线控节气门的主要功能是将驾驶人踩下加速踏板的角度转换成与之成正比的电压信号。同时，将加速踏板的特殊位置制成接触开关。将发动机怠速、高负荷、加减速等工况转化为电脉冲信号，传输到电控发动机的电控单元，实现供油、喷油、变速等工序的最优自动控制。

线控节气门主要由加速踏板、踏板位移传感器、ECU、控制器局域网络（CAN）总线、伺服电动机和电子节气门执行机构组成。在自适应巡航中，则由车身电子稳定系统（ESP）中的ECU给出线控节气门的需求，进而控制进气门开合幅度，最终控制车速。

第二节 线控转向系统

线控转向系统与电子助力转向系统的区别如图 11-3 所示。自动驾驶车辆的线控转向系统和传统车辆的电子助力转向系统（EPS）非常类似，唯一的差异就是在于冗余。图 11-3（a）是英菲尼迪 Q50 的线控转向系统，基本延续了传统转向系统的结构，并增加了一套离合、三组 ECU、冗余转向电动机和力度回馈器。线控转向系统普及程度不高，仅有部分乘用车的量产产品，如英菲尼迪 Q30 等。

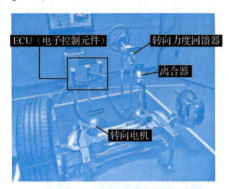
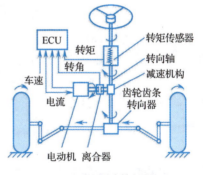

（a）英菲尼迪Q50的线控转向系统　　（b）电子助力转向系统

图 11-3　线控转向系统与电子助力转向系统的区别

（来源：百度）

研发阶段很多线控转向系统在方向盘与车轮之间的连接并非采用线控，而是依然采用机械连接，所以很多车用转向系统都是基于 EPS 进行改造。线控转向系统设计的难点在于模拟方向盘的力反馈，由于方向盘与机械部分没有连接，驾驶人无法感受到来自路面传导的阻力，会失去路面感。

成熟的 EPS 技术大多由国外主流供应商掌握，国内自动驾驶企业由于尚未掌握核心技术，只能选择采购 EPS。

第三节　线控制动系统

线控制动系统是在传统的制动系统上发展而来的，图 11-4 可以看到线控制动系统和传统制动系统的对比。线控制动系统执行信息由电信号传递，与传统制动系统相比，制动压力调节更快，进而刹车距离更短、更安全，车辆操控性更好。

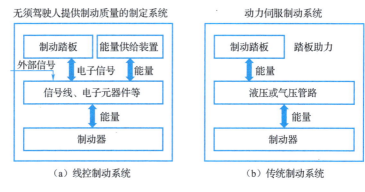

图 11-4　线控制动系统与传统制动系统的对比

线控制动系统的优势在于：由导线取代冗长的液压管路，制动响应速度快（100 ～ 150ms）；质量轻，体积小；无制动液，便于维护；便于扩展其他电控功能。

图 11-5 是大陆集团开发的线控制动解决方案。MK C1 制动系统将电动主缸及制动压力调节阀块集成在一个制动单元中。当该制动单元失效时还有 MK 100 制动系统保证冗余。制动单元的发展历程如图 11-6 所示。

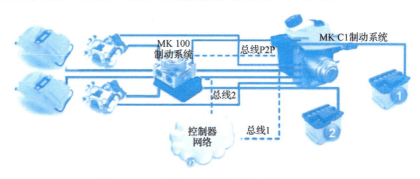

图 11-5　大陆集团开发的线控制动解决方案

（来源：百度）

图 11-6　制动单元的发展历程

　　因为制动技术比较复杂，在 ADAS 功能中，许多技术都集中于制动技术，比如自适应巡航系统（ACC）、紧急刹车系统（AEB）、自动泊车辅助系统（APA）、车身电子稳定系统（ESP）等。ADAS 功能与制动技术如图 11-7 所示。

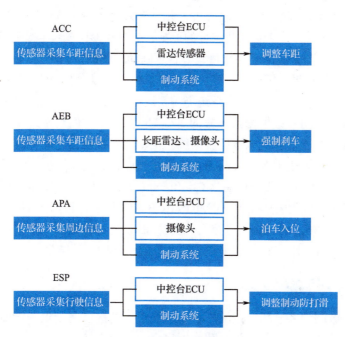

图 11-7　ADAS 功能与制动技术

　　线控制动系统（BBW）是以电子元件来取代液压或者气压的控制单元。BBW 能够支持 L4、L5 自动驾驶安全要求的线控制动系统。目前国内外并没有能够完全支持 L4、L5 的液压制动系统。当前的电子制动系统主要为电子液压制动系统和电子机械制动系统。

　　电子液压制动系统的控制单元及执行机构布置的比较集中，并且使用制动液作为动力传递媒介，主要有液压备份系统。液压备份系统也可以称之为集中式制动系统或湿式制动系统，发展相对成熟电子机械制动系统采用电子机械装置代替液压管路，其执行机构通常安在轮边，包括分布式制动系统和干式制动系统。

一、电子液压制动系统

线控液压制动器是在传统液压制动器的基础上发展起来的，是电子液压制动系统的重要部件。线控液压制动器采用综合制动模块代替传统制动器中的压力调节器和 ABS 模块，包括电动机、泵、蓄电池等部件，可以产生和存储制动压力，并分别单独调节四个轮胎的制动力矩。

与传统的液压制动系统相比，电子液压制动系统在结构、制动效能、控制便捷度、制动噪音等方面有显著改进，并且有效地减少了制动踏板的打脚，提供了更好的踏板感。随着模块化程度的提高，在车辆设计过程中提高了设计的灵活性，减少了制动系统的零件数量，节省了制动系统的布局和空间。可以看出，与传统的液压制动系统相比，电子液压制动系统有了很大的改进，但电子液压制动系统仍有局限性。例如，整个系统仍需要液压元件，无法避免制动液的使用。

电子液压制动系统根据技术方向可分为 3 类：电动伺服系统、电液伺服系统和电动机 + 高压蓄能器电液伺服系统。电动伺服系统由电动机驱动主缸提供制动液压力源，代表产品为 Bosch Ibooster、NSK；电液伺服系统采用电动机 + 泵提供制动压力源，代表产品为 Continental MK C1、日立；电动机 + 高压蓄能器电液伺服系统代表产品为 ADVICS ECB。以上 3 类电子液压制动系统的关键部件包括电动机、电磁阀、油泵、电液控制单元、蓄能器，这些部件集成在一起，形成了机电液集成程度非常高的电子液压制动系统产品。

二、电子机械制动系统

电子机械制动系统和线控液压制动系统最大的区别在于电子机械制动系统不再需要制动液和液压元件，制动力矩完全由安装在四个轮胎上的电动机驱动执行机构产生。因此，电子机械制动系统减少了制动主缸、液压管路等，大大简化了制动系统结构，便于布局、装配和维护。更重要的是，制动液的取消对环境的污染大大减少。电子机械制动系统的结构如图 11-8 所示。

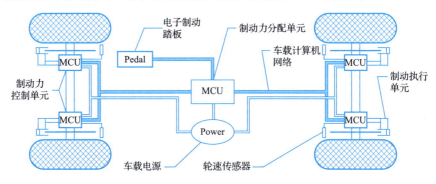

图 11-8　电子机械制动系统的结构

电子机械制动系统相比电子液压制动系统而言，电信号响应速度快，制动性能提升，结构简化，维护成本低。此外，在电子机械制动系统中，电动机驱动的方式便于增加电控功能，便于进行系统改进设计。此外，电子液压制动系统由于技术复杂，其制造技术基本上由国际巨头垄断，因此在新兴市场中电子机械制动系统更有竞争优势。

电子机械制动系统的缺点包括线控制动功率受限于电动机功率，很多车内空间有限，所以永磁电动机尺寸受限，功率也不高，最终导致制动力不足；制动片一直处于高温的工作情况下，同样由于空间限制，在电动机选择上须采用永磁电动机，永磁电动机在制动过程中会因长期高温而消磁；电子机械制动系统在制动片附件上安装有半导体元件，高温对半导体元件是一个非常大的考验；电子机械制动系统的 12V 电源无法提供所需能量，因而需要独立驱动电源，一般为 24V 或 48V；线控制动的可靠性还没有得到充分的测试和验证。

第四节 结语

自动驾驶技术正在迅猛发展，似乎全球车企都对此产生了焦虑，担心自动驾驶的产业重构会让企业落后于时代。从执行端来看，线控节气门、线控换挡、线控空气悬挂虽然等技术虽然都已十分成熟，但最为关键的转向和制动技术目前还没有一套可以适用于 L4 驾驶的稳定的量产产品。

在博世的样车上已经有线控转向系统的应用；耐世特计划在 2019 年开始量产配备线控转向系统的产品。虽然博世宣称 Ibooster+ESC 可以满足 L4 的标准，但从严格意义上讲，其尚不能满足冗余度的要求，因此电子制动技术实际装车量产尚未可期。

第十二章

安全防护体系

在自动驾驶时代，汽车行业将迎来巨大的发展机遇，进入新的快速发展通道。需要关注的是，自动驾驶技术的发展正面临着前所未有的安全挑战，确保行车安全才能使自动驾驶汽车真正地走向应用。安全是自动驾驶最核心的问题，也是当前各自动驾驶企业面临的最大挑战。对于如何评估自动驾驶汽车及其技术的安全性，目前业内尚未形成统一标准，但已有部分企业开始开展相关工作。对于整车企业来说，安全是其第一准则。对于自动驾驶汽车而言，安全问题不容忽视。从功能安全到信息安全，再到预期功能安全，自动驾驶汽车正面临着一系列亟待解决的安全问题。

第一节　自动驾驶安全技术

由于复杂的环境因素，自动驾驶汽车的安全性面临着多重挑战，包括人、车辆等。自动驾驶汽车的安全风险来源包含系统失效、功能局限性及网络安全等，因此，汽车企业应建立完整的安全防护体系来保障行车安全。自动驾驶安全防护体系除了传统的被动安全和主动安全，还包括功能安全、信息安全和预期功能安全，但是作为新兴的安全技术领域，关注点各有不同。

功能安全主要针对电子电气系统故障引起的危害，并假定存在驾驶人参与危害的控制。信息安全是针对恶意网络攻击对财产、隐私、车辆操作及安全的威胁。预期功能安全是针对自动驾驶车辆系统非故障原因导致的危害，并考虑人员不能及时响应的情况。

上述 3 种技术有区别，也有共同点。功能安全、信息安全和预期功能安全的共同点表现在：都贯穿车辆系统开发全过程，并且都从风险分析开始，到安全评估和发布终止；同时开发中也需要彼此信息沟通和传递。汽车企业应统筹考虑不同的安全技术，才能实现自动驾驶整体安全的保障。

第二节　功能安全

对于自动驾驶或驾驶辅助车辆来说，车辆几乎全部交由系统控制，系统控制的效果是必须考虑的因素。在传统汽车领域中，失效表现往往源于系统的失效。然而在自动驾驶系统中，即便系统不发生故障，也可能因为神经网络黑盒输出等因素的不确定性导致功能的偏离，造成交通伤害。尽管在感知决策执行层面没有任何错误和失效发生，但其他复杂的交通状态和车辆意外行为依然可能成为自动驾驶系统的不稳定因素。人工智能（AI）可以增强自动驾驶系统的感知能力和决策能力，但 AI 问题本质上是一种概率问题，考虑到车辆的运行场景往往是多变的，静态和动态因素同时存在于驾驶场景中，这种连续或离散变化状态的输入变量是不可量化和计算的，因此在实际的项目开发过程中很难保证系统输出的稳定性和鲁棒性，从而导致流向市场的自动驾驶汽车无法准确保证实际需求。

自动驾驶汽车的功能安全可分为两个方面来解决：

（1）功能安全解决电子电器失效对人造成的危害；

（2）预期功能安全解决非系统故障原因对人造成的伤害；

国际标准化组织于 2011 年制定的 ISO 26262 标准适用于道路车辆上特定的由电子、电气和软件组成的安全相关系统在生命周期内的所有活动；同时针对自动驾驶板块，提供了安全系统安全硬件和安全软件基础。其目的是确保在发生故障时能够独立、安全地运行整车。

第三节　信息安全

随着汽车联网的行为越来越多，通过传统破解车机、车载自动诊断系统（OBD）等物理接口、蓝牙和无线接入以外，黑客可以发现 ECU 固件的漏洞，提取加密密钥等敏感信息，以利用手机远程控制车辆，使得网络攻击转换为对车辆本身的攻击。随着汽车技术的进步及销量的增长，汽车产业迎来了新一轮的技术变革浪潮，汽车正向着电动化、智能化、网联化、共享化发展，这意味着汽车与互联网的交互越来越密切，汽车逐渐融入互联网中，与此同时，汽车也慢慢成为潜在的网络攻击目标，汽车的网络安全已成为汽车安全的基础，受到越来越多的关注和重视。随着汽车行业逐渐由人工操控模式转为无人驾驶模式，网络安全将成为首要的问题。从目前各汽车企业的技术攻关方向可以看出，在未来自动驾驶汽车生产中，网络安全将成为核心技术。

当前网络安全发展也面临亟须解决的诸多挑战。从行业内部来看，一是汽车内部越来越复杂，安全问题发生的概率增大。一方面是采用现有 IT 技术时，没有和车辆自身架构充分融合，另一方面是软件占比逐步增加，潜在漏洞增多。二是汽车产业生态巨大，产业链冗长，缺乏统一信息安全标准供全生态、全产业参照，使得各方对于信息安全的理解存在不一致的地方，并且对于责任边界不清晰。当前，我国相关组织正在积极推动信息安全标准制定和体系完善。第三，当前在汽车零部件或整车的设计和开发过程中，信息安全保障环节存在缺失。例如，未进行系统加固、身份认证和访问控制强度不够等。从行业外部来看，攻击者会试图找出车辆和相关系统的弱点并实施攻击，以达到其目的。

智能网联汽车信息安全已成为汽车行业广泛关注的主要问题之一，一直致力于汽车安全标准的美国机动车工程师学会（SAE）与国际标准化组织（ISO）形成了联合工作组，起草了 ISO 21434（道路车辆 - 信息安全工程）国际标准，主要从风险评估管理、产品开发、运行/维护、流程审核等 4 个方面来保障汽车信息安全工程能力的建设。

第四节　预期功能安全

预期功能安全旨在避免因自动驾驶汽车整车及系统的非失效、预期功能局限、合理可预见的误用所引起的安全风险，从整车层面、系统层面、软 / 硬件层面及不同系统组件层面（如感知、决策、执行）提供针对预期功能的风险识别、分析和设计方法，通过基于对已知不安全场景和未知不安全场景的预期功能安全验证和确认，探测和发现不同层面及系统组件中的功能不足并进行改进，使自动驾驶汽车在预期使用工况下达到合理、安全水平。

功能安全标准 ISO 26262 虽然为传统汽车及新能源汽车的失效安全提供了指导，但对于自动驾驶汽车而言，除考虑系统故障引发的安全风险外，更需要考虑系统功能不足、人机及外界交互等导致的更大安全风险。当前，ISO 正联合行业内龙头企业开展国际标准 ISO 21448 的研究和制定工作，以指导不同自动驾驶等级车辆的设计和开发。我国正在积极参与制定工作进一步增强我国在国际标准制定工作中的话语权；同时将基于我国国情制定预期功能安全国内标准，以提升我国汽车产业技术安全水平。

国际标准 ISO 21448 围绕自动驾驶车辆的功能局限性（含设计不足和性能

局限），研究解决在复杂环境影响和人员合理误用的情况下，如何避免或降低车辆潜在的安全风险。该标准紧扣产品开发 V 模型过程。与功能安全标准 ISO 26262 相比，ISO 21448 标准增加了：

（1）对自动驾驶安全风险的复杂影响因素及未知风险领域，提出了系统化的风险探测、验证确认和评价要求；

（2）针对自动驾驶安全水平难以有效评价的国际性挑战，提出了基于目标市场场景、交通安全数据、功能危害行为及危害度量，定义预期功能安全（SOTIF）残余风险接受准则；

（3）针对自动驾驶多系统融合、交互高度复杂的情况，提出了自动驾驶功能及系统设计的规范性要求，引入了新的分析方法（如 STPA、SORA 等）和测试手段（如随机测试、Corner Case 测试等），识别车辆在可能的使用场景下（含人员误用）的风险触发事件，并对自动驾驶系统的安全设计改进提出了具体指导；

（4）针对自动驾驶技术的发展方向，提出了机器学习（Machine Learning）、地图、车与外界的信息交换（V2X）等针对性功能设计和验证确认要求。

第五节　结语

自动驾驶带来了汽车行业新一轮的高速发展，诸多自动驾驶新兴企业如雨后春笋般涌现，同时，传统汽车企业也纷纷加大了相关技术的研发投入。自动驾驶商业化示范应用当前正在开展，但在自动驾驶技术真正应用前，仍须突破巨大的安全挑战。通过全面考虑安全风险来源，系统性地实施功能安全、信息安全、预期功能安全等技术，搭建自动驾驶安全防护体系，才能确保自动驾驶达到整体安全，从而实现自动驾驶汽车规模化应用。

参考文献

[1] 毛向阳，尚世亮，崔海峰.自动驾驶汽车安全影响因素分析与对应措施研究 [J]. 上海汽车，2018.

[2] 尚世亮，李波.车辆电控系统预期功能安全技术研究 [J]. 中国标准化，2016.

[3] 宁世发，冯忠祥.道路交通事故成因分析 [J]. 交通标准化，2006.

[4] Barbaros Serter，Christian Beul. Foreseeable misuse in automated driving vehicles [J]. SAE，2017.

第十三章

模拟仿真

随着汽车智能化、网联化、电动化和共享化的发展，汽车从简单的交通运输工具日益转变为新型移动智能终端。综合当前形势，未来五年是汽车产业快速发展的关键窗口期，各大汽车厂商正竞相争取智能网联汽车早日量产。同时由于汽车功能复杂、网联化普及、软件引用第三方代码增多、人工智能大量使用，使智能网联汽车增加诸多风险，因此 Waymo、GM（General Motors）、Ford、Uber 等自动驾驶企业都在开展道路测试来验证其安全性，以测试行驶里程数作为它们车辆技术成熟度的佐证。但是 Uber 等发生的自动驾驶事故警示了在路测之前应该经过更严谨的安全性验证。Waymo 在加州的路测中"脱离"次数最少是因为其在模拟仿真测试环节积累了有效测试里程，因此行业内目前已达成共识，自动驾驶汽车需要模拟仿真测试环节，模拟仿真正在成为自动驾驶的标准之一，并成为系统开发周期的一部分。

模拟仿真测试提供了无风险环境下测试和更新自动驾驶软件算法的工具，通过图形学、车辆动力学等技术，具备丰富、真实、配置灵活的测试场景和复杂的工况，以及与其他具备车辆动力学模型的自动驾驶车辆互操作的环境等优势，可以在短时间内对罕见的角落案例进行多次复现，缩短了自动驾驶汽车的生产周期，节约了研发成本，积累了测试里程，并确保其真实道路行驶的安全性，因此模拟仿真测试已成为自动驾驶汽车测试评价不可或缺的重要环节。自动驾驶系统相关公司对模拟仿真测试非常重视，国内外众多研究机构和人员都对此开展了广泛的探索。例如 Waymo、百度等公司均建立了自己的模拟仿真系统，开展了大量的模拟仿真测试。

结合现有研究来看，模拟仿真测试主要包含三部分，一是仿真测试场景，仿真测试场景是自动驾驶测试的核心和源头，包括场景数据来源、测试场景构建、场景要素等核心内容;二是自动驾驶仿真平台,主要有车辆动力学模型仿真、控制器仿真、传感器仿真等;三是自动驾驶汽车仿真测试评价方法,测试评价是模拟仿真测试的重要环节,据此来判别舒适性、安全性等指标。

第一节　仿真测试场景

一、场景数据来源

自动驾驶测试场景数据来源主要包括真实数据、模拟数据和专家经验三部分,如图 13-1 所示。

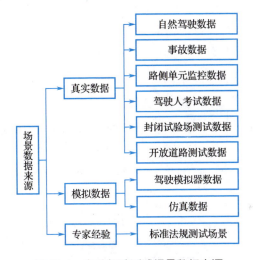

图 13-1　自动驾驶测试场景数据来源

真实数据:真实数据主要包括自然驾驶数据(车辆行驶过程采集的数据)、事故数据、路侧单元监控数据,以及驾驶人考试数据、封闭试验场测试数据、开放道路测试数据等典型测试数据。

模拟数据:模拟数据主要包括驾驶模拟器数据和仿真数据。

专家经验:专家经验数据是指通过以往测试的经验知识总结得到的场景要素信息,标准法规测试场景是典型的数据来源。

二、测试场景构建

汽车自动驾驶系统的开发过程主要分为三个阶段,对应这三个阶段的系统仿真测试要求,可将场景进行阶段性构建仿真测试,三个阶段构建的场景分别为功能场景、逻辑场景和具体场景。对三个场景阶段性构建定义如表 13-1 所示。

表 13-1　场景阶段性构建定义

场景阶段性构建	说　明
功能场景	融合道路信息、本车信息、交通参与者信息、环境信息，以文字的形式将功能场景进行具体描述
逻辑场景	对功能场景的信息变量化，并赋予相应的参数值空间范围
具体场景	定义场景变量的具体参数值

应用三阶段方法可以使场景设计和测试标准化、规范化，符合 ISO 26262 标准，同时提高测试质量和效率。

三、场景要素

测试场景要素包括测试车辆、交通环境、测试车辆目标信息和测试车辆的驾驶行为，自动驾驶测试场景要素如图 13-2 所示。其中，测试车辆要素又包括几何特征、性能特性及驾驶系统 3 类；交通环境要素包括天气和光照、静态道路信息、动态道路信息和交通参与者信息 4 类。

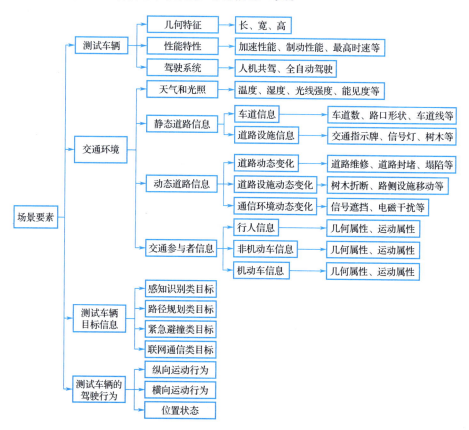

图 13-2　自动驾驶测试场景要素

第二节　自动驾驶仿真平台

　　自动驾驶仿真技术，是计算机仿真技术在汽车领域的应用，它比研发高级驾驶辅助系统（ADAS）更为复杂，对系统在解耦合架构上的要求非常高。自动驾驶仿真测试，指通过传感器仿真、车辆动力学仿真、高级图形处理、交通流仿真、数字仿真、道路建模等技术模拟路测环境，并添加算法，搭建相对真实的驾驶场景，来完成自动驾驶汽车测试工作的一种形式。

　　自动驾驶的关键技术是环境感知技术和车辆控制技术。环境感知技术是无人驾驶汽车行驶的基础，车辆控制技术是无人驾驶汽车行驶的核心。车辆控制技术包括决策规划和控制执行两个环节，两项技术相辅相成，共同构成自动驾驶汽车的关键技术。无论是环境感知技术，还是车辆控制技术，都需要大量算法支持，而算法的研发本来就是一个不断迭代的过程，在算法不成熟的条件下，为了配合自动驾驶汽车的功能和性能开发，必须遵循从模型在环，到硬件在环，再到封闭场地和半封闭测试，并最终走向开放道路测试这一测试验证流程，该流程在业界已经取得了广泛认可。

　　仿真技术的基本原理，是在仿真场景内将真实控制器变成算法，结合传感器仿真等技术完成对算法的测试和验证。在 NVIDIA 的相关论文中较为详细地解释了一种基于端到端深度学习原理的仿真测试，其主要过程如下：首先设计深度卷积神经网络（CNN）架构，利用数据对 CNN 进行训练；然后对图片进行数据处理，如扭曲、遮挡等，模拟真实环境；最后进行测试，观察训练好的CNN 输出结果，判断行驶状态。

　　一个完整的自动驾驶仿真平台，需要包括静态场景还原、动态案例仿真、传感器仿真、车辆动力学仿真、并行加速计算等功能，并能够较为容易的接入感知算法、决策规划算法、控制执行算法，自动驾驶仿真系统平台如图 13-3所示。只有算法与仿真平台紧密结合，才能形成一个闭环，达到持续迭代和优化的状态。

　　交通场景仿真包括拟真环境与动态场景仿真，构成了复杂多变的交通场景仿真，用于不同的仿真测试和训练目的。拟真环境的构建可以采集实际环境信息及已有的高精度地图构建静态场景，也可以人为创建所需的环境，通过软件组件，直接构建简单的典型道路和场景，添加如隧道、各种障碍物、车道线和交通标志包等交通元素。动态场景仿真可以用道路上实际采集的海量真实数据，通过算法抽取，结合已有的高精度地图，实现动态场景重建；也可以对多元类型数据进行整合与加工，通过算法构建拟真的动态场景。并且还可以采用随机交通流的生成，改变交通车辆、行人、非机动车等交通元素密度，模拟复杂的交通环境。除此以外，还可以利用各个国家采集到的交通事故数据进行场景的重建。交通场景仿真参数化和泛化技术，决定了模拟仿真测试场景几乎是无限的，并且可以进行重复测试，验证多种多样的工况，甚至是极端危险的工况。

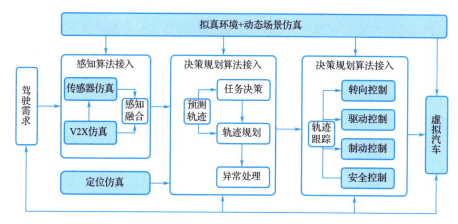

图 13-3　自动驾驶仿真平台

传感器仿真，即环境感知传感器的建模能力，需要结合传感器物理原理的大量先验知识和经验，主要包括对 LiDAR（激光雷达）系统、视觉（摄像头）系统、雷达系统等传感器的仿真。从仿真角度来讲，任何传感器理论上都可以从三个不同的层级进行仿真，第一个是对物理信号进行仿真，第二个是对原始信号进行仿真，第三个是对传感器目标进行仿真。物理信号仿真，就是直接仿真传感器接收到的信号，如摄像头（直接仿真摄像头检测到的光学信号）、雷达（直接仿真声波和电磁波信号）。原始信号仿真，是把传感器探测的单元拆掉，因为电控嵌入式系统中有专门的数字处理芯片，可以直接仿真数字处理芯片的输入单元。最后一层是传感器目标仿真。传感器感知和决策如果是由两个不同层级的芯片来做，就可以将传感器检测的理想目标直接仿真到决策层算法输入端。这种目标级输入信号一般是 CAN 总线输入信号或者其他通信协议格式输入信号。比如，差分 GPS 和 IMU 可以通过串口通信来仿真。一般来说，通过软件仿真的方式达到传感器目标级仿真，提供真值是比较容易做到的。而原始信号，尤其是物理信号的仿真，因为需要使用大量的仿真设备而相对比较复杂。

车辆动力学仿真。传统的商业仿真软件在此领域已经非常成熟，一般将车辆模型参数化，包括对车体模型、轮胎模型、制动系统模型、转向系统模型、动力系统模型等模型进行参数化，根据实际测试车辆的动力学性能配置合适的参数，使被控对象更接近于真实的对象。之后，就可以把相对真实的线控制动、线控转向和自动驾驶等系统集成到大系统中共同做仿真测试，这样测试的目的和意义主要是为了独立验证某个真实系统或者是多个真实系统的交互。

第三节　自动驾驶汽车仿真测试评价方法

自动驾驶仿真测试的评价体系，主要针对的是自动驾驶整体算法的测试和评估。在算法接入仿真平台后，起到测试目的的关键部分是交通场景的仿真，即系统预期运行环境的条件模型。标准化交通场景确定之后，自动驾驶算法接入仿真平台即开始测试，我们可记录下车辆行驶的所有细微表现，如是否压实线，是否发生碰撞，以及节气门、制动装置、转向状态等。测试评价结果就是基于原始结果和车辆状态的分析。仿真测试评价体系如图 13-4 所示。

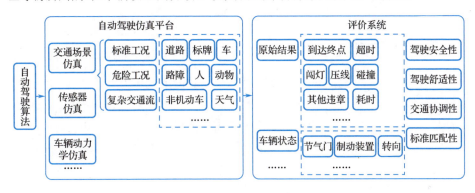

图 13-4　仿真测试评价体系

一、概述

仿真测试评价体系针对自动驾驶汽车具体的行驶任务，对应测试场景的危险程度，场景在实际交通中出现的频次，两次人工接管自动驾驶系统之间的车辆行驶距离，以及自动驾驶具体功能的特点和性能指标，选取不同的测试评价指标，并通过量化和归一的方式对其进行综合评价。

二、测试方法

自动驾驶汽车仿真测试方式主要包括模型在环测试（Model-in-the-Loop，MiL）、硬件在环测试（Hardware-in-the-Loop，HiL）、整车在环测试（Vehicle-in-the-Loop，ViL）。模型在环测试采用拟真环境、车辆动力学模型、传感器模型、决策规划算法进行虚拟环境下的自动驾驶测试，其主要应用于系统开发的最初阶段，没有硬件参与系统测试，主要用于验证算法的正确性。硬件在环测试主要包括环境感知系统在环测试、决策规划系统在环测试和控制执行系统在环测试等。整车在环测试是将整车嵌入到虚拟测试环境中进行测试，通过模拟场景测试整车性能，主要包括封闭场地车辆在环和转毂平台车辆在环。典型的车辆在环测试方案如图 13-5 所示。

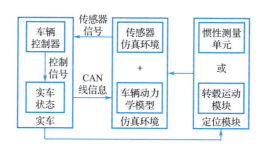

图 13-5　典型的车辆在环测试方案

三、评价方法

自动驾驶汽车仿真测试评价方法包括基于功能的评价方法和基于场景的评价方法。基于功能的评价方法是指针对特定的自动驾驶功能，在给定测试场景的前提下，判断测试的自动驾驶功能是否可以在该场景中安全行驶；基于场景的评价方式是指将测试车辆置于测试场景之中，在自动驾驶汽车能够安全行驶的前提下，判断其所能够执行驾驶任务的复杂程度。

四、通过性评价指标

通过性评价指标是指针对自动驾驶汽车做出判断，以及对在规定场景内实现的目标的评价。例如，自动驾驶汽车的安全性、完备性、经济性、人工干预度、标准匹配性等均可以采用通过性评价指标，量化上采取 0/1 机制。

安全性评价可用于评价车辆在道路上的行驶决策和行为。自动驾驶车辆也需要遵守交通规则，必须在各种驾驶情境（不论该情景是在预期内还是在预期外）确保驾驶的安全性。在仿真平台内，关于安全性的评价获取较易。首先是对自动驾驶模块运行可靠性的判定，例如模块是否会发生软件的致命错误、内存泄漏和数据延迟等，其次是对自动驾驶基础功能的评价，例如是否按照道路指示标志行车，是否冲撞行人，是否发生交通事故等。

标准匹配性，指按不同国家的法律法规，对自动驾驶行为做出评价。仿真平台内输出的是原始结果，通过不同的排列组合和条件筛选，可以从不同维度，按不同行业标准，对自动驾驶算法做出评价。

五、性能评价指标

性能评价指标表征自动驾驶汽车在具体测试场景下预期功能实现的程度。即将具体测试场景下自动驾驶汽车的某些参数值或其推导值作为评价指标。主要针对在已实现具体功能的场景下评价其性能的情况，以及在某些极端工况下仅实现部分功能，但系统逻辑却正确的情况。对于自动驾驶汽车的安全性、智能性、驾乘舒适性、拟人性、交通协调性等，可以采用性能评价指标，量化上采用差值机制。

驾乘舒适性，指驾驶人或乘客在道路上行驶时的驾乘体验。传统汽车的舒适性评价主要依靠人体的总振动加速度和主观感受来判断舒适性。该评价只是舒适性评价的一部分，另一部分是驾驶人或乘客对自动驾驶系统的感受。在仿真平台内，一般有两种方式获得舒适性方面的评价。一是依据行驶过程记录下的节气门、制动、转向状态，评估车辆驾乘是否平稳，转弯是否平顺；二是利用多自由度驾驶模拟器，通过驾驶人在环测试，评估驾驶人的体感判定和心理感受。体感判定包括了横摆角、顿挫感等评估体系，心理感受包括了心理安全感及迟钝感等。因为舒适性是个偏主观的感受，这条评价准则在路测阶段更为准确。

交通协调性，指车辆在道路上行驶时相对其他交通参与者的交通移动表现。驾驶人会根据其他的交通参与者的行为方式来判断、选择自己该用什么样的行为方式。自动驾驶汽车也需要判断它周边车辆的意图从而做出规划和决策。比如跟车，一般驾驶人如果发现前车很慢，而左侧车道无车时，经常会选择变道超车，而自动驾驶汽车有可能就一直保持安全距离跟车，从而影响它后面的其他车辆。从驾驶安全性和舒适性上，自动驾驶汽车选择的行为方式可能没有问题，但从协调性角度看，并非最佳选择。在仿真平台内，对交通协调性的评价方法是比较困难的，虽然每次交通场景下自动驾驶算法的规划和决策均会被记录，但仍然只能从外部交通参与者或全局视角去分析评价它。协调性的提升，需要靠算法不断地自我强化学习。

第四节　自动驾驶汽车模拟测试研究展望

模拟仿真测试技术在自动驾驶研发过程中将发挥越来越重要的作用，并将推动自动驾驶技术早日实现商业化。而验证自动驾驶的安全性是上路的重要前提。由于自动驾驶汽车行驶场景具有极其复杂、无限丰富、不可预知的特点，传统的道路测试方法已不能满足自动驾驶的测试需求。随着自动驾驶技术等级的提高，测试难度逐渐加大，模拟仿真测试已成为自动驾驶汽车测试验证不可或缺的重要组成部分。

仿真软件将对全系统进行完整的仿真，从模型到软件，从软件到硬件，从部件到系统，各层次都需要不断深入的构建智能网联汽车的知识模型，组成完整的知识技术体系。交通系统是人一车一路相互作用的系统，自动驾驶系统仿真技术的重点发展方向是提供接近真实的复杂动态环境，尤其对机动车、非机动车、行人等交通参与者的高度动态交互行为，对天气与天光变化的仿真，并把上述动态交通要素按照不同的复杂程度进行重新组合。

自动驾驶仿真技术服务于交通监管。通过仿真评估交通事故的法律责任，帮助对交通行为进行管理和监管，对交通规则进行技术评估。自动驾驶仿真技术还将服务于产品认证，通过仿真提供一个科学而全面的产品测试和审查方法。并且将协助建立一个全国范围的通用型数据库，其包含自动驾驶汽车运行的典型工况和边缘案例。数据信息可与其他国家和地区共享，帮助行业进行跨地区的交叉认可，最终达到自动驾驶系统的技术普适性。

模拟仿真测试尚处于发展初级阶段，需要大家共同推进，未来的研究应着力突破测试场景数据库、测试标准工具链等核心共性技术，建立模拟仿真测试标准体系，为自动驾驶技术发展、安全保障及产业化落地提供有力支撑。

参考文献

[1] 中国人工智能学会 . 中国人工智能系列白皮书——智能驾驶 2017[R].
2017.

[2] George. Ivanov Waymo Safety Report. Public Policy Development.

[3] Yair Movshovitz-Attias，Takeo Kanade，Yaser Sheikh. How useful is photo-realistic rendering for visual learning，2016.

[4] Davide Gagliardi，Pavlo Tkachenko，Luigi del Re. Outcome Oriented Evaluation of Autonomous Driving Functions. 2018.

[5] 胡孟夏，许骏 . 道路交通事故深入数据采集系统的建立 [J]. 2012.

[6] 迪特尔·施拉姆（Dieter Schramm），曼弗雷德·席勒（Manfred Hiller），罗伯托·巴迪尼（ Roberto Bardini ）. 车辆动力学 : 建模与仿真 [M]. 北京 : 化学工业出版社，2017.

[7] 吴晓燕，等 . 仿真系统 VV&A 研究 [J]. 军工程大学学报，2006.

[8] 国外自动驾驶测试示范区现状：欧洲与亚洲，http://auto.163.com/18/0117/07/D8B9JKSK000884MM.htm.

[9] 清华大学苏州汽车研究院 . 自动驾驶仿真蓝皮书——中国自动驾驶仿真技术研究报告 [R].2019.

[10] 彭金帅 . 浅析无人驾驶汽车的关键技术及其未来商业化应用 [J]. 科技创新与应用，2015（25）:46-46.

[11] 张微，李鑫慧，吴学易，等 . 自动驾驶仿真技术研究现状 [J]. 汽车电器，2019（8）:13-15.

[12] 朱冰，张培兴，赵健，等 . 基于场景的自动驾驶汽车虚拟测试研究进展 [J]. 中国公路学报，2019, 32（6）.

产业篇

第十四章

车载智能计算平台

第一节 产业发展环境

车载智能计算平台相关产业规模巨大，未来市场前景广阔。车载智能计算平台是电子、汽车、网络通信、应用服务等多个产业交叉融合形成的新兴产业，将成为半导体、汽车电子等产业增长的驱动力。

一、核心 AI 芯片市场规模持续增长

AI 芯片是车载智能计算平台的核心，其市场规模将持续增长。与传统处理芯片相比，AI 芯片是深度适配人工智能算法的芯片产品。当前各大科技企业正积极布局 AI 芯片领域，车企与初创企业纷纷入局。相关数据显示，2018 年全球 AI 芯片市场规模达到 42.7 亿美元。随着市场进一步开放，预计到 2023 年，全球 AI 市场规模将达到 323 亿美元，2019—2023 年的平均增速约为 50%。在自动驾驶芯片领域进展最快、竞争力最强的是英特尔和英伟达，英特尔强在能耗，英伟达则在算力和算法平台方面优势明显。传统的汽车电子巨头，例如恩智浦、英飞凌、意法半导体、瑞萨虽然在自动驾驶芯片市场有所斩获，但风头却远远不及英特尔和英伟达。国内的初创企业，如地平线、眼擎科技、寒武纪，也都在积极参与，其中地平线依托算法优势和芯片设计能力已经推出了车载智能计算平台的相关产品。

二、国外占据汽车操作系统发展先机

国外汽车操作系统的发展成熟，拥有大量实际应用。汽车操作系统分为

车控操作系统和车载操作系统。其中，车控操作系统是用于控制汽车基础硬件（车身、底盘、动力系统等）设备的程序，结合人工智能技术与传感器等技术，基于车辆控制算法实现对车辆的智能控制，最终达成完全无人驾驶的目标。国外在车控操作系统方面，拥有完整解决方案的企业主要包括 Vector、KPIT、ETAS、DS，以及被大陆收购的伊莱比特和被西门子收购的 Mentor Graphics。国内在车控操作系统方面，东软睿驰公司开发了符合 AUTOSAR（AUTomotive Open System Aichitecture）标准的操作系统和基础软件，并成功应用于自主品牌和新能源量产车型，但与国外相对成熟的操作系统相比，应用程度较低。

三、企业携手联合推进计算平台发展

来自汽车与计算产业的领先企业宣布，为了加速实现完全自动驾驶，将协同努力。在圣何塞举行的 Arm TechCon 大会上正式成立的全新自驾汽车计算协会（AVCC），让来自汽车、汽车供货商、半导体与计算产业的领先企业，共同组成自动驾驶计算专业的研究机构。AVCC 创始会员 Arm、博世（Bosch）、德国大陆（Continental）、DENSO、通用汽车（General Motors）、NVIDIA、恩智浦半导体（NXP Semiconductors）与丰田汽车（Toyota），将协助解决大规模部署自驾汽车所面临的一些最严峻的挑战。

AVCC 共同目标的第一步，就是开发一个系统架构的整套推荐及一个运算平台，以便对自动驾驶系统的性能要求及尺寸、温度范围、功耗与安全性等特定车辆需求与限制进行协调。AVCC 将特别开发一些案例，推动自动驾驶汽车从目前的原型机系统到大规模部署阶段。

第二节 产业发展现状

一、国内外积极布局车载智能计算平台

车载智能计算平台成为行业竞争热点，国内外企业纷纷布局。目前，国内外芯片企业、汽车零部件供应商、整车企业，以及互联网企业均积极布局计算平台，也取得了一些实质性技术进展，部分企业已经推出系列产品，并积极与整车企业开展合作。国外以英特尔为代表的企业技术实力强大，资金雄厚，在积极研发，努力保持技术优势的同时，通过收购大力补齐技术短板，完善相关产业结构，积极与零部件供应商、整车企业开展合作。国内以华为、地平线、中兴等为代表的企业也在加大投入，以自身的芯片、软件、通信技术研发能力

和用户资源为基础，抢占市场，并带动整车企业加速布局。例如华为推出的 MDC（Manufacturing Data Collection & Status Management），集成了自研的 Host CPU 芯片、AI 芯片、ISP 芯片与 SSD 控制芯片等，并直接与奥迪合作，正逐步成为汽车领域新力量。

二、国内计算平台从跟跑向并跑转变

国内计算平台部分性能实现反超，产品发布与量产方面差距不断缩小。在产品性能方面，地平线于 2018 年发布了 Matrix 系列，凭借其强大的感知计算能力和在高级别自动驾驶快速落地的潜力，荣获车辆智能和自动驾驶技术类 CES2019 创新奖。2019 年，华为发布了支持 L4 级别自动驾驶能力的计算平台 MDC600，算力高达 352 万亿次 / 秒，整体系统的功耗算力比为 1TOPS/W（TOPS：万亿次 / 秒）。同时，MDC600 符合最高级别的车规标准，即 ISO 26262 ASIL-D 级别标准。国内如华为、中兴等企业在计算平台领域不断向纵深发展，部分性能方面已实现反超。在产品发布与量产方面，德州仪器在 2013 年开始发布 TDAx 系列，英特尔、恩智浦、赛灵思等企业也从 2016 年开始相继发布了计算平台相关产品。英伟达 Drive PX2 在 2016 年实现了量产。国内起步较晚，目前正在加强与其他企业的合作，不断缩小与国外领先企业的距离。

第三节　主要企业及产品

目前，国内外企业积极布局车载智能计算平台，也取得了一定的实质性进展，主要企业和相关产品如下。

（一）特斯拉 FSD

特斯拉于 2019 年 4 月发布全自动驾驶计算机 FSD（Full Self-Driving Computer）。FSD 装有两颗全自动驾驶芯片，每颗主要包括 2 个神经网络处理器（Neural Network Processor，NNP），12 个 64 位 CPU，1 个 GPU，1 套功能安全系统（Safety System），1 套网络安全系统（Security System）。每颗全自动驾驶芯片最高算力为 72TOPS，处理能力达到 2100 帧每秒，功耗为 72W。另外，FSD 针对功能安全和网络安全分别设计了独立系统。功能安全系统通过两颗锁步 CPU（Lock step CPU）相互校验，作为判断是否可以自动驾驶的依据。网络安全系统确保只有经过特斯拉加密签名后的代码方可运行，防止受到欺骗性的视觉信息等黑客攻击。

特斯拉研发的 FSD 对比前代产品，以及市面上现有的方案，有着运算速度快、功耗控制不错和成本较低等优点。目前，部分特斯拉车型已经安装上了 FSD。特斯拉 FSD 如图 14-1 所示。

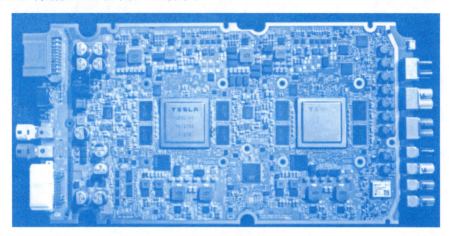

图 14-1 特斯拉 FSD

（二）恩智浦 Blue-Box

Blue-Box 是 2016 年恩智浦推出的基于 Linux 系统的计算机平台。装备有 NXP S32V 汽车视觉处理器和 LS2088A 内嵌式计算机处理器，同时还搭载了其他能实现不同传感器节点功能的芯片，能够处理从 V2X、雷达、视觉系统、激光雷达，以及车辆状态获取的信息，对传感器进行模块化管理，将多种传感器回传信息进行融合加工。按照恩智浦的计划，Blue-box 平台提供完整汽车半导体解决方案，将推动 L4 水平的无人驾驶汽车在 2020 年实现市场投放。恩智浦 Blue-Box 示意图如图 14-2 所示。

图 14-2 恩智浦 Blue-Box 示意图

S32 作为恩智浦 2017 年推出的全球首个完全可扩展计算架构，主要面向整车企业和 Tier1 供应商。该平台集成了小型低功率 ARM Cortex-M 内核、实时优化的 Cortex-R 内核，以及首款达到 ASIL-D 级别的高性能 Cortex-A 级内核，采用了通用硬件和架构平台，提供了相同的基础外设集、同一引导和同一调试架构、安全概念（ASIL-D）、安保概念（HSE），最大限度提高硬件和软件在不同产品和应用中的重复利用。此外，S32 采用了技术节点独立架构，支持 FinFET40 纳米和 16 纳米工艺制程，提供通用软件开发套件 SDK，支持 AUTOSAR、QNX、GH Integrity、Linux 等开放式 O/S 方式，以应对目前电动化、智能化、互联化三大趋势发展带来的挑战。

相比于 2016 年的 Blue-Box 系统，S32 将集成该平台的内容，使其功能在无人驾驶方面能够配合先进算法和人工智能应用。推出之期，全球 15 家顶尖汽车厂商中便有 8 家表示将在未来的汽车中采用 S32。恩智浦 S32 汽车处理器平台如图 14-3 所示。

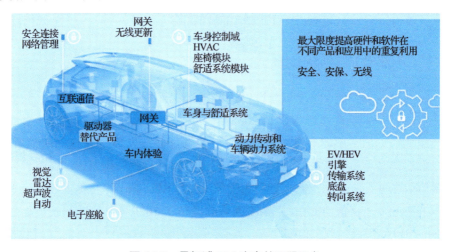

图 14-3　恩智浦 S32 汽车处理器平台

（三）英伟达 Drive 系列

Drive PX 的主要功能包括：①传感器融合，可以融合来自多个摄像头、激光雷达、毫米波雷达和超声波传感器的数据；②计算机视觉和深度神经网络，适用于运行 DNN（Deep Neural Network，深度神经网络）模型，可实现智能检测和跟踪；③端到端高清制图，可快速创建并不断更新高清地图；④软件开发工具包 Drive Works，包含了可供参考的应用程序、工具和库模块。

Drive PX2 的单精度浮点运算性能达到 8TFLOPS，深度学习计算能力接近 24DL TOPS；其体积明显缩小，可放置在车辆上使用。2016 年，英伟达在 Drive PX2 平台上推出了三款产品，分别是配备单 GPU 和单摄像头及雷达输入端口的 Drive PX2 AutoCruise（自动巡航）芯片、配备双 GPU 和多个摄像头及雷达输入端口的 Drive PX2 AutoChauffeur（自动私人司机）芯片、配备多个 GPU 和多个摄像头及雷达输入端口的 Drive PX2 Fully Autonomous Driving（全自动驾驶）芯片。NVIDIA Drive PX2 如图 14-4 所示。

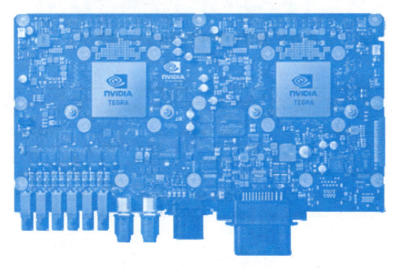

图 14-4　NVIDIA Drive PX2

Xavier 是 Drive PX2 的进化版本，搭载了新一代的 Volta 架构 GPU，相较于 Drive PX2 性能提升了近一倍，2017 年年底量产。由于多家整车企业 L3 级别以上自动驾驶量产车的计划在 2020 年左右，Xavier 的量产计划将能和自动驾驶车的研发周期相互配合（一般 3 年左右），因此 Xavier 的合作均有量产车落地计划。

Drive PX Pegasus 由四个 AI 处理器提供动力。搭载了 NVIDIA 两款 Xavier 系统级芯片处理器，扩展了 Drive PX AI 计算平台，能够实现自动驾驶汽车 L5 级。每秒操作约 320 万亿次，比其前身 Drive PX2 的性能超出 10 倍以上。该系统将通过一个车牌大小的计算机，为完全自动驾驶汽车提供较为强大的计算能力，一定程度上降低能耗和成本。NVIDIA Drive PX Pegasus 计算平台如图 14-5 所示。NVIDIA Drive 系列计算平台性能参数见表 14-1。

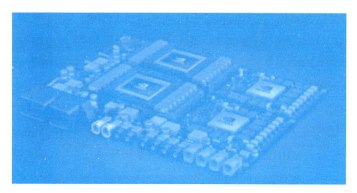

图 14-5　NVIDIA Drive PX Pegasus 计算平台

表 14-1　NVIDIA Drive 系列计算平台性能参数

NVIDIA 产品	Drive CX	Drive PX	Drive PX 2 (Auto Cruise)	Drive PX2 (Testa)	Drive PX 2 (Auto Chauffeur)	Drive PX Xavier	Drive PX Pegasus
GPU 微架构	Maxwell(28nm)		Pascal(16nm)			Volta(12nm)	
上市时间	2015.1		2016.9	2016.10	2016.1	2017.1	2017.10
计算部分	1x Tegra X1	2x Tegra X1	1x Tegra X2 (Parker)		2x Tegra X2 (Parker) +2x Pascal GPU	1x Tegra Xavier	2x Tegra Xavier
CPU	4x cortex A57 4x cortex A53	8x cortex A57 8x cortex A53	2x Denver 4x Cortex A57		4x Denver 8x Cortex A57	8x NVIDIA Custom Carmel ARM64	16x NVIDIA Custom Camel ARM64
GPU	25MM Maxwel 256 CUDA cores	45MM Maxwel 512 CUDA cores	1x Parker GPGPU (1x2SM Pascal, 256 CUDA cores)	1x Parker GPGPU (1x2SM Pascal, 256CUDAcores) + 1x dedicated MXM module	2x Parker GPGPU (2x2SM Pascal, 512CUDAcores) + 2x dedicated MXM modules	1xVolta iGPU (512 CUD Acores)	2xVolta iGPU (512 CUDA cores 2x post-Volta dGPUs)
加速器						1xDLA	2xDLA
记忆		8GB LPDDR4			16GB LPDDR4	LPDDR4	
存储		64Cib eMMC			128GB eMMC		
性能				8-10 FP16 TFLOPS	20 FP16 TFLOPS	20 INT8 TOPS. 1.3 FP32 TFLOPS(GPU) 10 INT8 TOPS, 5 FP 16 TFLOPS (DLA)	320 INT8 TOPS (total)
TDP			(Parter SoC only:10W)		250W	30W	500W

（四）伟世通 DriveCore

伟世通在 2018 CES 展上推出了 DriveCore 自动驾驶平台，主要由 Compute、Runtime 和 Studio 三部分组成。其中 Compute 作为模块化、可扩展的硬件计算平台,运算能力覆盖 500GFLOPS-20TFLOPS（基于现有 SoC 而言），不依赖任何中央处理单元，支持英伟达、恩智浦、高通等处理器。Runtime 是车载中间件，主要提供安全框架、应用接口，并能够实现应用与算法之间的实时通信，在支持传感器融合的同时，还支持传感器抽象，以及传感器系统升级。而 Studio 是提供给开发人员的基于 PC 的软件开发工具，使汽车制造商可以为算法开发人员搭建生态系统，模拟硬件性能，加速基于传感器的人工智能算法开发，从而充分释放创新潜力。该平台具备物体识别和摄像头车道识别等算法的模拟、验证、测试环境，使 Studio 可以很容易地集成第三方算法和访问真实传感器数据。

作为一款专门针对自动驾驶研发的、安全可靠的计算平台，DriveCore 旨在加速自动驾驶技术的开发和商业化，使汽车制造商能够以开放式协作的模式快速构建自动驾驶解决方案。2017 年年底，伟世通在美国移动中心（ACM）测试场道路上首次完成了基于 DriveCore 的高速公路驾驶人系统的测试，并计划于 2020 年左右将 DriveCore 平台安装到汽车上。DriveCore 中央计算单元如图 14-6 所示。

图 14-6　DriveCore 中央计算单元

（五）TTTech RazorMotion

RazorMotion 是 TTTech 推出的一款高度自动化的驾驶平台，专为高级驾驶辅助系统（ADAS）的应用开发和评估而设计。它结合了高级硬件和 Motion Wise 软件框架，其中 Motion Wise 介于硬件与操作系统，以及应用层软件之间，属于中间层，但同时又包含了相应的一些服务，以及开发工程中所需要的开发工具链，能够将应用层软件和操作系统及硬件进行解耦。结合中间件 Motion Wise 的成熟软件框架，RazorMotion 可以满足任何安全关键任务，并可作为评估未来 ADAS 的强大平台。

RazorMotion 平台具有的优势包括：①功能安全（ASIL-D），在满足自动驾驶高计算性能需求的同时能够符合最高的功能安全等级；②可扩展性，RazorMotion 平台和架构可支持 L2-L5；③失效可用，当自动驾驶达到 L4 级时，即便车辆发生故障或者部件失效，但是车辆仍能够保持一段时间内的安全运行，直到行驶到安全地方或者由人工接管；④实时性，在控制层面，比如紧急制动等功能方面，具有实时性。RazorMotion 如图 14-7 所示。Motion Wise 框架如图 14-8 所示。

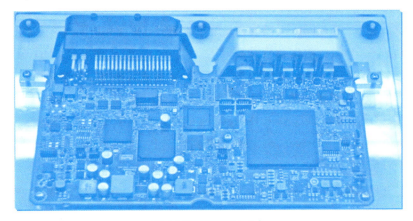

图 14-7　RazorMotion

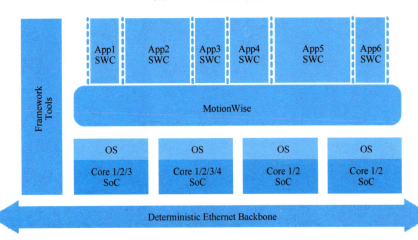

图 14-8　Motion Wise 框架

（六）赛灵思 ACAP

赛灵思在 2018 年推出了全球首款自适应计算加速平台（ACAP）产品——Versal 系列。ACAP 是一种高度集成的多核异构计算平台，可在软硬件两个层面随时进行更改，从而动态地适应数据中心、汽车、5G 无线等的广泛应用与工作负载需求。Versal ACAP 的体系架构从构建开始即可支持软件编程，拥有高度灵活的、每秒传输速率高达数兆比特的片上网络（NoC），是整合了硬件可编程逻辑单元、软件可编程处理器，以及软件可编程加速引擎的计算平台产品。

2019 年，赛灵思宣布已开始向参与公司"早期试用计划"的多家一线客户交付 Versal™ AI Core 和 Versal Prime 系列器件。赛灵思 Versal 如图 14-9 所示。

图 14-9　赛灵思 Versal

（来源：Xilinx，芯智讯）

（七）德尔福 CSLP

德尔福与 Mobileye 联合推出自动驾驶解决方案——中央传感定位与规划自动驾驶系统（CSLP）。该系统平台采用德尔福的多域控制器并提供雷达硬件方面的支持，整合了 Mobileye 和英特尔的软硬件技术，其中 Mobileye 提供摄像头及相关算法的支持，而英特尔和 Ottomatika 主要提供相关软件算法的支持。CSLP 分别由控制模块、感知模块、自动驾驶规划模块构成，其具有高度集成化的特性。

2017 年德尔福公开其搭载中央传感定位与规划自动驾驶系统平台（CSLP 平台）的奥迪 SQ5 车型。中央传感定位和规划（CSLP）平台如图 14-10 所示。

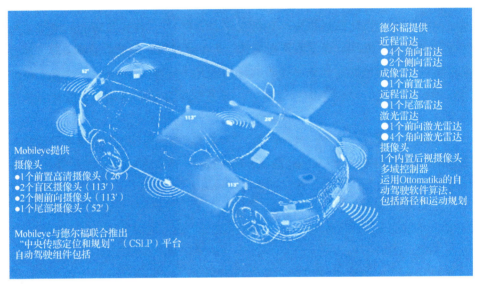

图 14-10　中央传感定位和规划（CSLP）平台

（来源：德尔福，盖世汽车）

（八）三星 Drvline

三星在 2018 年发布了其旗下首款 Drvline 自动驾驶平台。该平台是一款模块化的可拓展平台，硬件系统包括了一块基板和一块扩展板。其中基板主要负责车辆的安全网关功能，而扩展板则提供了额外的计算力、专用的 SOCs 和加速器，同时可以增加平台对更多种类和数量传感器的支持。同时，Drvline 构建并拓展了 AUTOSAR 自适应平台，能够在任何的 POSIX（Portable Operating System Interface）操作系统上运行。基于硬件和软件的开放性，能够满足各式各样的自动驾驶需求，从 ADAS 到 L5 均能适用。

Drvline 平台在推出后提供给汽车制造商，能够根据不同制造商的个性化需求对平台进行定制。同时三星还建立了强大的合作伙伴生态系统，包括：TTTech、AImotive、Hella Aglaia、Renovo Auto 等软件合作伙伴，以及 Graphcore、ThinCi、Infineon 等车载系统合作伙伴，共同推动自动驾驶领域的技术攻关。

（九）华为 MDC

针对自动驾驶对计算平台的需求，华为推出 MDC（移动数据中心，Mobile Data Center）解决方案。它集成了华为自研的 Host CPU 芯片、AI 芯片、ISP 芯片与 SSD 控制芯片，并通过底层的软硬件一体化调优，在时间同步、传感器数据精确处理、多节点实时通信、最小化底噪、低功耗管理、快速安全启动等方面领先业界。平台以可信架构的设计与研发，保障信息安全与功能安全，保障数据安全，消除隐私隐患。MDC 是一套开放的平台，具备组件服务化、接口标准化、开发工具化的特性，基于此平台，相关企业可快速开发、调测、运行自动驾驶算法与功能。此外，MDC 还能够兼容 AUTOSAR 与 ROS，结合配套提供的工具链与 HIL 仿真平台，支持 L3-L5 自动驾驶算法的平滑演进升级，车企可灵活快速开发不同级别的智能驾驶应用。

MDC600 能够支持 L4 级别自动驾驶，基于 8 颗昇腾 310AI 芯片。作为 NPU，昇腾 310 集成了 FPGA 和 ASIC 两款芯片的优点，具有 ASIC 的低功耗，以及 FPGA 的可编程、灵活性高等特点，从而其统一架构可以适配多种场景，功耗范围从几十毫瓦到几百瓦，弹性多核堆叠，可在多种场景下提供最优能耗比。因此 MDC600 的算力高达 352TOPS（TOPS：万亿次／秒），整体系统的功耗算力比是 1TOPS/W。同时，MDC600 还符合最高级别的车规标准，即 ISO 26262 ASIL-D 级别标准。

基于该解决方案，华为与奥迪开展了 L4 级别自动驾驶的联合创新：搭载华为 MDC600 的奥迪 Q7 汽车在国内某地段的测试情况显示，在复杂的交通状况下顺利完成了高速巡航、拥堵跟随、交通灯识别、行人识别、地下车库自动泊车等场景下的自动驾驶功能。

（十）中兴 SDX

中兴于 2017 年 9 月发布智算平台 SDX1.0，2019 年 3 月发布 SDX2.0 机型。SDX1.0 使用了自研的 MCS 芯片来实现机器学习、路径规划、定位导航等功能，并外扩 FPGA 等协处理部分学习和识别任务，加强芯片的深度学习能力。能够处理 12 路摄像头（60fps）的数据，以及处理激光雷达的点云数据，能够支撑 L2/L3 级自动驾驶。SDX2.0 作为全球首个最大支持 16 路高清摄像头 AI 网络处理能力的 L4 级域控制器，同时还支持 5 路 Lidar 输入。针对不同的车型和应用场景，软件层采用统一的操作系统，同时引入中间件的概念，实现软硬件解耦。SDX 两款机型如图 14-11 所示。

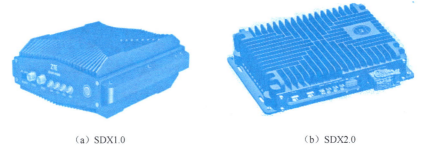

（a）SDX1.0　　　　　　　　　　（b）SDX2.0

图 14-11　SDX 两款机型

SDX 具有诸多优点：节省空间，降低成本和功耗；SDX 标配备了车规级器件，更易实现功能的安全等级认证；SDX 具有模块化设计理念，能够快速定义整车企业需求;同时，SDX 支持多种汽车总线，灵活兼容多种传感器设备接口，具有强大的计算处理能力，满足自动驾驶人工智能深度学习算法的需求等。中兴智算平台整体架构如图 14-12 所示。

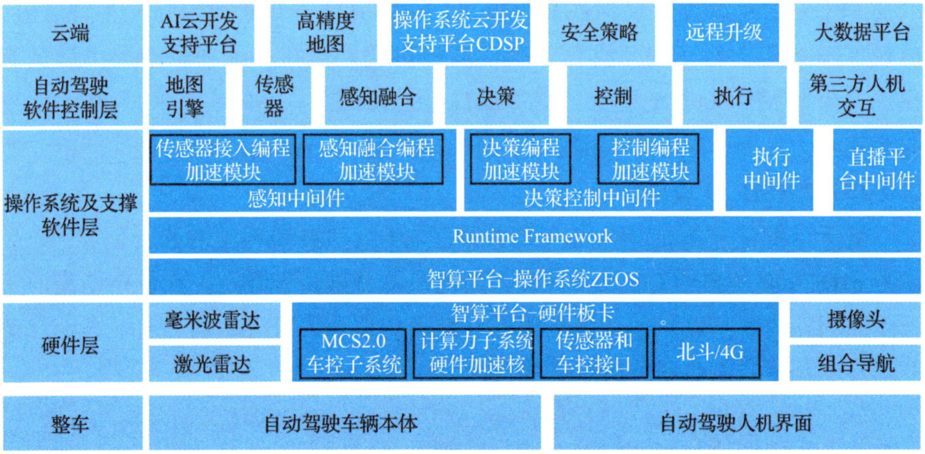

云端	AI云开发 支持平台	高精度 地图	操作系统云开发 支持平台CDSP	安全策略	远程升级	大数据平台
自动驾驶 软件控制层	地图 引擎	传感器	感知融合	决策	控制	执行	第三方人机 交互

操作系统及支撑 软件层	传感器接入编程 加速模块	感知融合编程 加速模块	决策编程 加速模块	控制编程 加速模块	执行 中间件	直播平 台中间件

感知中间件　　　　决策控制中间件

Runtime Framework

智算平台-操作系统ZEOS

| 硬件层 | 毫米波雷达 | 智算平台-硬件板卡 | | | | 摄像头 |
| | 激光雷达 | MCS2.0
车控子系统 | 计算力子系统
硬件加速核 | 传感器和
车控接口 | 北斗/4G | 组合导航 |

整车	自动驾驶车辆本体	自动驾驶人机界面

图 14-12　中兴智算平台整体架构

目前，中兴智算平台已与国内多家车企达成合作或合作意向，主要包括一汽、北汽、广汽、东风、长安、吉利、奇瑞新能源、上汽、长城、重汽等，并完成了自动驾驶需求对接，将在功能定制、合作开发等方面展开合作。

（十一）地平线 Matrix

地平线 Matrix1.0 于 2018 年 4 月首次发布，性能更强的升级版本 Matrix1.6 于同年 7 月发布。内置地平线征程 2.0 处理器架构（伯努利架构），最大化嵌入式 AI 计算性能，可支持激光雷达、毫米波雷达的接入和多传感器融合，算力达 2.5TOPS，支持单路 1080p@60fps，或 4 路 1080P@15fps 图像的实时处理，支持原始相机数据的分流，实现每帧 60 个目标的检测。该平台目前已形成基于自主研发的芯片、算法和工具链的"综合环境感知"和"多模人车交互"车内车外智能化解决方案矩阵，包含 Matrix 视觉感知、Matrix 激光雷达感知、NavNet 众包高精度地图采集与定位等方案，以及 DMS、AR HUD、Face ID 等基于视觉感知与语音技术的多种智能人机交互方案。依托地平线公司自主研发的工具链，开发者和研究人员可以基于 Matrix 平台部署神经网络模型，实现开发、验证、优化和部署。Matrix1.6 计算平台如图 14-13 所示。

图 14-13　Matrix1.6 计算平台

在保证高性能的前提下，地平线 Matrix 可在 31W 的低功耗下运行，不需要水冷系统，满足了高性能和低功耗的行业应用级需求，非常适合嵌入式自动驾驶的应用和产品化。自成立以来，地平线与全球四大汽车市场顶级 Tier1 和整车企业的合作关系不断拓展纵深，合作伙伴包括奥迪、博世、长安、比亚迪、上汽、广汽等。

（十二）宏景智驾 ADCU

ADCU 是宏景智驾自主研发的车规量产级 L3/L4 级自动驾驶计算平台。在技术路线上，采用以 Intel 面向 L3 级的车规芯片 Denverton 为核心、辅以大规模 FPGA/GPU 并行计算能力而构建的多核异构计算平台架构，计算能力强、平台性好、升级性强，能够满足高速公路自动驾驶 HWP/TJP、自主泊车 AVP、卡车编队 Platoon、高精度地图 HDMAP、驾驶人监控 DMS 等多种 L3 级功能。x86 CPU 作为核心计算芯片，可以满足 L3/L4 级激光雷达点云、大量目标多传感器融合和复杂路径规划等算力密集程序算法的执行。图像处理等深度学习任务由大规模 GPU 或 FPGA 完成。在功能安全设计上，本身核心 CPU 所

Denverton 处理器，就可以实现 ASILC Random 的功能安全，同时在计算平台内部集成了 ASIL-D 级别 MCU，以实现 ASIL-D 的最高安全等级。MCU 在运行控制任务的同时还运行故障诊断算法软件，对 Denverton CPU、GPU、FPGA、网关、电源、输入输出电路、外围传感器等进行监控。在自动驾驶系统或 ADCU 故障发生时，MCU 负责执行降级处理、降速行驶或紧急停车等操作。

宏景智驾的 ADCU 高度优化其软硬件系统，整机的最高功耗不超过 100 瓦。在整车布置优化后可以采用无风扇被动散热，进一步提高可靠性。其高效低能耗设计使其具备非常广泛的适配性，可以用于传统动力、混合动力、纯电新能源等各种车型。宏景智驾 ADCU 如图 14-14 所示，宏景智驾域控制器 ADCU 如图 14-15 所示。

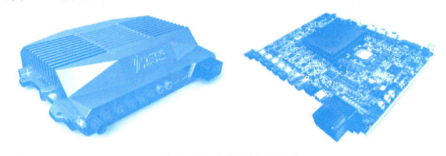

图 14-14　宏景智驾 ADCU

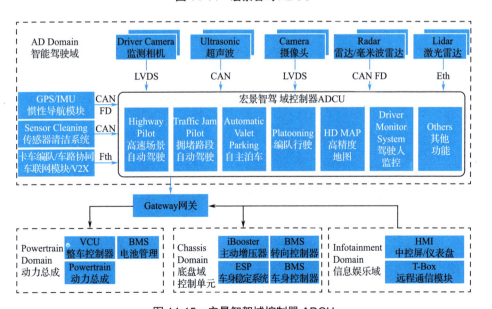

图 14-15　宏景智驾域控制器 ADCU

（十三）黑芝麻 SoC

黑芝麻于 2019 年 5 月获得 B 轮融资用于研发计算平台 SoC，可以支持包括 CNN、RNN 在内的各种神经网络。其核心技术包括图像／视频处理、光学处理、感知理解算法、深度神经网络和融合感知系统，相当于提供一个从传感器端到应用端的全栈式感知解决方案。具体来说，这套解决方案所做的是针对车辆、行人、车道线、交通标识、信号灯等信息，通过传感器感知信号，利用控光技术把光场进行处理，使得摄像头能在各种特殊工况条件下成像，再通过毫米波雷达、超声波雷达、GPS、IMU 与摄像头融合，把这些信号传入到感知系统，再通过优化的 SoC 计算平台，把感知结果传给自动驾驶企业去做决策和控制。从计算能力的角度来说，黑芝麻在计算架构和存储架构方面做了大量优化，其计算平台的神经网络计算能力可以达到 Mobileye EyeQ5 的两倍以上，其神经网络计算的利用率能超过 85%。

黑芝麻致力于开发全球领先的人工智能自动驾驶计算平台，提供高性能、安全、可靠的车规级自动驾驶芯片，结合全天候全场景的传感器融合感知算法、配套的底层实时操作系统、完整的工具链，以及软件集成开发环境，为用户开发出可量产的 L3 级及以上自动驾驶控制器提供技术支持。黑芝麻 SoC 如图 14-16 所示。

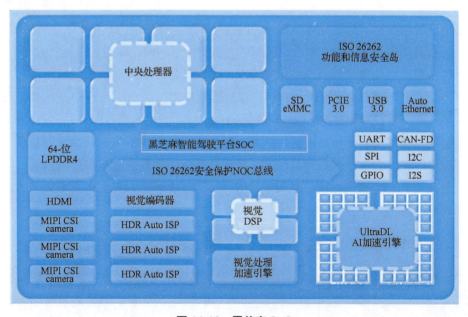

图 14-16　黑芝麻 SoC

（十四）百度 ACU

百度推出了中国首个可量产的自动驾驶专用平台 ACU（Apollo Computing Unit），具备安全监测、功能降级、实时环境三大功能安全核心能力。可实现汽车硬件自检，根据不同故障主动采取相应应急处理办法。该平台定义了三个系列产品：MLOC、MLOP、MLOP2。

百度与奇瑞合作推出的搭载 ACU-Professional 的自动驾驶汽车，该款汽车可以实现 L3 级别（在条件许可的情况下，车辆可以完成所有的驾驶动作）。另外，搭载 ACU-Advanced 作为车载计算单元的自动驾驶共享汽车已经顺利实现自动泊车、智能召唤等功能。

第四节 计算平台中长期发展趋势

一、自主式和网联式协同推进自动驾驶发展

自动驾驶在交通领域的落地应用尚存在诸多挑战。现阶段智能网联汽车并不能实现相互之间信息的传递，同时并不能跟道路实现信息的交互，拓展自身的视野。倘若车—车通信、车—路通信能够实现，那么诸多交通事故就可以避免。目前，自主式智能网联汽车主要有以下几条技术路线。第一条，通过车载传感器探测车辆周边的交通信息，实现自动驾驶。第二条，不完全依靠传感器，而是结合高精度地图和高精度定位技术，以及近距离的传感器，实现自动驾驶。后者是目前自动驾驶领域最常用的方法。网联式是智能网联汽车发展的第三条技术路线，主要依托智慧公路和 C-V2X 通信技术，提供周边的交通环境，比如局部的交通道路信息，还可以实现高精度定位。利用传感器探测周边的环境，路侧设备探测相较于移动过程中探测，精度与可靠性均更高，而且通过基础设施建设，可以大幅度降低车辆成本，降低车载智能计算平台对算力的需求。车载智能计算平台和路侧设备之间交互信息以后，能够助力实现真正意义上的自动驾驶。

二、电子信息、通信技术与汽车多产业交叉愈加突显

目前在汽车电子领域，对车规级芯片有非常严格的要求，例如，车规级芯片对温度范围要求更广、对于持续供货能力要求更高。而对于车载智能计算平台而言，由于要完成智能网联汽车所需要的感知、决策、控制、通信等一系

列任务，所处的场景和环境也比普通的汽车电子更加复杂，因此车载智能计算平台所需芯片的算力等性能比通用的车规级芯片更高。目前，IT 行业或者芯片行业的企业以其在处理器算力方面的优势占据主导地位。而从汽车行业的角度出发，为了降低系统的复杂度和成本，提高质量和开发效率，汽车电子电气架构也逐渐由分布式向域控制，并最终向中央控制变革，但同时带来的安全风险也很多，需要解决诸如功能安全、信息安全、预期功能安全等问题。为了使车载智能计算平台最终能在智能网联汽车上应用，IT 企业或芯片企业必须和整车企业，以及 Tier 1 进行深度融合，各自发挥在领域内的优势，才能满足智能网联汽车计算任务所需的计算模式、计算复杂度、实时性和功耗指标等需求，同时也能满足车规级对于汽车电子部件在安全指标上的严格要求，例如 AEC-Q100、ISO 26262，以及 SAE J3061 等标准的要求。

参考文献

[1] 中国软件评测中心 . 车载智能计算平台白皮书（2018 年）[R]. 2018.

[2] 中国软件评测中心 . 车载智能计算基础平台参考架构 1.0（2019 年）[R]. 2019.

[3] 安信证券 . 汽车电子：下一个苹果产业链——汽车电子系列深度之一 [R]. 2019.

[4] 黑芝麻智能科技完成近亿美元 B 轮融资，http://news.stcn. com/2019/0412/15003453.shtml.

第十五章

传感器

第一节　激光雷达

一、产业现状概述

2005 年，在美国国防高级研究计划局 DARPA 发起的第二届自动驾驶挑战赛中，大众集团在其途锐车型上安装了 5 部 SICK 单线激光雷达，并完成了比赛，激光雷达从此崭露头角。

随着自动驾驶技术的不断进步，激光雷达凭借其独有的 3D 环境建模能力，已经成为自动驾驶传感器融合的核心部分。虽然目前机械式激光雷达产品在自动驾驶汽车上应用更为普遍，但是机械式激光雷达调试、装配工艺复杂，生产周期长，成本居高不下，并且机械部件寿命不长，难以满足苛刻的车规级要求，因此激光雷达量产商都在着手开发性能更好、体积更小、集成化程度更高、并且成本更低的激光雷达技术方案。

二、主要企业及产品

2017 年，激光雷达全球车用仅为千台量级，而且技术路线上尚未有定论。目前，国外厂商陆续在与汽车零部件一级供应商绑定合作开发，如 Quanergy 和德尔福、Ibeo 和采埃孚及法雷奥、Leddar Tech 及 TetraVue 和博世、Innoviz 和德尔福及麦格纳、英飞凌收购 Innoluce。国内激光雷达厂商也在积极与一级供应商及整车企业寻求合作，希望尽早形成稳定的量产能力，同时配合国家自动驾驶相关政策的落地节奏，抢占车载激光雷达市场。

Velodyne 在车用激光雷达研发技术水平和市场占有率上处于领先地位。在车用市场，Velodyne 公司的市场占有率一度高于 80%，其中谷歌在最早的自动驾驶原型车中使用的 LiDAR 就是该公司开发的。Velodyne 激光雷达产品丰富，包括 16 线、32 线、64 线及 128 线激光雷达等产品类型。在固态激光雷达产品的技术路线选择上，Velodyne 公司考虑到目前由于 OPA（光学相控阵）和 Flash LiDAR 技术成熟度不足，难以同时满足分辨率和探测距离这两个关键要素，因而选择采用 Similar MEMS 技术，没有旋转部件，能够达到车规级应用要求。在价格方面，过去的自动驾驶测试车辆大多使用 Velodyne 的 64 线雷达 HDL-64E，价格在 8 万美元左右，供货周期较长，主要原因是目前高精度激光雷达应用领域较少，因而没有扩大产能，导致供货周期长。2018 年年初，Velodyne 宣布将 16 线激光雷达产品价格减半，4000 美元的单价降低了入门级自动驾驶或低速自动驾驶研发公司应用激光雷达的门槛。供货周期方面，截至 2018 年年初，32 线及以下激光雷达的供货周期缩短至 4 周以内，64 线激光雷达的供货周期则缩短到 8 周以内。在产能产量方面，Velodyne 公布 2017 年 6 月在加州圣何塞的新工厂正式投入生产，总占地 2 万平方米，采用了大量工业机器人，最高产能可达到 100 万台 / 年。

Quanergy 是生产固态激光雷达的领先厂商，目前已有 M8 和 S3 两款全固态激光雷达。Quanergy 坚持 OPA 的固态激光雷达技术路线并且认为 MEMS 由于存在微振镜这个运动部件，不能算是真正意义上的"固态"。在产品价格方面，Quanergy 公司的工业级客户产品需求与车规级差异较大，其产业已过车规，产品临近量产。2017 年年底 Quanergy 总部产能达每年百万台，2018 年实际产量为 20 万台，大部分为 S3 型号。综合 Velodyne、Quanergy 两家公司的产能情况，激光雷达产能紧缺的情况即将缓解，但提升车规级产品的产量还需基于整车企业或 Tier1 厂商的需求。具体而言，即若没有整车企业量产 L3 或以上车型，则车规级产品将只应用于测试，产量不大，价格也会保持高位。而在 L3 车型批量面世的背景下，激光雷达厂商可以较快地响应需求，价格也会随着产量提升而快速回落。

德国激光雷达公司 IBEO Automotive Systems GmbH 可以提供从激光雷达到包括软硬件的整套 ADAS 系统。全球首款 L3 级量产车奥迪 A8 的激光雷达使用的就是该公司与 Tier1 法雷奥合作开发的 4 线激光雷达 Scala。IBEO 的产品线包括 4 线和 8 线的机械旋转式激光雷达。该公司 CEO 认为，多线数激光雷达对计算要求高，面临散热、供电、车规和成本问题，同时激光雷达应"聚焦"于重要目标,而非全覆盖聚焦，因此公司将不会开发多线数旋转式激光雷达，而将未来技术目标设定为 3D 固态激光雷达。2016 年 8 月，采埃孚收购了 Ibeo 40% 的股份，目标主要是与公司合作研发新型固态激光雷达，并计划 2021 年完成车规量产。

速腾聚创在 2018 年 3 月的 GTC 2018 大会上，展示了其自主研发的 P3 激光雷达感知方案。该方案在车顶中央使用了一台 32 线激光雷达（RS LiDAR 32 进行全方位的感知，左右两侧各安装一台有一定倾斜角的 16 线激光雷达 RS LiDAR 16，负责扫除两侧的盲区），满足 L3 以上的自动驾驶需求。该技术方案已经历长时间的开放道路测试验证，可满足大部分自动驾驶路况感知需求。

禾赛科技是一家专注于开发激光传感器的公司，产品线包括无人驾驶和机器人激光雷达，以及用于能源行业安全巡检的激光遥测系统等。2017 年 12 月禾赛科技与百度联合发布了多传感器融合解决方案 Pandora，该方案将禾赛科技自主研发的激光雷达和 5 个摄像头集成在一起，并在百度 Apollo 无人驾驶车上进行了测试。使用该解决方案的用户无须进行多传感器的集成、标定等工序，实现了产品的即插即用。其中激光雷达测距达到 200m，角分辨率最小为 0.33°。禾赛科技产品线丰富，拥有激光导航避障雷达、激光成像雷达、激光防撞雷达、激光定高雷达等系列产品及系统解决方案，广泛应用于机器人的自主导航定位与避障、汽车辅助驾驶及无人驾驶等领域。在自动驾驶领域，公司自主研发的多线激光雷达已推出产品样机，C16 镭神 16 线三维激光雷达售价在 3000 美元左右，该款产品水平、垂直扫描角度达到 360° 和 15°，水平、垂直角分辨率分别为 0.09°～0.36° 和 2°。

巨星科技公司旗下的杭州欧镭激光在第 50 届 CES 展上首次面向海外企业推出了 Toucan 系列的 2D、3D 16 线激光雷达两款新品。Toucan 系列激光雷达产品具有高稳定性、高环境适应性、高抗冲击能力等显著优点，同时，其产品测距测角采用全同步采样、光电非接触式内部信号传输、高效智能功率控制非接触电能供应等优势技术，核心部件采用全模块化设计。

三、产业发展趋势研判

在 2022 年之前推出的 L3 级别自动驾驶车量产车型可能仍会以 MEMS 激光雷达为主。MEMS 成本较低，微振镜技术较成熟，可以在较短时间内进行低成本的量产。例如，Velodyne、Innoviz 等与车企或 Tier1 企业进行有合作的激光雷达公司目前均采用该技术路线。

2022 年之后，L4 或以上级别自动驾驶车将进入量产阶段，预计届时 OPA 的旁瓣效应或 3D Flash 的人眼保护问题将得到较大程度的解决，从而可能会替代 MEMS 成为真正无任何移动部件的固态激光雷达。但是具体哪种技术路线会成为最终的解决方案，目前较难下结论，需要看采用不同技术路线的代表性公司的研发进度。

此外，技术相对落后的机械式激光雷达依然有其用武之地。因为机械式激光雷达精度较高，信息细节较丰富，对于自动驾驶出租公司或共享出行公司有特殊用途，如搜集路况、交通甚至路边的建筑等信息，有助于路线设计等需求。

在激光雷达固态化的同时，激光雷达产品的体积也随之越做越小，从初期测试阶段车顶一个硕大的机械旋转式激光雷达，逐渐发展到手机大小甚至可以隐藏在车身周边，取消机械部件，固态激光雷达能够比机械式体积小很多。另一方面，激光雷达厂商从之前单纯的卖硬件，逐步开始搭配软件算法，打包完整解决方案。更进一步的是，激光雷达厂商也在尝试 ASIC 集成化，将激光发射器、探测器、放大器等数百个电子元器件封装到 ASIC 专用芯片中，用单枚芯片实现整体控制，能够有效减少零部件、缩小体积、降低功耗、极大地缩减成本。目前 Velodyne、Quanergy、Leddartech、镭神、北科天绘等厂商都在朝此方向尝试。

第二节　毫米波雷达

一、产业现状概述

相比于激光雷达，毫米波雷达技术已经非常成熟。从 20 世纪 90 年代开始，毫米波雷达就已经应用于自适应巡航，2012 年英飞凌推出了 24GHz 单片雷达方案，毫米波雷达的应用范围逐步拓展到 ADAS 的各个功能模块，是现阶段自动驾驶汽车的主力传感器，全球出货量已超过千万数量级 。

毫米波的传播可穿透尘雾、雨雪，因而毫米波雷达在工作过程中具备不受恶劣天气影响的绝对优势，且能够全天候全天时工作，从而成为了自动驾驶不可或缺的主力传感器；在 L3 级别自动驾驶汽车中至少需要 4 ～ 5 个长距离毫米波雷达，L4/L5 级别自动驾驶汽车则需要再增加侧向需求，毫米波雷达数目达到 8 个以上。

全球范围内的毫米波雷达市场仍然以博世、大陆、德尔福等 Tier 1 为主，但随着 ADAS 渗透率不断提升，国内毫米波厂商在持续完善产品、搭建体系、稳定量产，在未来的市场竞争中将有机会占据一定地位。

毫米波雷达的优势在于全天候工作能力，能够在不良天气、夜晚等不利环境下稳定发挥作用并且其测距可达到 200m 以上。毫米波雷达的缺点是分辨率低、较难成像，无法识别图像，是激光雷达的重要补充设备。

二、主要企业及产品

毫米波雷达市场目前基本被国外一级供应商垄断，例如，大陆、博世、海拉、德尔福、奥托立夫等，核心元器件也主要被英飞凌、德州仪器、意法半导体、亚德诺半导体等企业垄断。而随着国内自主品牌车企开始陆续推出配备 ADAS 的车型，国内毫米波厂商进一步完善产品、搭建技术体系并提升量产能力。华域汽车、德赛西威等供应商都在布局发力毫米波雷达，另外还有一批初创企业，如行易道、苏州豪米波、深圳安智杰、深圳承泰、纳雷科技、南京隼眼、苏州安智、杭州智波等也开始在毫米波雷达产品领域发力。

博世的毫米波雷达主要以 77GHz 产品为主，应用面比较广，在长距（LRR）、中距（MRR）及车后方的盲点雷达探测方面均有应用。其毫米波雷达产品集成度高，能够直接输出对汽车执行层的控制信号。目前，博世通常是与车企合作，定制开发多功能的毫米波雷达模块。博世称 2019 年会开始在欧美市场提供 79GHz 的产品，虽然大陆、德尔福也在研发该频段的毫米波雷达，但都未宣布供货时间。

大陆的毫米波雷达产品线既有 24GHz 产品，还有 77GHz 产品，戴姆勒的 77GHz 毫米波雷达主要采用大陆集团的产品。

德尔福以设计生产 77GHz 毫米波雷达为主，采用较为传统的硬件方案，相比之下，产品成本较高。

奥托立夫的产品以 24GHz 盲点监测、变道辅助雷达为主，主要客户是戴姆勒奔驰，目前奔驰的车辆基本标配了变道辅助雷达。

华域汽车在 2017 年年底实现了国内首款自主研发、具有独立知识产权的 24GHz 后向毫米波雷达量产。

德赛西威已完成 24GHz 毫米波雷达样品开发，77GHz 毫米波雷达仍在研发中。

行易道公司是国内最早推出 77GHz 雷达的企业，近主流市场的 77GHz 中近程雷达于 2017 年年底量产，在 2018 年推出了 77GHz 远程雷达（用于重型卡车、大型巴士等，作用距离 200m）。2019 年的全球未来出行大会上，行易道 CEO 表示目前 79GHz 雷达已经实现了以 50ms 的刷新周期对变速、匀速道路周边的环境形成实时成像。

承泰科技成立于 2015 年 4 月，同时立项研发 77GHz 汽车毫米波雷达，目前公司在研发 77GHz 汽车毫米波雷达上也取得突破。沈阳承泰的核心成员基本上来自华为，团队曾成功研发 WLAN 综测仪，填补了国内 WLAN 综测仪的空白，成功突破国外仪表厂家对 WiFi/BT 射频物理层信号综合测试技术构建的壁垒。

苏州豪米波公司所生产的 24GHz 毫米波雷达系列产品，性能及各项系数达到同行 77GHz 产品水平，同时价格优势明显。24GHz 产品技术成熟、量产稳定，目前公司产能达到 1 万套／月。苏州豪米波董事长在 2019 汽车智能驾驶技术创新峰会上表示，从 2019 年开始从第四代 24GHz、77GHz 雷达过渡到 79GHz 雷达。

纳雷科技公司采取与 Tier1 厂商大陆合作的方式进入 77GHz 毫米波雷达的竞争。

三、产业发展趋势研判

有数据显示，预计到 2020 年全球汽车毫米波雷达将近 7000 万个。并且，统计数据显示，从 2015 年至今，车载毫米波雷达的市场增速始终保持在 20% 以上。其中，77GHz 毫米波雷达的逐渐普及将增强车载毫米波的竞争力。77GHz 毫米波雷达有诸多好处，如：体积更小、工艺更好、检测精度更高。24GHz 雷达现在主要应用于盲点探测，而 77GHz 雷达能够用于自适应巡航控制系统。根据中国新车评价规程，自动紧急制动系统已经在 2018 年纳入评分体系，因此，77GHz 雷达需求将会上升。

随着 ADAS 技术的发展，毫米波雷达将逐渐从高端车型向中低端车型渗透的同时将加快技术升级革新，相关市场有望获得快速成长。在中、美两大车市对于主动安全需求带动下，拓墣产业研究院预估，2023 年车载毫米波雷达年出货量将达 1 亿 3200 万颗，2018 至 2023 年年复合成长率为 15%。

第三节 摄像头

一、产业现状概述

摄像头技术最为成熟，且在车载端的应用起步最早。在 ADAS 的发展过程中，摄像头是绝对主流的汽车传感器。目前，中高端和自动驾驶汽车产品，根据功能不同，需要配备 4 个到 8 个摄像头，应用在车道监测、盲点监测、障碍物监测、交通标志识别、行人识别、疲劳驾驶监测、倒车影像、360 全景影像等场景。

摄像头凭借独有的视觉影像识别功能，是自动驾驶不可或缺的感知功能模块，其能够模拟人类视野，利用多个摄像头采集的数据，通过多传感器系统的融合合成周围环境，还能识别颜色和字体，进而能够识别交通标志、行人、物体等。同时，摄像头还可以作为其他传感器的冗余系统，从而在其他传感器失效时保障车辆感知功能，增加自动驾驶系统的安全性。

二、主要企业及产品

车载摄像头主要由镜片—镜头组；晶圆—CMOS 芯片；模组、DSP 和系统集成等构成。摄像头属于较成熟的产业，目前产业内的龙头企业由于在成本、技术和客户等方面具备优势，使新进入者不容易获得竞争优势。在传感器 CMOS 方面，日韩高科技企业垄断市场，索尼、三星两家市占率之和超过 50%。在图像处理器 DSP 方面，主要供应商为德州仪器（TI）、Mobileye、华为海思等，其中德州仪器（TI）技术积累最深厚、市场占有率最高。在镜头组方面，作为车载摄像头的核心原件，可以通过焦距、视场角、光圈、畸变、相对照度、分辨率等指标进行衡量其品质，而镜片加工、镜头组装的核心是精密加工、光学设计能力，在该领域，舜宇光学市场占有率最高，占车载镜头组国内市场的 50% 以上。

舜宇光学是车载镜头的龙头企业，2017 年的出货量同比增长 41%，且连续数年增长率保持在 30% 以上。2017 年继续保持全球第一的行业领先地位，且市场份额进一步得到提升。以 2018 年前七个月的出货量看，至少将达到 20% 的同比增长率，将继续保持龙头地位和全球第一的市场占有率。舜宇光学已经成为大陆、德尔福、Mobileye、麦格纳、奥托立夫、松下和富士通的车载镜头供应商。

2017 年，欧菲科技公司汽车电子业务实现营业收入 3.12 亿元，毛利率为 23.96%；2018 年上半年汽车电子业务实现营收 2.07 亿元，同比增长 61.72%，以车载摄像头、360 环视系统和倒车影像系统等为代表的软硬件产品开始批量出货，产业布局初见成效。

三、产业发展趋势研判

车载摄像头市场较为成熟，行业的壁垒在于模组封装技术和客户渠道，目前行业龙头的摄像头大厂占据了较大的市场份额，且不容易被新进入者蚕食。近年中国车载镜头行业处于扩张期，产业发展迅速，2011 年中国车载镜头产能为 400 万件，2013 年增长至 860 万件，2015 年扩产至 1880 万件。未来，中国车载镜头市场也将受到 ADAS 与车联网市场爆发的大力推动将持续扩张，增长潜力巨大。2016 年车载镜头出货量为 8880.7 万件，相较于上一年增长 19.8%；TSR 预计市场将持续扩张，到 2021 年市场规模将扩至 14319.2 万件。全球车载摄像机镜头收益也将持续上升，预计 2021 年收益规模将在 2017 年 3.95 亿美元的基础上增长约 85% 至 7.30 亿美元。

参考文献

[1] 韩敬娴，靖宇 . 激光雷达量产前夜：卡位、厮杀、下沉 [EB/OU].
[2019-08-14]. http://www.techweb.com.cn/it/2019-08-14/2749295.shtml.

[2] 金证券新能源与汽车研究中心 . 多传感器融合——自动驾驶系列报告之四传感器篇 [R/OU]. [2018-9].

[3] 应欢 . 低成本车载激光雷达系统设计 . 中国科学技术大学论文 [C].
2014-10-31.

[4] 苏赓，刘笛，果敢 . 车载毫米雷达技术及测试方法 [J]. 电信网技术，
2017(6).

[5] 吴伟鸿 . 基于摄像头的智能汽车设计 [J]. 数字技术与应用，2016（11）.

[6] 谢志萍，雷莉萍 . 智能网联汽车环境感知技术的发展和研究现状 [J]. 成都工业学院学报，2016（4）.

[7] 陈玉 . 浅谈无人驾驶汽车之各种感知传感器技术 [J]. 汽车与驾驶维修：维修版，2018（7）.

第十六章

高精度地图

第一节　高精度地图产业概述

一、高精度地图是实现 L3+ 级别的必要条件

高精度地图是指绝对精度和相对精度均在分米级甚至厘米级的导航地图，并满足高级别自动驾驶对环境的高精度要求。相对于普通的导航地图有着显著区别，一是其绝对坐标精度更高，二是其含有的道路交通信息元素更丰富，三是功能更全面。普通导航地图一般精度在 10m 左右，它由道路网络、显示背景、显示文字、索引及其他数据组成，导航软件将卫星定位位置匹配到道路网络上就能起到导航的作用。高精度地图的精度一般都会在亚米级，而且横向的相对精度要求更高，才能避免发生侧面碰撞。高精度地图的采集对象包括路牙、护栏、立交、隧道、龙门架、交通标牌、可变信息标牌、轮廓标、收费站／杆、交通灯、墙面、箭头、文本、符号、警示区等。此外还可以提供弯道弯度、进入隧道、上下坡坡度等信息。高精度地图在功能上也与普通导航地图有区别，普通导航地图主要提供道路规则（限速、车道等信息）和路线设计，而高精度地图除了提供以上信息，还可以提供实时的车辆交互信息，帮助车主更好地做出决策。

高精度地图在数据采集过程中，对数据的方位（经度、纬度、海拔）及姿态（航向、倾斜角、俯仰角）测量的精度要求非常高，而且采集数据的精细覆盖程度也很高。高精度地图在制作过程中利用高精度采集的数据制作高精度的道路拓扑模型，附着在道路拓扑关系上建立精度较高的车道模型，以及道路通行空间范围边界区域内的精细化对象模型，以便车载感知设备及时调整角度、曝光度等参数，使得识别率保持在良好状态，减少弯道、上下坡视野盲区及亮度变化

造成的识别度不足等问题。

高精度地图与普通导航地图的区别如表 16-1 所示。

表 16-1　高精度地图与普通导航地图的区别

项　　目	普通导航地图	高精度地图
绝对精度	10m	几十厘米
垂直精度	二维，无垂直信息	提供上下坡坡度信息
道路信息	道路规则、路线设计为主	包括车辆交互等实时信息
所属系统	信息娱乐系统	车载安全系统
用途	导航、搜索、目视	辅助环境感知、定位、车道级路径规划、车辆控制
使用者	人，有显示	计算机，无显示
现实性要求	相对低，人可以良好应对	高，机器较难良好应对

高精度地图的应用有助于实现汽车超视觉感知，提高感知系统效率、协助路径规划并提升系统安全冗余。当自动驾驶技术发展到 L3 及以上时，要求车辆在高速公路、停车场泊车等特殊场景中实现自动驾驶，高精度地图的重要性开始凸显（见图 16-1）。由于 L3 级别的自动驾驶就意味着机器将完全取代人对于环境的监控，考虑到现有的传感器的性能边界尚不足以完全替代，引入高精度地图作为感知端的安全冗余增强整个系统的鲁棒性就成为了必然的选择。随着汽车智能化水平的提升，对于 L4、L5 级智能网联汽车，高精度地图更势必成为标配。

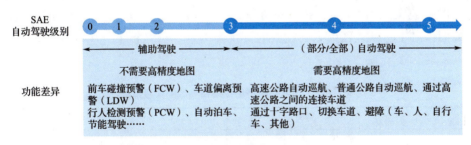

图 16-1　L3 自动驾驶需要高精度地图的支持

（来源：高德、安信证券）

二、国外已提出动态地图概念与模型

动态地图是含动态信息的高精度地图。日本为了构筑人车城市基础设施三位一体的交通体系，实现和普及自动驾驶系统，提出了动态地图的概念，融合高精度地图和基于位置的各类动态信息。既能为自动驾驶系统提供精确的位置信息，还可以提供周边的交通、天气和行人的动态信息，有利于车辆自动驾驶的实现及智能交通的协同发展。动态地图涉及数据采集、制作、处理、测试和应用，需要根据测试结果和应用需求，不断调整和优化数据模型，达到产品化的要求。投入大、技术壁垒高，且需要多行业的紧密协作和跨界创新。充分利用和整合各家单位的资源，集中力量建设动态地图数据平台，从数据采集、制作到处理，形成高精度基础数据平台。作为共享成果，可以有效避免重复作业导致的资源浪费，提升统一平台数据的质量。同时，还可以预留接口，使各家合作单位可以基于该平台数据进行私有化处理和自定义应用，不影响市场化竞争。因此，竞争和合作领域区分得非常清晰，有利于动态地图的良性发展。

日本 DMP 公司已经完成了约 3 万千米高速公路和城市快速路高精度地图采集，计划 2020 年高精度地图全覆盖。此外，日本积极开展高精度地图现场试验（Field Operational Tests，FOT），于 2018 年年底已完成测试区域1000km 静态数据的采集，并开展半动态和动态数据的采集和测试验证，在东京 Shinbashi 地区开展动态高精度地图测试。

国内外典型单位高精度地图分级情况如表 16-2 所示。从目前各国典型单位的高精度地图分级情况可以看出，国外已开始布局规划动态地图或实时地图。国内四维图新、高德和百度三大图商的高精度地图采集进展大体相当，依托采购和自研高精度地图测绘设备基本完成了我国 30 多万千米高速公路和城市快速路的地图采集，并规划到 2020 年完成城市道路采集。但现阶段地图数据仅限于基础地图信息，地图的更新频率为 1 ～ 3 个月，尚未实现动态信息采集。

表 16-2　国内外典型单位高精度地图分级情况

企业 / 组织	所属国家	分　级　数	具体分级情况
TomTom	荷兰	5	导航数据（导航地图） 计划数据（三维车道层） 定位数据（定位层） 行为数据 实时地图数据（局部动态地图）
HERE	德国	3	第一层：车道边界和区分界 第二层：基于 Camera 或点云 第三层：动态信息层、道路实时信息 第四层：驾驶人驾驶习惯分析

企业 / 组织	所属国家	分 级 数	具体分级情况		
Lyft	美国	5	基础层 几何层 语义层 图先验层 实时层		
DMP	日本	4	基础地图（更新周期 <1 月） 半静态信息（更新周期 <1 小时） 半动态信息（更新周期 <1 分钟） 动态地图（更新周期 <1 秒）		
中国智能网联汽车产业创新联盟 - 自动驾驶地图与定位工作组	中国	7	道路级导航层	传统路网数据 宏观动态数据	
			车道级导航层	车道级路网数据 车道级路测数据	
			自动驾驶辅助层	高精度 3D 数据 实时环境数据 驾驶人数据	

资料来源：国汽智联。

三、国内为高精度地图发展提供稳定环境

2014 年，国家测绘局印发修订后的《测绘资质分级标准》要求申请资质测绘单位同时达到通用标准和相应的专业标准，包括：大地测量、测绘航空摄影、摄影测量与遥感、地理信息系统工程、工程测量、不动产测绘、海洋测绘、地图编制、导航电子地图制作、互联网地图服务。其中导航电子地图制作和互联网地图服务是关系到能否开展车载高精度地图业务的前提条件。

根据《测绘资质分级标准》要求，从事导航电子地图生产的厂商必须获得导航电子地图甲级测绘资质。截至 2019 年 7 月，国内共颁发过 23 张资质牌照，现有 20 家企事业单位具备该项资质。从资质批复时间看，原国家测绘地理信息局 2001 年颁发给四维图新第一张资质，截至 2008 年累计颁发 14 张资质，2009—2016 年资质颁发基本停滞。2017 年以来，资质审核适度放开，近三年为滴滴、中海庭、Momenta、宽凳智云、江苏晶众、智途科技、华为七家企业颁发了资质，同时实现对初创公司的放开。

导航电子地图甲级测绘资质颁发年份分布如图 16-2 所示。

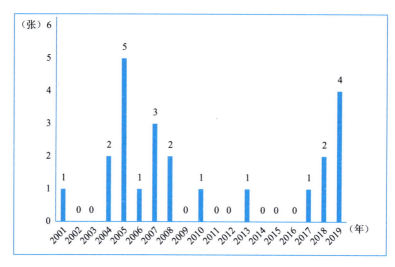

图 16-2　导航电子地图甲级测绘资质颁发年份分布

（数据来源：国汽智联）

第二节　高精度地图主要企业

传统地图行业经过多年的发展，相关企业数量不断下降。近两年，自动驾驶的发展带动高精度地图的潜在巨大需求，因此高精度地图相关企业数量不断增加。以高精度地图为核心，产业链在发展扩大中。

作为链接人、车、路等各种交通参与者的纽带，车企、Tier1、地图厂商、初创公司、互联网企业、芯片厂商等围绕高精度地图开展了各种各样的合作，共同推进高精度地图产业的发展。

高精度地图产业链分布图如图 16-3 所示。

一、互联网企业

近年来，互联网科技公司在自动驾驶领域积极布局，"BAT"（百度、阿里巴巴、腾讯）通过收购、控股或入股的方式，间接获得了导航电子地图的甲级测绘资质，更加彻底地解决了地图海量数据的获取和处理问题，在国内抢占了高精度地图市场。

（一）百度

百度在 2013 年启动了高精度地图研发工作，2014 年全资收购了具有导航

图 16-3 高精度地图产业链分布图

电子地图甲级测绘资质的公司长地万方。2017 年 10 月，百度与首汽约车就自动驾驶达成了战略合作，通过首汽约车海量的行车数据，帮助百度的高精度地图进行优化。2018 年 3 月，百度为了更好地服务自身智能驾驶业务体系，将地图事业部转入 AI 技术平台体系（AIG）。

地图绘制方面，百度将 AI 与高精度地图结合起来。由于高精度地图数据量大，所涉及的内容和元素繁多，采集完后后续处理工作仅靠人力远远不够，图像识别、深度学习等人工智能技术可以对收集到的地图图像自动进行识别、处理、筛选、补充等，有效减少人员工作量。

（二）阿里巴巴

阿里巴巴在 2010 年收购了电子导航地图提供商易图通，获得导航电子地图甲级测绘资质。一年后收购高德地图，在阿里巴巴的自动驾驶布局中起到了至关重要的作用。2017 年 8 月，高德与千寻位置合作研发高精度地图＋高精度定位业务。

高德在开始高精度地图研发工作的当年便拿下亚太地区第一个、全球第二个高精度地图商业化订单，基于此订单在地图领域从深度学习技术的使用到量产生产线的建设，不断加快技术进展。另外，高德还打破过去与汽车厂家合作中只提供离线数据、生产低效的现状，从供应商向服务商转型，免费向汽车行业的合作伙伴提供高精度地图数据，促进地图行业新生态的构建。

（三）腾讯

腾讯在 2014 年 1 月收购了科菱航睿，借此获得导航电子地图甲级测绘资质。同年 5 月收购四维图新 11.28% 的股份，成为其第二大股东。并在 2016 年 12 月底，联合四维图新和新加坡主权财富基金（GIC）以 2.41 亿欧元的价格收购了 HERE10% 的股权。

在 2017 年 11 月腾讯合作伙伴大会上，腾讯公开自动驾驶的技术方案和发展路线，强调了高精度地图的战略地位。

（四）谷歌

谷歌的自动驾驶项目 Waymo 在绘制高精度地图上采用两种策略，一是利用现有的自动驾驶车辆搭载传感器绘制高精度地图，二是先利用自身测绘车队创建丰富、详细的高清地图，再运用到无人驾驶导航中。

Waymo 拥有大量的自动驾驶车辆的路测数据、强大的 AI 智能影像识别处理技术、雄厚的资金实力，在项目启动之初便开始大范围采集街景数据，构建地图数据库。在 2018 年 Waymo 和 Google Map 团队开发的高精度地图便已经可以支持 L4 级别的自动驾驶车辆在美国凤凰城等多个城市运行。

二、地图厂商

资深图商拥有着包括专业测绘车队、强大客户资源等在内的雄厚积累，凭借自身在高精度地图领域的实力，正不断谋求在自驾领域更大的话语权。

（一）四维图新

四维图新深耕导航电子地图多年，数据积累丰富。从 2010 年起开始研发用于高级驾驶辅助系统（ADAS）的地图，并于 2012 年正式发布 ADAS 地图数据。2013 年研发高精度地图，仅一年后就能达到 10 ～ 20cm 的精度水平。2016 年年底，四维图新完成了覆盖全国高速公路的基于 ADAS 的高精度地图制作。2017 年年底,已经可以提供支持 20 个以上城市的 L3 级别的高精度地图。根据四维图新的发展规划,2019 年内将完成所有城市 L3 级别并开始 L4 级别的高精度地图的采集和制作。

目前,四维图新已经建立了自动驾驶实验室和深度学习实验室并致力于自动驾驶领域的探索;正式运营 FastMap,为基础地图数据每日更新提供服务;同时也开展了高精度地图和传感器融合地图服务等前沿领域的研发工作。在高精度地图领域,具有绝对领先优势。

(二) TomTom

作为导航解决方案提供商,TomTom 在近年实行了多个战略转型,投入高精度地图领域。2015 年 7 月宣布与全球第一大汽车技术供应商博世合作联合开发高精度地图;2015 年 9 月发布全球第一个商业化的德国全境高速公路的自动驾驶地图;2017 年 1 月收购自动驾驶技术公司 Autonomos;2017 年 7 月,宣布与百度合作,共同创建中国高精度地图。2017 年 10 月完成了日本 18000km 高速公路的高精度地图数据采集;2018 年 3 月其高精度地图数据已经实现对美国本土州际公路和高速公路的全覆盖。截至 2018 年年底,包括日本、美国、西欧在内,TomTom 高精度地图已覆盖全球近 38 万千米公路。

TomTom 开发了 RoadDNA 技术来提供高度优化的 3D 横向和纵向道路视图,将原本 3D 地图数据压缩成 2D 视图,并保留道路关键要素。其自动驾驶地图交付服务 TomTom AutoStream 能够通过自动云端式传输最新的地图数据,确保自动驾驶地图的实时更新。AutoStream 作为一个完整的解决方案,包括带有智能逻辑的板载软件组件,可简化和缩短构建自动驾驶系统的公司的开发时间。

(三) HERE

HERE 最初是诺基亚推出的地图服务,2015 年在被大众、宝马和戴姆勒三家德国汽车厂商联合收购后,开始了向高精度地图领域的快速发展。有了巨头车企的支持,诸多车企和厂商开始入股 HERE。目前,HERE 的投资入股方包括腾讯、四维图新、英特尔、先锋、博世、大陆等知名企业。阿里巴巴也早在 2016 年就和 HERE 展开了高精度地图方面的合作。HERE 也计划为迪拜创建首个用于支持自动驾驶的高精度地图。2018 年 3 月,宝马集团与 HERE 签署协议,在其下一批具有高度自动驾驶功能的量产车中使用 HERE HD Live Map。

HERE HD Live Map 在基础地图的基础上,结合卫星图像绘制车道路径、车道标记、道路边缘等多种短时间内相对不变的环境信息。而动态数据的更新则主要依赖通用等众包车辆，借助 HERE HD Live Map 的云端能力，当车辆传感器检测到的道路信息变更，新特征便会上传到地图数据中并下发到所有车辆。目前，HERE HD Live Map 已经完成了超 50 万千米公路的地图测绘，精度达到亚米级别。

三、出行服务商

自动驾驶汽车量产后的第一个大规模商用场景将是共享汽车 / 出租车业务，而以滴滴出行为主的出行服务提供商在高精度地图领域的动作也证明自动驾驶会是他们未来发展的主要阵地。

2017 年 11 月，滴滴出行旗下的地图绘制公司——滴图科技获得国家测绘地理信息局颁发的电子地图甲级测绘资质。作为出行服务商，滴滴出行旗下有着数以万计的出租车，若采取众包模式为每一辆出租车都配备采集高精度地图所需的摄像头和传感器，采集效率会比一般自主驾驶测绘车辆要高得多。另外，由于高精度地图需要及时快速地更新，每日出行的出租车所产生的海量真实行车数据恰好能够满足这一需求。

四、高精度地图初创公司

高精度地图行业尚未变成红海，给了许多初创公司机会。这些初创企业大都只专攻高精度地图领域的细分市场，在数据采集的方式上不尽相同，各辟蹊径。

（一）宽凳科技

2018 年 3 月，宽凳科技完成 A 轮融资，正式进军自动驾驶高精度地图领域，表示其不造车、不做车联网操作系统，只做高精度地图。

在地图采集方面，采用众包数据采集和摄像头方案。众包数据采集目前是很多高精度地图初创企业的选择，而摄像头采集属于纯视觉技术方案，代替了昂贵搭配——摄像头、激光雷达、微波雷达等多传感器的方式，通过同一角度快速连拍多张形成的大量数据会依靠自主研发的图像识别处理算法进行快速处理。此外，宽凳科技在之后还会提供基于高精度地图定位的数据共享等服务。

（二）DeepMotion

DeepMotion 成立于 2017 年，主要提供以高精度地图为核心的感知、定位、决策自动驾驶解决方案。四位创始人在场景分割、物体识别、SLAM、三维重构具体应用领域实战经验丰富，摒弃以激光雷达为主的高精度地图采集方案，通过算法将一套低成本的双目相机和 GPS 惯导模组融合成车载传感器套件 DM-100，为自动驾驶车辆提供环境感知、高精度地图绘制及高精度定位三大能力。

DM-100 是 DeepMotion 实施高精度地图众包方案中的重要一环。DeepMotion 计划先完善城区道路高精度地图自动化构建的相关技术，准确理解客户对高精度地图使用的具体需求后，再确定最高效的众包模式。DeepMotion 的高精度地图路线先从较复杂的中心城区开始，目前城区道路高精度地图的自动化测绘程度已经达到 90%。

（三）Ushr

Ushr 是从一家有着 20 多年工程绘图经验的 GeoDigital 公司中分离出来的。核心业务是设计激光雷达数据处理软件，抽取道路特征，绘制道路模型，同时压缩激光雷达数据以达到车用级体积。

Ushr 的高精度地图依赖车上传感器和道路上的摄像头，已经绘制完成美国和加拿大的所有进入控制的高速公路网络，精度在 10cm 以内，偏差小于 10.16cm（4 英寸）。平台提供了最准确的中长距离传感系统，使自动驾驶汽车能够准确地进行导航。Ushr 自主研发的一款应用程序编程接口（API）可以将其提供给车辆的其他控制模块中，避免车企再次单独开发地图模块的额外工作。目前，Ushr 的高精度地图已经开始商用，搭载到凯迪拉克 CT6 的 Super Cruise 系统上，帮助用户在特定驾驶情境下双手脱离转向盘。

（四）CivilMaps

CivilMaps 于 2014 年成立于美国，2016 年 7 月获得以福特为首的多家机构共同投资的 600 万美元融资。2018 年已获得福特、上汽、英特尔、斯坦福大学及雅虎联合创始人杨致远等多家企业和投资人的青睐，共同开发自动驾驶高精度地图。

CivilMaps 开发的软件能够运用人工智能技术从繁杂的激光雷达点云数据中提取有用的信息并剔除大量的冗余信息，只保留重要物体标识和行车指示，数据量大大减少，传输与储存成本都显著降低。另外，CivilMaps 还选择众包模式，与整车企业合作在车辆上安装其传感器套件进行高精度地图的测绘。

（五）Mapbox

Mapbox 成立于 2010 年，是一家为开发者提供开发工具及开放平台的地图服务公司。团队有 Google Maps、微软、Amazon、Uber 诸多经验丰富的人才。2017 年，Mapbox 推出了 Mapbox Drive（SDK），用户可以通过手机或汽车电脑在汽车行驶时看到路面，识别车道或限速标志等信息。与微软达成合作，将 Mapbox Drive（SDK）收集到的可用信息发送至微软的 Azure 云计算服务进行处理，形成高精度地图。与 Mobileye 达成了合作共同开发 RoadBook，为半自动或全自动驾驶车辆提供高清矢量瓦片地图。

Mapbox 获得地理数据的方式有三种，一是利用开放的地理数据平台，比如 OpenStreetMap、NASA 获得公开数据；二是购买，从 DigitalGlobe 等数据提供方处购买地理数据；三是通过其客户获得用户地理数据。

（六）DeepMap

DeepMap 于 2016 年 4 月成立于美国，创始团队成员曾担任谷歌地图、苹果地图项目的资深工程师和项目经理。为了降低成本，除了利用自有的地图测绘车进行高精度地图采集，主要采取与整车企业、供应商合作的众包模式，在后者的帮助下获取高精度地图数据。

DeepMap 可以为自动驾驶汽车提供一套高精度地图解决方案，包括 3D 厘米级高精度地图的构建、更新、维护和云端服务，DeepMap 将这些服务集成并形成一套完整的高精度地图服务。在测绘过程中，运用了深度学习技术，主要体现在车道线识别、道路特征提取、交通标志识别上。整合激光雷达、摄像头、毫米波雷达感知数据。

（七）lvl5

lvl5 2016 年成立于美国，创始人曾担任特斯拉工程师。受特斯拉的影响，lvl5 的工程师在测绘高精度地图上选择 Uber、Lyft 的一线驾驶人合作，不需要激光雷达、毫米波雷达，只用到一个手机摄像头。lvl5 开发了一款名为 Payver 的 APP，驾驶人打开 APP 后并将手机固定在车窗上方录制视频，记录下加减速和 GPS 信息，这些数据就会上传至 lvl5 平台并被处理为高精度地图。在不到三个月的时间里，lvl5 便完成了对全美 90% 高速公路的高精度地图覆盖。

目前，lvl5 的地图已经做到了 30 ～ 40cm 的精度。下一阶段，lvl5 旨在实现仅使用摄像头进行定位，将定位精度提升至 10cm。

（八）Carmera

Camera 于 2015 年成立于美国，合作对象为各物流公司的物流车。采用众包模式，让物流车队携带传感器设备进行数据采集。近期 Carmera 同 Renovo 旗下的 AWare 生态系统合作，共同研发增强版地图方案，利用搭载 AWare 功能的车队实时采集地图数据，并为这些车队提供地图服务。

在高精度地图数据采集的技术方案上，Carmera 采用的是激光雷达和摄像头的多传感器方案。目前，地图精度已达到厘米级，除帮助汽车定位外，还能优化导航效率，提升乘客体验。

第三节　高精度地图市场分析

一、绘制门槛资质高，技术复杂

在整个自动驾驶系统流程中，包括感知、交互与决策、控制执行三大模块。高精度地图需显示实时路况信息和原有 3D 模型，用以解决感知环节中传感器在雨雪、大雾天气里不适用的问题，在交互与决策环节中对地理数据进行修正，提高准确度，并且大量减少车载传感器的数目，降低整车成本，加快无人驾驶的商用化。因此，对高精度地图的绘制提出了严格规范的要求。首先，数据信息采集部门开始收集数据信息；其次，对收集的数据进行处理编辑绘制地图；最后，对数据进行转换编译。在地图数据绘制过程中需要经过层层数据检查，确定数据的安全和准确。

高精度地图数据信息收集方式分为集中制图与众包制图。集中制图方式中，采集队伍有专业的知识技能，能够更好地发挥专业采集车的效能。一个专业数据采集小队配备一台专业采集车和数个差分基站。专业采集车采集的数据包括高精度轨迹、图像、激光点云数据。数据采集完成后利用人工智能技术对数据进行解算、时空配准、要素提取、矢量化。采集车的造价高达数百万元，只有少部分企业使用集中制图的方式来绘制高精度地图。多数图商主要采用成本较低的众包制图模式，即与整车企业合作，使用其车上的摄像头、激光雷达等设备实时采集道路信息，并上传云端，通过大数据处理、深度学习、激光点云识别等技术完成高精度地图的绘制和实时更新。与集中制图相比，众包制图数据精度较低。集中制图与众包制图相结合提供新的解决方案。首先采用集中制图方式绘制出高精度地图，之后采用众包模式对其进行不断的迭代更新。该方案在保证数据生产准确性的同时，节省数据生产的成本。

国内外高精度地图厂商采集方式如表 16-3 所示。

表 16-3　国内外高精度地图厂商采集方式

地 图 厂 商	国　　家	采集方式
Mobileye	以色列	众包制图
Waymo	美国	集中制图
HERE	芬兰	众包制图
TomTom	荷兰	集中制图
DeepMap	美国	众包制图
CivilMaps	美国	众包制图
Lvl5	美国	众包制图
Camera	美国	众包制图
百度地图	中国	集中制图
高德地图	中国	集中制图
四维图新	中国	集中制图
宽凳科技	中国	众包制图
Momenta	中国	众包制图
DeepMotion	中国	众包制图

二、商业应用加快，提出 ADAS 地图

随着汽车智能化水平的提升，高精度地图作为 L3 级以上自动驾驶的必要条件也逐步开始商用。高精度地图首个规模商业化应用来源于通用汽车的 Super Cruise 辅助驾驶系统，通用汽车投资的地图公司 Ushr 采用激光雷达、摄像头等完成 21 万千米高速公路高精度地图绘制，并以地图作为 Super Cruise 系统启用的限制条件。在将 Super Cruise 引入中国市场时，通用汽车与高德合作，完成了国内高速公路高精度地图的制作。除凯迪拉克外，高精度地图也逐步在其他豪华车品牌取得应用。奥迪 A8 作为世界首个具备 L3 级自动驾驶功能的量产车，其高精度地图服务来自 HERE，不过该车型在进入中国市场时取消了自

动驾驶功能。2019 年年初，四维图新获得宝马中国高精度地图量产订单，将于
2021—2024 年，为宝马集团所属品牌提供面向 L3 及以上自动驾驶系统的高精
度地图产品及服务。

精度介于导航电子地图和高精度地图之间，服务于辅助驾驶，地图产业衍
生出新的产品——ADAS 地图。ADAS 地图在精度和信息丰富度上低于高精度
地图，精度只需要达到米级或亚米级，信息方面需要在导航地图信息基础上增
加曲率、坡道、限速等道路附加信息。ADAS 地图有助于提高 ADAS 系统的
效率和安全性，已经量产落地。在应用方面，特斯拉 Autopilot 系统据称使用
MapBox 的地图服务，奔驰的 Drive Piot 采用 HERE 地图，这两个高级辅助驾
驶系统在引入中国时采用的都是四维图新的 ADAS 地图服务。大陆汽车的电子
地平线（eHorizon）技术也属于 ADAS 地图范畴，其地图数据来源于 HERE，
2012 年便在斯堪尼亚货车上取得应用，可实现节油 3%。

三、市场规模庞大，众多玩家涌入

随着车载电子前装化及消费者对地图产品认知度的大幅提升，目前前装
车载地图正逐渐向中低端车渗透，从而挤压后装市场空间。根据易观国际数据
显示，2015 年中国车载地图系统前装市场出货量达 371.2 万台，较 2014 年同
比增长 47.8%。Frost& Sullivan 的数据同时指出，2006—2015 年，中国车载
前装地图市场销量及装配率持续增长，从 2006 年 3.81% 的装配率一度增长至
2015 年的 17.6%，创下历史新高。由此可见，中国前装车载地图市场发展迅猛
且未来仍有广阔的空间。

海外研究高精度地图单车价值约为 200 美金，随着自动驾驶汽车在 2020
年后的量产将迎来高速增长。根据高盛对高精度地图全球市场判断，预计未来
15 年高精度地图行业将迎来黄金发展期，到 2020 年高精度地图市场为 21 亿
美元，2025 年该市场将达到 94 亿美元。相比而言，国内高精度地图商业模式
尚未清晰，未来具体市场大小难以预判，然而根据国内汽车市场约占全球车市
30% 的份额，随着国内高精度地图技术和商业模式逐渐成熟，国内高精度地图
市场也不容小觑。近几年，互联网技术的融合正带动汽车行业进行变革，可能
会最终颠覆整个汽车行业。今天的汽车市场正在起步阶段，但也许很快就会触
动"爆发点"。在美国，地图信息利用率超过了 30%，日本超过了 70%，但中
国却只有 3%。即将到来的自动驾驶时代，缺少"高精度地图"这一关键环节
将寸步难行。有业内人士称，将来中国的高精度地图业务可能要比百度当前的
搜索业务规模还要大，市值将达到万亿美元。面对如此庞大的市场，必将有越

来越多的玩家涌入。

四、竞争格局清晰，百花齐放

从国外导航电子地图发展经历来看，经过前期快速发展到后期激烈市场竞争，国际范围内排名前五的地图提供商垄断着中国 95% 的市场份额。高精度地图主要有 HERE、TomTom、Waymo（原 Google 地图）等老牌图商，其中 Waymo 的高精度地图目前仅用于自己的无人车。美国成为高精度地图创业者的天堂，比较有名的初创公司有：DeepMap、CivilMaps、lvl5、Carmera。初创企业往往有一个自己主打的算法技术，比如 CivilMaps 能将 1T 的激光雷达点云数据压缩到 8MB，Carmera 融合摄像头和激光雷达的图像获得更好的传感效果等。但是云端的存储、运算、通信能力是初创企业普遍的短板。另外，Uber、通用 Cruise 等也都在布局高精度地图。

目前，地图行业呈现三足鼎立的状况，分别是百度地图、高德（阿里巴巴）、四维图新（腾讯），其背后是互联网巨头对地图入口的争夺。同时，整车企业也不会将自动驾驶时代的附加红利拱手让给科技公司，比如上汽跟阿里巴巴成立了合资的斑马网络，开发了使用高德地图的车载操作系统。我国车载地图市场分为前装和后装两部分。前装地图产品是指汽车出厂以前安装在整车上的地图产品，是原厂车本身的组成部分，集成良好，需要整车质保，质量要求高，价格相对也较高；后装地图产品是指汽车出厂以后，按照用户要求安装在整车上的车载地图产品，单独出售，售价低，门槛低，走差异化、个性化的路线。以传统前装地图为例，目前主要有四维图新、高德和易图通三家地图供应商，占据 99% 的前装地图市场份额，这三家地图供应商由于具有各自稳定的整车企业客户群体，因此整体前装市场格局很难发生较大改变。凯立德以 70% 的市场占有率在后装市场一枝独秀。

第四节 高精度地图发展趋势

一、普及率提升

高精度地图的普及率与自动驾驶的普及率紧密相连。每有一辆汽车实现自动驾驶，就意味着有一辆车使用了高精度地图产品。从各大车企的自动驾驶汽车生产计划来看，自动驾驶目前更多的还是配备于中高档的车型上，普及率更高的是 ADAS 系统（L3 及以下）。根据各大车企的计划，ADAS 系统将逐渐变得普遍和平民化。例如，丰田计划未来让所有已有车型应用公司ADAS级地图。而未来随着技术的成熟、成本的降低，自动驾驶或将走进千家万户，成为越来越多的人的选择。到那时高精度地图市场占有率将达到100%，产业发展值得期待。

二、集中与众包相结合

高精度地图最关键的问题在于维持数据新鲜度。在日新月异的国内建设速度下，数据新鲜度的维持变得愈发重要且困难。在这种背景下，高精度地图的众包方案应运而生。具体而言，就是把地图更新的任务交给道路上行驶的大量非专业采集车辆，利用车载传感器实时检测环境变化，并与高精度地图进行比对，当发现道路变化时，将数据上传至云平台，再下发更新给其他车辆，从而实现地图数据的快速更新。未来，集中和众包采集将协同实现成本较低、精度够高的高精度地图产品。

三、多种采集设备并重

从当前高精度地图采集设备发展情况来看，采集设备的核心是摄像头、毫米波雷达和LiDAR（激光雷达）。三种设备各有优缺点。摄像头（百元级）和毫米波雷达（千元级）造价便宜，因此普及率最高，但是扫描精度较差且对后期算法提出了较高要求；激光雷达虽有较高的精度但是由于昂贵的造价（万元级乃至数十万元），普及率相对较低。毫米波雷达的探测距离可以轻松超过200m，而激光雷达目前的性能一般不超过150m，所以对于高速公路跟车等情景，毫米波雷达效果更佳。因此，高精度地图采集设备未来应当是三者并重、相辅相成的趋势。

四、转型为数据服务商

传统的地图商售卖的大部分是离线地图，通过向车企或者车主个人售卖licence（软件使用许可），以及提供少量的后期更新服务获利，交易方式为一次性付清。而高精度地图由于存在动态信息的实时交互，地图商将为此向数据服务商方向转变。在高精度地图时代，地图商需要构建云平台为车主提供道路的实时信息，根据提供的数据量的多少计费。目前的高精度地图企业在开发高精度地图产品的同时也在努力构建自身的云服务平台以适应商业模式的转变，如HERE开发的实时交通云产品、凯立德开发的云端服务平台等。

参考文献

[1] 国金证券. 自动驾驶的时代已经开始到了——自动驾驶系列报告之一：综合篇 [R]. 2018.

[2] 中国汽车工程学会，天津智能网联汽车产业研究院. 中国智能网联汽车产业发展报告（2018）[R]. 北京：社会科学文献出版社，2018.

[3] 中泰证券. 150 页读懂四维图新 [R]. 2019.

[4] 佐思汽研. 2019 年 ADAS 与自动驾驶市场蓝皮书 [R]. 2019.

[5] 长江证券. 无人驾驶系列报告之八：高精地图指引未来，高壁垒铸就行业稀缺 [R]. 2016.

第十七章

线控系统

第一节　产业发展现状

一、控制执行系统随电子电动化、自动驾驶的发展而不断升级

在汽车系统和模块电子化的趋势下，汽车电子控制执行系统的普及率越来越高。随着电动汽车的发展，传统发动机逐渐消失，传动、转向和制动的动力源和执行方式发生了根本性的变化。在自动驾驶时代，控制系统从感知层的大量传感器中收集信息，进行处理和分析，感知周围环境，规划行车路线，最后通过线控执行系统操纵车辆。原先由驾驶人施加人力，通过真空和液压等去推动各个系统的方式逐渐被电动化系统所替代；越来越多的加减速和转向动作需要由"机器"来完成，控制系统通过输入一个电信号控制各个执行系统进行精确操作，这类电信号替代机械力的线控技术将会在自动驾驶时代全面渗透。

自动驾驶系统结构如图 17-1 所示。

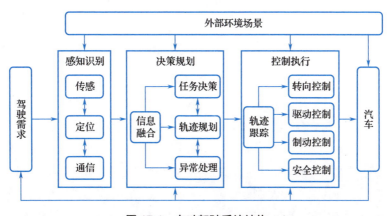

图 17-1　自动驾驶系统结构

国外厂商在执行层具有先发优势，国内部分 EPS 厂商成功切入二级供应链。执行层是智能驾驶第二阶段区别于第一阶段的主要部分。第一阶段主要是预警功能，强调感知和通知的作用，而第二阶段及后续阶段的智能驾驶属于干预辅助驾驶。由于干预驾驶的执行对象是制动踏板、转向装置和加速踏板，均属于传统汽车领域的延伸，国外厂商在执行层的技术储备具有先发优势。

博世、大陆等国际巨头在轿车方面将仍处于垄断地位，国内在低端制动产品方面有所积累，但面临一定的竞争压力。不过国外产品成本偏高，小批量高投入的现状导致国外配套厂成本居高不下，阻碍了智能化发展进程。而国内一些企业在客车方面占领了部分国内市场，具有一定的影响力。同时国内本土化开放，享受"工程师红利"，部分产品生产线已经运行，能有效降低成本。

二、制动系统电子化是自动驾驶的必由之路

车辆纵向控制（见图 17-2）是对行驶速度方向的控制，即对车速和车辆与前后车辆或障碍物之间的距离的控制。驱动与制动控制都是典型的纵向控制，可通过对电动机驱动、发动机、传动和制动系统的控制来实现。而除去电动车独有的电动机电控驱动的部分，制动系统由传统系统电子化升级，继而进入线控时代。

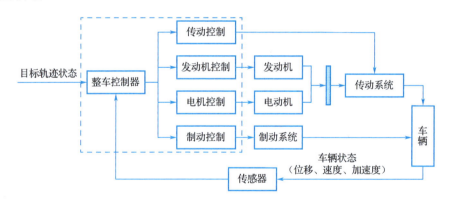

图 17-2　车辆纵向控制

线控制动是汽车电气化、智能化时代的标配。线控是用电系统替代传统的机械或液压系统，在结构上取消了人机交互端与车辆执行端之间的机械连接。与传统系统相比，线控系统具有更高的效率和节能性，电驱动元件取代了传统液压或气动制动执行元件，具有良好的可控性和快速的响应速度。先进辅助驾驶或更高级的自动驾驶需要制动系统具备快速主动加压和精确控压的能力。传统的 ABS 不具备主动增压功能，ESP/ESC 具备主动增压功能但增压速度无法

满足自动驾驶的需求。制动执行机构如果不采用线控制动系统，自动驾驶的相关功能就无法实现或实现效果较差。

国内目前处于第二代技术（ABS+ESC）渗透末期阶段，从厂商来看，国外企业博世、大陆两家巨头在中国市场占有率为 50% 以上，市场集中度非常高。但是，未来制动第三代技术将占优势，目前装车的仅有博世 IBS 和大陆 MKC1 等几家厂商，主要配套高端豪华车型，量都比较小。但是实际上国内公司的产品已经开始下线，上汽、拓普等的样机已经装车，天津英创汇智利用清华大学相关技术已经开始实现量产。硬件生产方面，国内有 6 ～ 7 家自主企业实现量产，但难点在于 ESC 的自主开发。当前一些经营 ABS 的企业已经开始转型 ESC 系统，可以预见 ESC 也会类似于 ABS 的发展路径最终国产化。高等级自动驾驶方面，国外厂商格局还未形成，国内厂商仍可在逐步掌握核心技术后，依托产品升级和成本优势寻求一级供应商的机会。

三、电动助力转向占据主流，未来方向为线控系统

车辆横向控制（见图 17-3）是指垂直于运动方向的控制，即转向控制。其目的是控制汽车自动保持所需的行驶路线，并在不同的速度、负载、风阻和路况下具有良好的乘坐舒适性和稳定性。

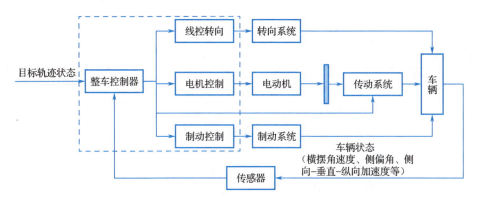

图 17-3　车辆横向控制

转向系统的技术路线与制动系统类似。传统纯机械转向系统几乎被取代。从液压助力转向系统（HPS）升级到电子液压助力转向系统（EHPS）后，采用电力驱动的电动助力转向系统（EPS）逐渐占据主流。随着汽车电子化程度的加深和转向系统电子化的普及加快，电动助力转向逐渐占据主流，未来自动驾驶时代的到来，将进入线控转向。

车辆转向系统发展路线如图 17-4 所示。

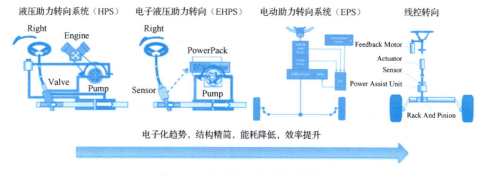

图 17-4 车辆转向系统发展路线

（资料来源：Nisson，Infints，国企证券研究所）

汽车转向系统分类及其优缺点如表 17-1 所示。

表 17-1 汽车转向系统分类及其优缺点

系统名称	辅助动力源	优　点	缺　点
机械转向系统（MS）		结构简单，可靠性强	操作费力，稳定性、精确性、安全性无法保证
液压助力转向系统（HPS）	发动机	控制精准；路感直接，信息反馈丰富；技术成熟、可靠性高，成本低；转向动力充沛，大小车辆都适用	能耗较高；操作灵敏度差，磨损、噪声较大
电子液压助力转向系统（EHPS）	电动机	能耗较低；反应较灵敏；转向助力可根据转角、车速等参数自行调节，更为人性化	稳定性不如液压助力式；制造和维护成本较液压助力式高
电动助力转向系统（EPS）	电动机	结构精简、质量小、占用空间少；能耗低、运行噪声低；电子系统反应灵敏、动作直接迅速；可与其他电子系统联动，提升车辆的操控性能和主动安全性	辅助力度有限，难以在大型车辆上使用；电子部件较多，系统稳定性、可靠性较液压助力式低；成本较高；路感信息匮乏、操作乐趣低

（资料来源：德尔股份招股说明书，长江证券研究所）

相比于制动系统，转向系统需要施加的力相对较小，并且不存在制动过程中产生高温等对电动机来说比较恶劣的环境，因此 EPS 的商业使用更广泛。

传统纯机械转向系统几乎被替代，小型卡丁车还在继续使用；液压转向系统（HPS）适用范围最广，可以匹配各类商用车和乘用车，因其助力较大的特点，在重型车辆上应用尤为广泛；电子液压助力转向系统（EHPS）主要适用于中大型商用车、大型 MPV 和 SUV；电动助力转向系统（EPS）具有传动效率高（90%+）、能耗低、装配简单方便、操纵稳定性舒适性高及无刷电动机、主动回正等优势，主要适用于轿车及小型 MPV 和 SUV，是现在的主流配置，在欧美日韩的渗透率已经非常高，国内还处于渗透率提升的过程中；EPS 或 EHPS 是纯电动车的必选，是混合动力车的最优选择，未来的线控转向系统将会成为连接整个自动驾驶横向运动控制的枢纽。

电动助力转向系统（EPS）是一种直接依靠电动机提供辅助转矩的动力转向系统，主要由转矩传感器、车速传感器、电动机、减速机构和电子控制单元（ECU）等组成。

EPS 产业链全景图如图 17-5 所示。

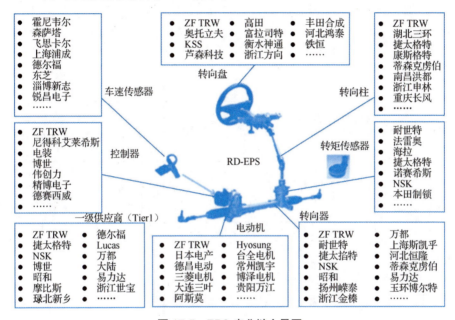

图 17-5　EPS 产业链全景图

（资料来源：盖世汽车研究院）

目前，电动助力转向系统是汽车转向系统发展的主流，相比于其他转向系统，电动助力转向系统具有节约能源、效率高、路感强、结构简单、成本低及可控性高等特点。

EPS 的主要特点如表 17-2 所示。

表 17-2　EPS 的主要特点

特　点	描　述
节约能源	EPS 是由助力电动机直接提供的助力
效率高	EPS 系统仅在需要助力的时候提供助力，能源利用率高
结构简单	EPS 系统的元件少，结构紧凑，易于整体布置和安装

续表

特　　点	描　　述
路感强	EPS 系统可在不同状况下获得最好的路感，能够保证在车速较高时，车辆安全稳定。在车速较低时，车辆转向省力
回正性好	可以通过调整 EPS 控制器的软件，得到最佳的回正性，从而改善汽车操纵的稳定性和舒适性

资料来源：盖世汽车研究院。

电动助力转向系统（EPS）按照助力电动机的安装位置主要分为 5 种类型，如表 17-3 所示。

表 17-3　EPS 分类特性

类　型	原　　理	优　　势	劣　　势	适用车型
C-EPS	转矩传感器和助力机构装在转向管柱上，下面连接一个机械转向机	电动机可安装在转向柱的任何位置，占用空间小；成本最低；助力响应性较好	对电动机的噪声和助力要求较高，输入轴需要承受助力，降低了安全性	2.0L 以下排量中低档轿车
P-EPS	转矩传感器和助力机构装在小齿轮上，电动机的输出力矩通过蜗轮蜗杆减速机构作用在小齿轮上	可提供比 C-EPS 更大的助力；刚性好；转向路感强	万向节的存在会影响助力控制特性的精确度	2.0L 以下排量中档轿车
DP-EPS	有 2 个小齿轮，转矩传感器装在驱动小齿轮上，而电动机的输出通过蜗轮蜗杆减速机构作用在另一个小齿轮传递至齿条上	和 P-EPS 相比，实现了传感器和助力结构的物理分离，驱动小齿轮不受转向机传动比的约束	同上；结构复杂，制造难度大	2.0L 以下排量中高档轿车
RP-EPS	转向器助力电动机转子与转向器丝杠轴两者采用平行轴结构，利用皮带连接电动机转轴和丝杠螺母，滚珠丝杠上的循环滚珠作为减速机构	具备 P-EPS 的优点；电动机可提供比 P-EPS 更大的助力	同上；结构较复杂，成本较高	2.0L 以上排量中高档轿车
RD-EPS	和 DP-EPS 相似，转矩传感器装在驱动小齿轮上，电动机的输出力矩通过齿条上的循环球减速传动机构传递	具备"小齿轮助力式"的优点；能够提供更大的助力；能量损失更少	同上；整套系统结构复杂，成本较高	2.0L 以上排量中高档轿车

资料来源：盖世汽车研究院。

我国 EPS 正处于快速发展阶段。未来 EPS 的发展方向：①部件一体化与轻量化。一体化设计节省空间，便于布局，满足整车轻量化要求；②助力大功率化。使 EPS 有可能应用于更多的重型车辆（越野车、客车、货车等）；③智能化与安全化；④基于 EPS 的其他辅助驾驶功能的综合应用，如自动泊车功能、线路保持功能等；⑤提高控制系统的性能，降低控制系统的制造成本。

第二节 产业市场分析

一、自动驾驶对线控需求旺盛

2017 年，全球汽车制动系统市场规模超 280 亿美元，中国超人民币 580 亿元，已经进入平稳增长阶段。汽车制动系统单车价值大约 2000 元，电子液压制动系统成为行业发展的主要拉动力量。随着涡轮增压发动机的渗透率提升及汽车电气化的发展，电子液压制动系统拓展了市场空间，其在 2020 年、2025 年国内市场规模将分别达到 258 亿元、375 亿元（见图 17-6）。

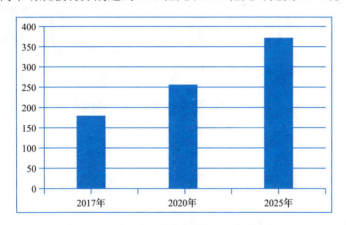

图 17-6 电子液压制动系统国内市场空间

（数据来源：中汽协，国金证券研究所）

2012—2017 年，我国制动器行业市场规模不断扩大。2017 年，我国制动器市场规模达到了 603 亿元。2018 年，虽然汽车产销量有所下滑，汽车整车配套制动器市场规模下降，但维修市场依旧庞大，受到销售价格上升、工程机械行业发展良好等多方因素影响，我国制动器总体市场规模达到约 647 亿元，同比增长 7.3%，增速略有放缓（见图 17-7）。

从 2000 年开始，一些自主整车企业和零部件供应商就开始进行液压式线控制动的研发，目前已取得一定的成果，并拥有自己的知识产权。但博世、大陆、丰田等跨国公司在 20 世纪 90 年代就率先启动了机械式线控制动项目，国内企业与之存在不小的差距。首先我国企业开展线控制动技术研发较晚，设计、试验和制造经验积淀不足，不可避免地与外资企业存在差距。其次，制动系统的开发是一个长期的数据累积过程，除了研发与制造，试验环节至关重要。试验设备与场地的建设投资周期长、规模大，加大了企业在这一领域取得突破的难

图 17-7　我国汽车制动器行业市场规模

（数据来源：前瞻产业研究院）

度。最后，产品质量和市场推广也将是挑战。国内汽车行业目前已针对液压式线控制动进行实质性研发，比如，亚太机电联合清华大学、吉林大学开发了集成线控液压制动系统，其第一代产品已在北汽银翔的样车上装车集成并开始实车功能调试。万向集团、万安科技、芜湖伯特利等企业也在进行线控制动系统的研发。从目前市场情况看，线控制动系统的推广存在一定难度。现阶段，实现 L3 自动驾驶功能的车型屈指可数，传统汽车仍占主导，单一的线控制动对车辆经济性的提升有限；消费者购车时更多地从品牌、外观、动力性角度出发，侧重于线控制动系统的意愿较低。想要实现大范围推广，一是企业要提高产品本身的性价比，二是有待自动驾驶汽车市场的成熟。

　　总体而言，虽然我国制动器制造技术水平与发达国家相比相对落后，但国内制动器制造企业正在不断缩小与国外企业的技术差距。从制动器专利申请和公布情况看，2011 年至 2018 年，我国制动器专利申请数量波动提高，公开申请数量逐年增加（见图 17-8）。随着专利申请的增多和行业内技术交流的频繁，我国行业技术水平将有很大提高。

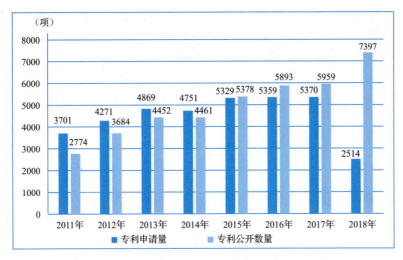

图 17-8　2011—2018 年中国制动器行业专利数量变化

（数据来源：SooPat 前瞻产业研究院）

二、电动助力转向系统为主要增量

2017 年，全球汽车转向系统市场规模超 300 亿美元，中国超人民币 430 亿元，已经进入平稳增长阶段。汽车转向系统单车价值大约 1500 元，电动助力转向系统相对价值较高。EPS 可以取代许多 HPS 需要的部件，如泵、软管、传动带等，简化了转向系统的设计和构造，节约成本，减少体积，减轻重量。EPS 在传统汽车行业渗透率的提升及在新能源汽车行业的应用成为行业发展的主要拉动力量，预计其在 2020 年、2025 年国内市场规模分别可达 328 亿元、453 亿元（见图 17-9）。

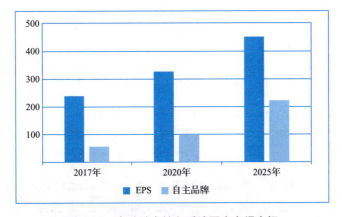

图 17-9　电动助力转向系统国内市场空间

（数据来源：中汽协，国金证券研究所）

从全球范围来看，转向系统厂商集中度较高，主要集中在美国、日韩、欧洲等国家和地区，捷太格特和博世共占据超过一半的市场份额，仅捷太格特的转向系统即占全球市场份额的 **26%**，EPS 领域市场份额达 **27%**，稳居第一。

在日韩及欧美国家和地区，电动助力转向系统的渗透率非常高，甚至达到乘用车的 **90%** 以上，而国内还处于渗透率提升、由液压助力升级至电动助力转向的过程中，市场潜力很大；并且随着新能源汽车的发展，电子液压转向和电动转向系统是最优的选择，未来一旦进入自动驾驶时代，EPS 及线控转向的需求将会迅速提升。

在中国市场，捷太格特和博世等外资厂商仍然占据主导地位，与此同时，中国汽车系统（CAAS）、浙江世宝、富奥股份、新航豫北、易力达等本土企业也表现出较高的成长性，市场份额不断扩大。而国内转向系统企业的配套客户主要集中在自主品牌乘用车企和商用车企，想要成为合资车企主要供应商则面临较大壁垒。

第三节　主要企业及产品

一、制动系统

整车企业对于新供应商非常谨慎，尤其是制动系统涉及安全，国内自主零部件很难较快进入供应链体系。目前，国内相关企业尚停留在配套部分零部件的水平上，如制动系统制动盘、制动鼓，竞争激烈，同质化严重。采埃孚、博世、大陆等占据了制动系统的主要市场；国内技术储备不足，自主品牌受到合资品牌的竞争压力，以商用车、单一件供应为主，乘用车供应商较突出的为亚太股份，商用车为万安科技；拓普集团已经由电子真空泵研发进入量产装车阶段，并且持续投入智能制动系统的开发。如图 17-10 所示为我国汽车制动系统竞争格局。

制动系统的国外竞争格局是龙头企业在规模和技术上均领先。国外制动系统供应商主要分布在德国、美国、日本（见表 17-4）。

表 17-4　国外主要制动系统厂商及产品

厂　商	国　家	主要产品
博世	德国	ABS、ESP、IBS、真空助力器及制动主缸
大陆	德国	ABS、ESP、IPB、MKC1、真空助力器及制动主缸
天合	美国	ABS、ESC、EPB、IBC、真空助力器及制动主缸
爱德克斯	日本	ABS、ESC、EPB、真空助力器及制动主缸

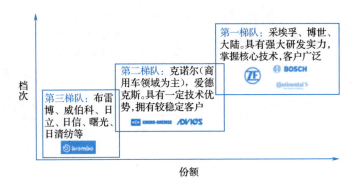

图 17-10　我国汽车制动系统竞争格局

（数据来源：盖世汽车，国金证券研究所）

国内相关企业的竞争格局是先布局、先获益，在汽车底盘制动系统布局的非上市企业主要有京西重工、万向集团、武汉元丰、芜湖伯特利等（见表 17-5）。上市公司中布局底盘制动系统的主要公司有拓普集团、万安科技、亚太股份等。

表 17-5　国内非上市主要制动系统厂商及产品

厂　　商	主要产品	说　　明
京西重工	两轮 ABS、ESC、真空助力器及制动主缸	收购了德尔福底盘系统
万向	ABS、ESC、EPB、真空助力器及制动主缸	机械件由万向提供，电子件由万向精工提供
武汉元丰	ABS、ESC、EPB、盘式制动器、鼓式制动器	—
芜湖伯利特	BS、ESC、EPB 等	—

从目前全球的布局来看，博世是第一家提出 iBooster 方案的企业，大陆和采埃孚—天合也陆续推出了类似的方案，分别命名为 MKC1 和 IBC（见表 17-6）。从整体进度上看，博世处于领先地位，目前已经在海外高端车型上做配套（如特斯拉、保时捷、奥迪和凯迪拉克）。根据产业调研情况看，博世已经处于大力推广应用的阶段，国内合资品牌中高端车型将会有越来越多的车型配备 iBooster。

（一）博世

博世于 2015 年推出的 iBooster 二代智能化助力器，运用踏板位置传感器产生信号，替代了传统的真空助力器。如图 17-11 所示为博世 iBooster EHB系统。

表 17-6　博世、大陆、天合方案对比

产　品	生产商	市场投产	简　　介	图　　片
iBooster	博世	已有配备车型	由博世开发的不依赖真空源的机电伺服助力机构，可用于所有动力传动系统配置，尤其适用于混合动力车和电动车	
MKC1	大陆	已量产	集成了制动驱动、助力和控制等几个模块，实现了轻量化的目标。能够迅速建立起制动压力，更适应 ADAS 的迅速动态制动压力响应的要求	
IBC	采埃孚－天合	已在部分车型配备	利用精密滚珠丝杠执行器，由极快的无刷电动机提供动力。与目前市面上的 ESC 相比，IBC 在封装和重量上都更小更轻	

资料来源：长江证券研究所。

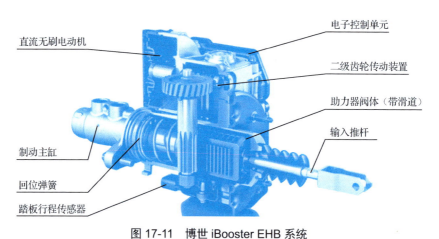

图 17-11　博世 iBooster EHB 系统

（资料来源：博世，国金证券研究所）

博世 iBooster EHB 系统主要由 BOU、ACM-H（Actuation Control Module-Hydraulic，液压助力控制模块）和 ESP 组成。BOU 带有 PTS（驻车定位系统），

用于探测驾驶人的制动需求；BOU 和制动踏板是解耦的，集成了踏板感模拟器，踏板感模拟器内部主要是一个弹簧阻尼机构，能灵活调节踏板感。ACM-H 主要由电动液压泵、高压蓄能器和电子控制单元组成，它的任务主要是给液压制动系统供能，同时负责回馈力矩和液压力矩的协调控制。该系统的 ESP 和普通的 ESP 相比，多了主动增压的功能，它能在 ACM-H 失效时主动增压，确保制动安全，同时它和电子控制单元及 ACM-H 之间也有回馈力矩、车辆稳定因子等信号交互。

　　该系统踏板解耦，踏板感可以灵活设计，动态控制电动机回馈力矩和液压制动力矩的协调分配，优先利用再生力矩，支撑最大效能的制动能量回收；同时，它具有强大的失效模式，ACM-H 失效时 ESP 可以补偿，液压失效时，还有机械结构保证安全。但是由于系统零部件多，构造复杂，需要增加 4 根制动管，因此在重量方面无优势，调试和维护成本高。

　　该系统采用电控方式后，可以与电动汽车的加速踏板回收系统相结合，在放开节气门时利用电动机的加速踏板回收模式反向为电池充电。如检测到驾驶人制动踏板力度较小时，可以判断为优先使用加速踏板回收模式产生的制动力；若检测动能回收产生制动不足，再配合制动系统提供制动力。

　　与传统液压制动相比，博世产品的最大优点在于产生制动力响应快速，无须真空泵，可以接近 100% 动能回收及可以配合 ACC、AEB 等智能驾驶功能，包括可以配合未来更高级别的自动驾驶功能。

　　在产能方面，博世亚太地区 iBooster 的南京生产基地项目总投资 1 亿欧元，计划初期产能为 40 万件，2023 年形成产能近 300 万件，预计最终形成年产 450 万至 500 万件的产能（见图 17-12）。

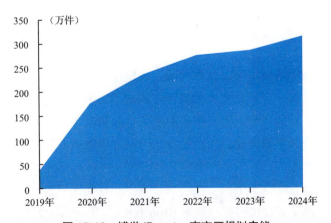

图 17-12　博世 iBooster 南京厂规划产能

（数据来源：博世，国金证券研究所）

iBooster 是目前应用最广的电子液压制动系统，已经装车于特斯拉全系列、保时捷 918、比亚迪 e6、凯迪拉克 CT6、雪佛兰 Bolt 和 Volt、本田 CR-V、蔚来 ES8、奇点 is6、法拉第未来 FF91。

（二）大陆

大陆的 MKC1 电液制动系统原理与博世 iBooster 类似，它的集成度更高，将 ESC 集成到了同一模块中（见图 17-13）。

连接踏板
制动液罐
电动机
ECU（含PTS）
踏板模拟器
液压单元（含阀、压力传感器、制动主缸）

图 17-13　大陆 MKC1　EHB 系统

（数据来源：大陆汽车，国金证券研究所）

这种系统方案无真空助力器和 EVP，也没有液压泵或蓄能器等部件，取而代之地使用高性能电动机，通过齿轮机构驱动活塞直线运动，以产生制动主缸压力。较之普通制动系统，它更轻巧、系统响应更快，能够显著地提升建压速度，有效地缩短制动距离，满足新型高级驾驶辅助系统对制动压力控制动态特性的更高要求。其协调再生制动功能与能量回馈式 ESP/ESC、EHB 类似，同样能支撑高效的制动能量回收。

该系统的制动踏板也可以是解耦的，建压过程与制动踏板之间没有直接的联系，踏板感觉由一个集成在执行模块中的弹簧／缓冲器单元来产生。踏板感可根据整车要求分别调整，还可按照不同的行驶情况（如紧急制动）或操作模式（如运动）进行单独调整，能在无须任何附加措施的条件下，实现再生制动与舒适性的完美统一。

在性能方面，MKC1 的制动性能与 iBooster 存在一定差异，其他主要性能包括减速度、能量回收比例等与博世 iBooster 无显著差异。MKC1 批量使用情况不如 iBooster。

（三）采埃孚

采埃孚最新投入应用的 6 活塞泵电子稳定控制系统（EBC460）具备高度集成的特点，除电子制动，还具备自动紧急制动系统（AEB）、自适应巡航系统（ACC）、制动能量回收等，最大可以满足 0.3g 的加速度制动能量回收（见图 17-14）。

图 17-14　采埃孚 EBC460

（数据来源：采埃孚，国金证券研究所）

EBC460 的性能参数与大陆 MKC1 相似，与博世 iBooster 相比在响应时间上略长。此外，EBC460 于欧洲实现量产，已于宝马 7 系量产车型上实现配置，在我国国内处于最终验证阶段。EBC460 的量产及上市时间均落后于博世 iBooster。

IBC 则代表着采埃孚全球领先的制动控制技术，也是未来制动系统的方向。IBC 是一项不需真空的制动技术，简化了制动系统结构，同时提高了性能表现。IBC 以一个集成单元替代了电子稳定控制系统，如真空助力器和相关线束、传感器、开关、电子控制器和真空泵。该解决方案具有高度可调节性，能支持从 A 级车到大型 SUV 的各类型制动要求。

IBC 系统的核心是一个由高速运转的电动机驱动的起动器，能在 150ms 以内积聚足够的制动压力实现 1g 的车辆减速，缩短的制动距离十分可观。这对于达到欧洲新车评估新增的严格规则尤其重要，如在测试中模拟城市驾驶环境中行人和自行车穿过道路的场景。另外，IBC 也有突出的轻量化优势，比类似的传统制动系统减少了 25% ～ 30% 的重量。对汽车制造商而言，平添了很多省油和省空间的增益。

IBC 代表了制动技术的发展方向，有利于满足全球汽车工业对减排、安全和自动驾驶趋势的需求。它支持所有类型的传动结构，可以为混动汽车和电动汽车集成再生型制动技术，用快速集聚制动压力提高安全性能，服务于高度动态情境下的要求，如自动紧急制动，也能支持部分或完全自主驾驶功能多样的制动车体控制和制动要求。

先进的制动系统也是实现未来自动驾驶的关键技术，采埃孚将顺应自动驾驶的发展潮流，不断创新，支持功能多样的车体控制和制动要求，走在行业发展前沿。

（四）拓普集团

拓普集团是一家从事汽车核心零部件研发、生产与销售的模块化供应商，主营业务包括减振器、内饰功能件、底盘系统、智能驾驶系统。在智能驾驶部分，公司研发了智能制动和智能转向系统，其中的智能制动系统开始销售。

集团近期由于下游整车产销量增速放缓等原因，毛利率、净利率有不同程度的下滑。集团着力于智能制动、智能转向、底盘系统轻量化等项目的开发，适应汽车产业的发展，提高了竞争力。集团智能制动业务自 2015 年形成销售，在公司收入和利润中占比不大，但营收增速较快、业务毛利率总体较高，是集团着力发展的方向。

二、转向系统

转向行业横向对比：捷太格特、博世、耐世特已有先发优势。全球主流的转向行业供应商均在 ADAS 领域有一定布局。根据当前披露的研发进度，捷太格特、博世和耐世特在转向行业中的 ADAS 产品储备比较丰富，位于行业的第一梯队；采埃孚-天合正在独立研发线控转向技术，在技术储备方面位列第二梯队。随着未来装备 ADAS 功能的 EPS 逐渐装车量产，博世和耐世特有望获取更多的行车数据和经验，继续巩固当前已经建立起的先发优势。各大转向系统公司在 ADAS 领域的研发进展如表 17-7 所示。

表 17-7　各大转向系统公司在 ADAS 领域的研发进展

公　　司	公司业务	绑定公司	转向系统的研发进展
捷太格特	转向、轴承、动力系统	丰田	正在独立研发线控转向技术
博世	汽车电子、转向、刹车	—	与 Uber、Volvo 联合开发无人驾驶，L3 ADAS 功能的 EPS 已经装备于 Tesla Model S 和奥迪 A8

续表

公司	公司业务	绑定公司	转向系统的研发进展
耐世特	转向、传动系统	通用	线控转向技术已亮相；与大陆开设合资公司；与谷歌 Waymo 合作开展自动驾驶研发；带有 L3 ADAS 功能的 EPS 即将装备于雪佛兰 Bolt
NSK	轴承、机械制造、转向	—	未披露
采埃孚 - 天合	传动系统、底盘系统	—	与 NVIDIA 展开自动驾驶合作，开始着手研发线控转向技术
蒂森克努伯	钢铁、建筑、造船、机械工程、汽车零部件	—	未披露
昭和	转向、底盘	本田	未披露
万都	制动、转向、悬架	现代起亚	主要侧重发展摄像头和雷达等 ADAS 业务，转向系统业务进展未披露

资料来源：各公司年报，行业专家交流，中信证券研究部。

（一）捷太格特

捷太格特是 EPS 主要供应商之一，自 1988 年开始研发 EPS，拥有完善的产品线，2017 年其转向系统占全球市场份额为 26%，在 EPS 领域的市场份额达 27%，稳居第一。如表 17-8 所示为捷太格特产品线。

表 17-8　捷太格特产品线

EPS 类型	产品	特点
柱辅助型（C-EPS）		驾驶室内配置了助力装置的转向系统，适用于发动机室空间较小的小型车辆
小齿轮辅助型（P-EPS）		将助力装置配置在小齿轮轴（发动机室）中的转向装置，具有低噪声的特点

续表

EPS 类型	产　品	特　点
直接驱动型 （D-EPS）		通过微型计算机控制液压泵，忽然停止时非主动驾驶（直线前进时）的能源消耗量比 HPS 降低约 80%
齿条辅助型 （R-EPS）		通过直接助力齿条轴，降低了摩擦和惯性

资料来源：捷太格特，国金证券研究所。

在产能方面，目前捷太格特 RP-EPS 在全球的产量已近 150 万套 / 年，其天津工厂投产后，全球总产量将超 200 万套 / 年（见表 17-9）。

表 17-9　捷太格特产能情况

产　品	工　厂	量产时间	产　能
RP-EPS	日本	2016 年 11 月	近 150 万套 / 年
	美国田纳西	2017 年 5 月	
	中国天津	2019 年 2 月	>50 万套 / 年
DP-EPS	欧洲	已量产	近 400 万套 / 年
	北美	已量产	
	中国厦门	已量产	
	日本	准备量产	>200 万套 / 年（2020 年）

资料来源：捷太格特，国金证券研究所。

据了解，目前，捷太格特主要为丰田、日产、通用、长安、广汽等汽车厂商提供 EPS 产品的配套。

随着当今汽车技术的发展，转向器需要整合 ADAS 技术、线控技术、内置 MCU 技术，还需要向高输出功率不断扩展，在一系列的开发需求中，相对于硬件产品的革新，软件开发在其中的作用变得越来越重要。

随着自动驾驶、线控转向等新技术的发展，针对功能安全设计、冗余设计、网络安全等对 EPS 技术的要求日益提高，汽车厂家对 EPS 功能的需求也变得多样化。因此，捷太格特于 2019 年 4 月对 EPS 软件开发体系进行了重新评估，增设了以模型基础开发、AUTOSAR 开发等 EPS 固有写入软件开发为基础的新部门。

（二）博世华域转向系统

博世华域转向系统有限公司是目前中国乘用车转向系统中业务规模最大，市场占有率最高，集开发、制造于一体的高新技术企业。公司产品包括平行轴式电动助力转向系统（EPSapa）、双齿轮式电动助力转向系统（EPSdp）、管柱式电动助力转向系统（EPSc）、液压助力转向系统（HPS）和相关零部件等（见表 17-10）。客户主要涵盖了大众、通用、吉利、上汽乘用车、奔驰、捷豹路虎等 40 家整车企业。

表 17-10　博世华域转向主要产品

EPS 类型	产 品	原 理	优 势	用 途
管柱式电动助力转向系统		由扭矩传感器精确记录转向扭矩并传输给电控单元，由电控单元计算出所需转向助力，控制伺服电动机工作从而实现助力	与液压助力转向相比更节能环保，并可随车速实现不同助力，操控更舒适	主要用于小型车
双齿轮式电动助力转向系统		电控单元根据扭矩传感器等信号控制伺服电动机提供助力，并通过蜗轮蜗杆减速机构和助力齿轮传递到齿条上实现助力	比液压助力转向更节能环保，并可随车实现不同助力，操控更舒适	主要用于中级车
平行轴式电动助力转向系统		采用带传动减速机构传递助力至齿条	传动效率高，能提供更大的助力，可以满足对转向助力要求较高的车型	主要用于商务车及豪华车市场
液压助力转向系统		在机械转向系统的基础上增加了液压助力装置，由液压系统推动液压油，经转阀分配至转向器上不同的活塞腔，从而实现对助力方向与大小的调节		

资料来源：博世华域转向，国金证券研究所。

2017 年，公司销售收入为 93 亿元，电动转向业务绩效和产品的市场占有率位列国内第一，到 2020 年预计可以完成国内市场占有率超 30% 的目标。

（三）耐世特

2017 年，耐世特（Nexteer）公司开发了"耐世特随需转向™系统"和"耐世特静默转向盘™系统"。随需转向系统可实现人工控制和自动驾驶控制的安全切换，支持运动、舒适、手动操控等多个驾驶模式。静默转向盘系统使得在自动驾驶中转向盘保持静止状态，还可搭载完全可伸缩式转向管柱，在自动驾驶模式下转向盘可收缩至仪表板内，增加可用空间并提升驾驶舱舒适度。2017 年，耐世特 EPS 销量约占全球市场份额的 13%，占中国国内市场份额的 27%。EPS 业务收入为 24.82 亿美元，占总收入的 64%，同比增长 4.13%。

（四）浙江世宝

浙江世宝是中国领先的汽车转向系统整车配套商，主要产品包括商用车循球球转向器、商用车和乘用车电子助力转向系统、转向节、转向管柱及其他部件，也提供自动驾驶和无人驾驶汽车的线控转向、智能转向系统。浙江世宝是国内率先完成电动助力转向系统和智能转向系统自主研发的企业。

三、其他

（一）线控节气门

当前线控节气门或电子节气门技术已经成熟。针对传统燃油车，线控节气门目前基本是标准配置，混合动力和电动汽车中则都是线控节气门，基本无须换挡。电子节气门控制系统逐渐发展成为根据节气门踏板的位置，由 ECU 决定节气门的开合大小及喷油量、喷油时间间隔，已完成电子线控化。电子节气门主要由节气门踏板、踏板位移传感器、ECU（电控单元）、CAN 总线、伺服电动机和节气门执行机构组成。节气门踏板有一些国内的供应商，但电喷执行机构、ECU 等技术全部掌握在国际零部件巨头手中，产业格局稳定，国内企业的参与度不高。汽车线控节气门主要供应商如表 17-11 所示。

表 17-11　汽车线控节气门主要供应商

国　　家	企业名称
德国	博世（Bosch）
德国	大陆（Continental）

国　　家	企业名称
日本	株式会社电装（DENSO）
日本	日立（Hitachi）
意大利	玛涅蒂马瑞利（Magneti Marelli）
美国	德尔福（Delphi Technologies）
瑞典	斯凯孚（SKF）

（二）线控换挡

线控换挡技术由传统的机械手动挡位变化为手柄、拨杆、转盘、按钮等电子信号输出的方式。线控换挡对燃油车自动变速器的控制方式不会改变，技术难度小，行业格局比较稳定，新进企业有一定机会，但需要与客户深度绑定，该技术对自动驾驶影响不大。汽车线控换挡机构主要供应商如表 17-12 所示。

表 17-12　汽车线控换挡机构主要供应商

国　　家	企业名称
德国	采埃孚（ZF）
美国	格兰海芬（GHSP）
美国	石通瑞吉（Stoneridge）
美国	德韧（DURA）
日本	富士机工株式会社（Fuji Kiko）
挪威	康斯博格莫尔斯（Kongsberg Automotive）
中国	南京奥联
中国	重庆青山
中国	宁波高发

（三）线控空气悬架

线控空气悬架技术已经比较成熟，受限于成本原因，目前绝大多数应用于高端车辆，与自动驾驶关系不大，行业格局稳定。其组成部件主要有空气弹簧、储气罐、高度传感器、减震器、气泵、电控单元。汽车空气悬架主要供应商如表 17-13 所示。

表 17-13 汽车空气悬架主要供应商

国　　家	企业名称
德国	采埃孚（ZF）
德国	大陆（Continental）
德国	中鼎股份（AMK）
德国	蒂森克虏伯（Thyssenkrupp）
美国	天纳克（Tenneco）
意大利	玛涅蒂马瑞利（Magneti Marelli）
韩国	摩比斯（Mobis）
韩国	万都（Mando Corporation）
日本	日立（Hitachi）
中国	京西重工（BWI）

第四节　结语

　　线控技术并非近年才出现，该技术已存在了 20 余年，但之前因为技术上的不成熟导致消费者的使用感受不如传统机械系统的好，且线控技术是由行车计算机对转向、加速等行为进行调节控制，责任归属方面很难界定，种种因素阻碍了线控技术在市场上的普及推广。而近年来自动驾驶技术的快速发展，为线控技术带来了新的生机，同时良好的市场前景也引发了企业及相关机构的竞相投入。

　　自动驾驶汽车必须对车辆的传统执行机构进行电子化改造，升级为具有外部控制协议接口的线控执行部件系统，主要包括线控节气门、线控转向、线控制动 3 部分。目前，国内自动驾驶行业有关执行控制部分一直少有涉及，这部分技术主要由国外一级供应商（Tier1）和整车企业掌握。因此，目前科技公司只是在信息服务等外围开展布局，极少真正涉及汽车底层控制等核心部件。然而，执行控制层是自动驾驶真正落地的基础，规划决策也无法和执行控制完全分割。

　　我国在控制执行方面基础薄弱，可替代的核心零部件产品稀缺。在国内线控制动方面，亚太股份、万向钱潮、万安科技等厂商仍处在研发初始阶段。在 EPS 方面，株洲易力达有一定规模的量产，恒隆、豫北、浙江世宝等转向企业已有相应的产品。但从助力转向到线控转向是一个较大的挑战，仍需更多技术积累与实践。

国内 Tier1 当前面临机遇窗口，除自身持续在研发和技术上投入外，还须从以下方面进行突破。

（一）整车企业分拆采购的需求

博世、大陆等一级供应商为了追求利润和市场规模，往往会采取绑定措施，打包出售，而整车企业则多希望分拆采购。

（二）造车新势力的涌现

国内涌现出一批新的造车企业，而博世、大陆等 Tier1 巨头企业并不以新的造车企业为重点市场。这些新的造车企业或为国内 Tier1 提供进入量产车型的机会。

（三）自主整车企业生产节奏的需求

国内整车企业的研发特点是多品种、小批量、开发节奏快，当需要对方案进行更改或调整时，比海外供应商灵活性高。国内供应商如果能够配合国内整车企业的节奏，提供更好的服务，将存在一定机会。

参考文献

[1] 前瞻经济学人.2018 年中国制动器行业发展现状与市场趋势 专业化、模块化、高端化势在必行 [R]. 2019.

[2] 弗戈工业传媒.捷太格特最新战略发布：提升 EPS 产能，加强 ADAS 研发 [R]. 2018.

[3] 底盘系统.保持稳定，快速制动. 2017.

[4] 瞭望智库.汽车强国之路（2018）：中国汽车产业发展新动能评估 [M].北京：新华出版社，2018.

[5] 国金证券.转向制动电子化：自动驾驶的必由之路 - 自动驾驶系列报告之五：控制执行篇 [R]. 2018.

第十八章

通信

自动驾驶汽车需要采用现代通信手段，实现传输速率快、信息量大的数据通信。通信技术包括车内通信及 V2X。

第一节 汽车总线应用现状

一、汽车总线

汽车总线技术的快速发展将提升数据交换速度与可靠性，进一步降低成本。汽车电子系统的日益复杂化，车载电子设备之间的数据通信共享和各个系统间的功能协调重要性愈加突显。利用总线技术可以将汽车中各种控制单元、智能传感器、智能仪表等连接起来，并构成汽车内部局域网，实现各系统之间的信息资源共享。各子控制器独立运行，同时也为其他电子装置提供数据服务。

汽车总线技术使汽车形成一个网络，其主要优点包括：大大减少汽车线束的数量、连接点，减轻线束重量，提高系统的可靠性和可维护性；支持通用传感器，达到数据信息共享目的；改善系统的灵活性，可以实现软件定义系统功能。全面采用网络控制技术已成为各大整车企业的需求。

目前汽车上普遍采用的汽车总线有局部互联网络 LIN（Local Interconnect Network）和控制器局域网络 CAN（Controller Area Network），正在发展中的汽车总线技术有高速容错网络协议 FlexRay、用于汽车多媒体和导航的 MOST（Media Oriented Systerm Transport）。CAN 是 Bosch 公司开发的一种共享串行总线。CAN 后来经过 ISO 批准，成为一种国际标准。它的优点是经济高效，而且可靠性高。CAN-FD 是 BOSCH 公司在 2012 年发布的一种标准，它是对原始 CAN 总线协议的扩展。CAN 作为一种可靠的汽车总线已经广泛地应用在汽车上，LIN 作为 CAN 的补充，也已成为国际标准。LIN 是由汽车制造商和技术合作伙伴联盟开发的。LIN 的成本比 CAN 低，其速度和成本适合车身电子设备。MOST 的优势是带宽相对较高，但其价格也较为昂贵，它最初仅适用于摄像头或视频连接。FlexRay 由 FlexRay 联盟开发。该联盟是由半导体制造商、汽车制造商和基础设施提供商所建立的一个组织。它的优势是带宽比 CAN 高，但缺点在于成本较高。FlexRay 主要用于高性能动力总成和安全系统，如线控驱动、主动悬架和自适应巡航控制。

车 载 以 太 网 不 仅 具 备 了 适 应 ADAS（Advanced Driver Assistance Systems）、影音娱乐、汽车网联化等所需要的带宽，而且还具备了支持未来更高性能的潜力（如自动驾驶时代所需要的更大数据传输）。它将成为实现多层面高速通信的基石，相对于 20 世纪 90 年代的控制器局域网络（CAN）革命，它的规模将更大，意义将更深远。专家预测，到 2020 年，汽车中部署的以太网端口将达 5 亿个。OPEN 联盟 SIG 组织成立于 2011 年，是一个由汽车行业厂商和技术提供商共同组建的非营利开放行业联盟，旨在推广应用车载以太网。以太网 /MOST/Flex Ray 的应用预测如图 18-1 所示。

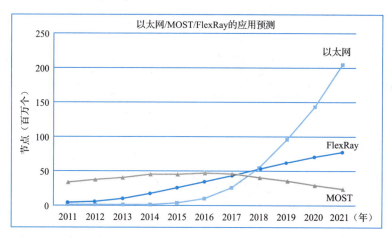

图 18-1　以太网 /MOST/FlexRay 的应用预测

（来源：博通）

第二节　车联网通信

2018 年 12 月，工业和信息化部发布的《车联网（智能网联汽车）产业发展行动计划》指出，到 2020 年，实现车联网（智能网联汽车）产业跨行业融合取得突破，具备高级别自动驾驶功能的智能网联汽车实现特定场景规模应用，车联网综合应用体系基本构建。车联网用户渗透率达到 30% 以上。

车联网通信 V2X 主要有 DSRC 和 C-V2X 两种技术，DSRC 发展较早，但 C-V2X 有望凭借更多应用场景、更低延迟时间、更远通信距离等优势后来居上，成为未来主流技术标准。C-V2X 正从 LTE-V2X 到 5G-V2X 平滑演进，它不仅支持现有的 LTE-V2X 应用，还支持未来 5G-V2X 的全新应用。车联网领域，中国联通预计 2020 年国内市场规模将突破 2000 亿元，2025 年将突破 9000 亿元，终端设备 OBU、RSU 市场空间分别高达 280 亿元、1430 亿元。

目前我国车联网产业化进程逐步加快，围绕 C-V2X 中 LTE-V2X 阶段形成包括通信芯片、通信模组、终端设备、整车制造、智慧套路、测试认证、运营服务等较为完整的产业链生态，加速 5G-V2X 的发展。

一、产业链分析

《中国车联网产业发展研究》白皮书预测，到 2020 年，全球车联网 V2X 的市场规模将突破 6140 亿元，其中中国市场将达到 2000 亿元。C-V2X 产业地图如图 18-2 所示。

图 18-2　C-V2X 产业地图

（来源：IMT 2020 5G 推进组《C-V2X 产业化路径和时间表研究白皮书》）

通信芯片是 C-V2X 产业链上游的关键组成。通信模组是由各个芯片组成，成本占比 20 ～ 30%。2017 年 9 月，中国 LTE-V 频谱测试全面完成，大唐、高通、华为等企业先后公布 LTE-V2X 产品规划时间表。2017 年 9 月，高通发布基于 3GPP R14 规范、面向 PC5 直接通信的 C-V2X 商用解决方案 9150 C-V2X 芯片组。2017 年 11 月，大唐电信发布基于自研芯片的 PC5 Mode 4 LTE-V2X 测试芯片模组。2018 年 2 月，华为发布支持包括 LTE-V2X 在内的多模 4.5G LTE 调制解调芯片 Balong765。大唐、华为等芯片企业已发布提供基于各自芯片的通信模组。2018 年 11 月，上海移远通信发布采用高通芯片组解决方案的车规级 C-V2X 通信模组 AG15，德赛西威也发布了基于高通 9150 C-V2X 芯片组，为汽车制造商开发 LTE-V2X 解决方案。

要实现汽车的网联化，需要车内装配内嵌通信模组的终端（OBU），其产业链上游为通信模组。路侧单元（RSU）也是端侧的关键组成。国内企业包括大唐、华为、东软、千方科技等均可提供支持 LTE-V2X 的 OBU 和 RSU 通信终端产品。

车载 T-BOX（Telematics BOX）依托无线通信、卫星通信（GPS/ 北斗）和 CAN 总线集成等技术，向车主提供各种信息及互联网服务，还可以和后台系统或手机 APP 通信。目前，国内 T-BOX 供应商主要有华为、德赛西威、慧翰微电子等，国外 T-BOX 供应商主要有博世、电装等。随着国内 T-BOX 的不断发展，国产 T-BOX 产品已经占据国内大部分市场份额。2016—2020 年全球和中国前装 T-BOX 市场规模如图 18-3 所示。佐思产研数据指出，随着网联化趋势的不断发展，预计全球 T-BOX 市场在 2020 年将达到 15 亿美元的市场规模，年复合增长率约 50%，产业前景良好。

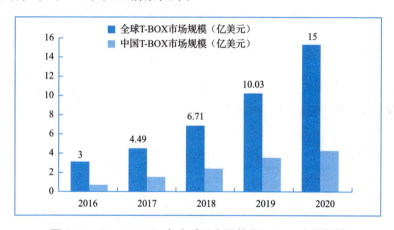

图 18-3　2016—2020 年全球及中国前装 T-BOX 市场规模

（资料来源：佐思产研，安信证券研究中心）

OBD 盒子是典型的汽车终端的后端设备，国外 OBD 市场在商业模式、技术成熟度和产业竞争环境方面均优于国内，我国 OBD 市场参与者众多。

目前，欧洲、美国、日本、韩国均已在 5900MHz 附近为 V2X 划分频谱资源，我国工业和信息化部计划在 5905 ～ 5925MHz 频段发展车联网，有利于 V2X 全球产业链的合作协同。在 2018 年世界智能网联汽车大会上，工业和信息化部发布了《车联网（智能网联汽车）直连通信使用 5905 ～ 5925MHz 频段的管理规定》，规划了 5905 ～ 5925MHz 频段共 20MHz 的专用频率，用于 LTE-V2X 车联网直连通信技术。

二、产业发展趋势

（一）LTE-V2X 技术即将开始商业部署

结合当前 LTE-V2X 技术标准的制定程度及通信行业、汽车行业和交通行业的产业发展情况，车联网产业链的各环节都在为 C-V2X 商用部署做积极准备并取得了长足的进展。芯片厂商、模组厂商、汽车厂商等都针对 LTE-V2X 商用部署提出了规划。可以预测，LTE-V2X 技术即将开始商业部署。

（二）车 – 路协同发展

车联网技术使得车 – 路之间的信息交互更加便捷、高效。通过车联网，汽车能够感知更丰富的道路交通信息，从而提供安全、快捷、高效、节能的出行服务。

（三）边 – 云协同提供丰富的应用场景

与云计算的集中式大数据处理不同，边缘计算是指在靠近物或数据源头的一侧，提供近端计算服务。多接入边缘计算（Multi-access Edge Computing，MEC）由于距离数据源头近，具有分布式、低延时、效率高等特点。结合边缘计算和云计算，可以以更低的时延提供碰撞预警、基于信号灯的车速引导、大规模车辆调度等场景功能。

参考文献

[1] 车联网技术、标准与产业发展态势前沿报告（2018 年）[R]. 中国通信学会，2018.

[2] C-V2X 产业化路径和时间表研究白皮书 [R]. IMT 2020 5G 推进组，2019.

[3] 潘定海. 汽车技术发展的电子化、一体化集成和智能化趋势及其对国内发展现状的反思和建议 [J]. 中国集成电路，2013.

第十九章

示范区

随着车联网综合应用体系基本构建，智能道路交通基础设施水平明显提升，汽车智能化已经成为我国产业发展的战略方向。2018 年 12 月，工业和信息化部印发了《车联网（智能网联汽车）产业发展行动计划》，提出在 2020 年，具备高级别自动驾驶功能的智能网联汽车将在特定场景实现规模应用。

道路测试是自动驾驶技术研发和应用推广过程中不可或缺的重要环节。自动驾驶功能需要进行大量的测试验证，从而保障车辆在各种复杂交通状况和应用场景下都能够安全、可靠、高效运行。而在真实交通环境中开展运行测试可以全面验证自动驾驶的性能水平，验证车辆与道路设施和其他交通参与者的协调能力。目前，以美国、英国、德国、日本等为代表的发达国家已允许智能网联汽车在公共道路或特定路段进行测试，大部分国家要求智能网联汽车在进行公共道路或特定路段测试之前需要进行充分的封闭场地试验，部分国家要求测试车辆须经过第三方的测试评价。

工业和信息化部、公安部、交通运输部于 2018 年 4 月联合发布了《智能网联汽车道路测试管理规范（试行）》，要求测试车辆在封闭道路、场地等特定区域进行充分的实车测试，并由国家或省市认可的从事汽车相关业务的第三方检测机构进行检测验证；测试车辆必须通过封闭测试区的测试并且申请道路测试牌照后才能在指定道路和区域行驶。智能网联汽车测试示范区的建设和运营对于我国智能网联汽车的发展至关重要。近年来，智能网联汽车行业在项目支持、测试示范区建设与应用等方面营造了良好的生态环境，测试示范区建设初具成效，测试体系初步形成，中央及地方相关主管部门陆续出台政策规划。封闭场地测试既是自动驾驶测试验证的重要环节，也是自动驾驶车辆道路测试的前提条件。道路测试通过积累测试数据，不断提升车辆的自动驾驶能力，为自动驾驶车辆最终上路运行奠定基础。通过开展智能网联汽车测试示范区的调研和研究，对典型测试示范区进行系统考察；摸底测试示范区基地的场地建设、基础设施和实际运营情况；探索测试示范区的发展趋势，发现存在的问题等。以上做法都有利于引导现有测试示范区的改进升级和未来新的测试示范区的规划和建设，起到提高测试效率、节省国家资源、实现资源共享的作用，同时为相关主管部门提供决策支撑，为行业发展方向提供参考依据。

我国的智能网联汽车测试示范区分为封闭测试区和开放测试道路两种。其中，封闭测试区包括工业和信息化部等部委支持建设的国家级测试示范区。而在开放测试道路建设方面，北京、上海、天津、重庆、广州、武汉、长春、杭州等多个城市出台了道路测试管理规范，划定了道路测试开放区域。此外，据不完全统计，全国已有 14 个城市发出开放道路测试牌照，牌照数量总计 100 余张。

我国幅员辽阔，各地测试示范区的气候条件和地貌特征均有不同，可以形成良好的场景差异，有益于形成区域性互补，为智能网联汽车提供丰富的测试环境，为产生多元化测试结果、建立测试数据共享机制提供了基础条件。

第一节　国家智能汽车与智慧交通（京冀）示范区

为落实《工业和信息化部、北京市人民政府、河北省人民政府关于基于宽带移动互联网的智能汽车与智慧交通应用示范合作框架协议》，已完成建设国家智能汽车与智慧交通（京冀）示范区。该示范区由北京智能车联产业创新中心运营。北京智能车联产业创新中心是由千方科技主导，联合国内十多家相关的企业、高校，在北京市经信局、北京经济技术开发区管委会指导下共同成立的公司，同时也是北京市自动驾驶车辆道路测试第三方服务机构，全面负责北京市自动驾驶车辆申请、现场审核、日常监管等工作。

北京市已打通从标准政策制定、示范区应用落地到产业协同发展的智能网联全产业链，并提出车联网场景及复杂程度的分级概念。

北京智能车联产业创新中心以京津冀实际道路交通的场景为基础，指导中关村智通智能交通产业联盟组织相关核心企业推出 2 项团体标准——封闭测试区场地建设标准及智能网联车辆测试标准。其中，自动驾驶能力测评方面的团体标准《自动驾驶车辆道路测试能力评估内容与方法 T/CMAX 116-01-2018》，已经入选由工业和信息化部发布的 2018 年度工业通信业"百项团体标准应用示范"项目名单。

2018 年 2 月，北京市采纳以上的标准作为北京市自动驾驶车辆道路测试前能力评估的依据，并发布了《北京市自动驾驶车辆道路测试能力评估内容与方法（试行）》，完成了从标准到政策的落地。国家智能汽车与智慧交通（京冀）示范区分三期打造"场—路—城"三级试验示范环境建设，建设基础技术支撑平台与事实标准、智能汽车与智慧交通示范应用，成为国家级智能汽车与智慧交通核心关键技术突破与产业创新公共服务平台。

第二节　国家智能汽车与智慧交通（河北）示范区

国家智能汽车与智慧交通（河北）示范区是由工业和信息化部指导、长城汽车具体实施建设和运营的国家级智能汽车与智慧交通应用示范项目。该示范区一期工程为封闭测试区，位于长城汽车徐水试验场内，总投资人民币 6000 余万元，占地面积为 13.4 万平方米。其测试区充分模拟城市及城郊交通工况，新建测试道路总长度为 5 千米，由十字路口、五岔路口、环岛及特殊路面组成。示范区二期、三期工程将结合长城汽车徐水大王店产业新城的交通、通信基础设施情况，开展包括智能驾驶、智慧路网、新能源汽车、共享出行等在内的多个应用示范，构建新的出行方式。

在示范区的建设过程中，长城汽车联合了中国移动、华为、大唐电信、东软、诺瓦泰、北斗星通、四维图新、百度等众多企业，在 5G、LTE-V2X、DSRC、GNSS 导航和高精度地图等技术领域展开多项深度合作。2018 年 3 月 30 日，长城汽车与中国移动、华为联合开发的基于 5G 通信技术的远程自动驾驶技术试验车在长城汽车徐水试验场通过测试。在开放道路测试规范研究方面，长城汽车、保定市政府联合研究制定了地方自动驾驶车辆开放道路测试运营立法及管理细则。

第三节　国家智能网联汽车（上海）试点示范区

国家智能网联汽车（上海）试点示范区由上海市智能网联汽车创新中心运营管理，于 2015 年 6 月获工业和信息化部批准建设。试点示范区以服务智能汽车、V2X 网联通信两大类关键技术的测试及演示为目标，计划到 2020 年建设成为我国智能网联汽车先进技术研发、标准规范研究制订和产品技术检测认证的主要基地，成为智能网联汽车新技术、新产品、新业态、新模式展示发布和交流合作的主要窗口，以及成为相关产业创新孵化基地、人才高地、产业资本的主要集聚地。试点示范区计划通过四个阶段将封闭测试区逐步拓展到开放道路、典型城市和城际走廊，形成系统性评价体系和综合性示范平台。

第一阶段：封闭测试与体验区。在上海赛车场南侧的发展备用地建设2平方千米的封闭测试区（F-Zone），结合现有市政道路搭建超过100种满足各类无人驾驶和V2X等测试场景，涵盖安全、效率、通信、新能源汽车等应用类别；在同济大学嘉定校区建设170亩的研发科研区（T-Zone），探索基础性前瞻技术；在汽车博览公园建设科普体验区（E-Zone），进行无人驾驶和V2X演示体验。智能网联汽车测试示范平台核心区基础设施建设基本完成，为智能网联汽车相关技术的测试、验证与展示提供基本环境，成为上海市智能网联汽车产业创新与示范应用产业基地。

第二阶段：开放道路测试区。截至2017年年底，在包括博园路、安驰路、墨玉南路等道路的核心区内完成智能网联汽车上路实测的基本环境建设，园区覆盖面积达到27平方千米，包含城市快速路、园区等道路特征，可以满足千辆级示范车辆测试的需求。基于智能交通理念与要求建设的智能网联汽车道路实测环境基本建成，实现相关技术研发、标准研究、产品测试等功能，成为国内首个功能完备的智能网联汽车测试示范公共服务平台。

第三阶段：截至2019年年底，基于智慧城市理念与要求建设的智能网联汽车区域性测试示范公共服务平台基本建成，初步打造智能网联汽车产业集群。典型城市综合示范区初步完成，拓展至安亭镇全区、外冈镇新能源汽车及关键零部件产业基地，覆盖面积达到100平方千米。同时，增加高速公路测试场景，测试与示范车辆规模达到5000辆左右。

第四阶段：城际共享交通走廊。到2020年年底，完成对嘉闵高架和G15沈海高速的智能化改造，形成覆盖汽车城和虹桥商务区的共享交通闭环，使园区覆盖面积达到150平方千米，建成功能齐全的智能网联汽车测试示范公共服务平台，满足万辆级示范车辆的测试需求，形成具备一定规模的智能网联汽车产业集群。

第四节　智能汽车集成系统试验区（i-VISTA）

在工业和信息化部及重庆市政府的支持下，重庆市i-VISTA（Intelligent Vehicle Integrated Systems Test Area）智能汽车集成系统试验区建设完成，形成了具有国际领先水平的智能汽车和智慧交通应用示范工程及产品工程化公共服务平台。中国汽车工程研究院股份有限公司为i-VISTA的城市交通场景试验区运营主体。重庆是山城、雾都、桥都，具有山川地质地貌特征及湿润多雾的气候环境，还具有大城市、大农村等复杂交通场景，可对智能汽车、智慧交通及通信技术进行更全面、更严苛的集成测试和试验。i-VISTA 将满足先进驾驶辅助系统、智慧交通、V2X、自动驾驶、模拟仿真测试、实验室测试、封闭、半封闭及开放道路测试环境等测试示范的需求，覆盖西部地区 90% 以上特殊路况及全国 85% 以上的道路环境、通信环境等条件。

i-VISTA 的一期工程为城市模拟道路测试评价及试验示范区，位于重庆市北部新区金渝大道 9 号（中国汽研园区），在原有园区的基础上，搭建交通设施、交通控制系统、通信网络、北斗高精度定位系统、车车协同通信、自动驾驶功能和性能测试试验场、智慧停车场，园区内包含多种交通场景，满足不同的研究和测试需求。

二期工程为重庆西部汽车试验场智能汽车可靠性试验区，位于重庆西部汽车试验场内，总占地面积为 3362.034 亩，其中，综合服务区占地面积约 142 亩，试验道路区占地面积约 3220 亩。二期工程在重庆西部汽车试验场传统汽车试验场地的基础上，完善相关基础设施，增加相应的交通设施及交通控制系统，将形成各种特殊道路、乡村道路及高速环道的智能汽车可靠性试验区，解决高速道路、乡村道路、特殊道路环境下车路协同、智慧停车、辅助安全驾驶、全自主驾驶的测试问题。同时，二期工程还将在鱼嘴工业园区周边搭建城镇模拟道路测试环境，开展基于城乡结合的智能网联汽车道路试验示范。

三期工程为两江新区智能汽车与智能交通开放道路试验区，将对北部新区礼嘉镇（街道）城镇道路、立交桥、隧道、桥梁等开放道路进行基础设施升级和智能化改造，满足智慧交通和通信系统测试需求，从而使园区路况涵盖西部地区 90%、全国 85% 以上的特殊路况条件。

第五节 国家智能网联汽车（长沙）测试区

2016 年 11 月 28 日，工业和信息化部向湖南湘江新区智能系统测试区授牌。国家智能网联汽车（长沙）测试区从 2016 年 6 月开始规划建设，于 2018 年 6 月 12 日建成通车。该测试区目前已引进 10 家研究院、企业落户，与淞泓、京东等企业达成近 10 项战略合作协议。测试区的运营主体是湖南湘江智能科技创新中心有限公司，作为智能网联汽车产业生态运营商，依托智能系统测试区为平台，以 15 平方千米的人工智能科技园为载体，在基础层、技术层、应用层与产业链企业进行研发测试示范、技术标准共建、场景应用拓展、技术成果转化、产业项目落地等方面的合作。

在平台建设方面，测试区成立了智能网联汽车产业湘江联盟，推进关键共性技术研发、标准法规制定、测试评价和示范、产业推广、学术交流、国际合作、人才培养等工作；成立了人工智能学院，采用"3+N"模式——"三所高校＋若干高水平实验中心及实训基地平台"，精准培养和输出人工智能高端产业人才，该学院计划于 2019 年正式对外招生。

第六节　国家智能网联汽车应用（北方）示范区

2016 年 11 月 1 日，工业和信息化部与吉林省政府就"基于宽带移动互联网智能汽车与智慧交通应用示范"签署合作框架协议，由吉林省工信厅牵头组织吉林省、长春市、净月区相关部门成立了项目推进小组，启明信息联合中国一汽、清华大学、北京航空航天大学、中国电信、华为、大唐等多家高校及企事业单位共同承担该项目的建设。

国家智能网联汽车应用（北方）示范区封闭场地面积为 35 万平方米，封闭道路里程为 3 千米，具有 6 大类 99 个测试场景、4 大类 100 余个智慧交通设施，并可通过行驶场地和驾驶情景的组合扩展到 300 余个应用场景，实现了高精度地图和 5G 信号的全覆盖。国家智能网联汽车应用（北方）示范区具有三方面特色、三方面功能、六方面能力。示范区在特色方面，一是依托中国一汽；二是北方寒冷的气候环境；三是可以满足乘用车和重型卡车的测试需求。在功能方面，一是满足智能网联汽车的开发试验需求；二是有资质的专业检测机构；三是具备为开放道路测试提供服务的第三方机构。在能力方面，一是完整的场地条件；二是齐全的试验场景；三是基于 5G 的智慧交通设施；四是信息化管理平台；五是试验和检测的标准体系；六是智能网联汽车及相关产品的研发服务能力。

在场地、场景设施方面，示范区场地功能齐全、场景丰富，基于 5G 的智慧交通设施均已达到国内先进水平；在测试标准方法方面，示范区重点对国家三部委发布的 14 项检测项目进行展开和细化，形成了北方示范区的测试标准方法，同时着眼于未来，形成智能网联汽车的能力评估办法；在管理平台方面，由启明信息独立研发基于云架构，包括智慧交通、测试管理、测试分析、模拟仿真测试及智能网联汽车相关大数据分析的信息化管理平台；在智能网联汽车及相关产品的研发服务方面，启明信息拥有智能网联汽车的开发团队，研发、改装了红旗、大众、奔腾等品牌的智能网联轿车、30 余辆 SUV 及观光巴士，同时自主研发了用于智能网联汽车测试的模拟行人、模拟车辆和路侧单元

（RSU）设备。

第七节　国家智能交通综合测试基地（无锡）

　　由工业和信息化部、公安部及江苏省共同建设的国家智能交通综合测试基地以"智能车特色小镇"为核心，于 2017 年 9 月 10 日在无锡揭牌。该基地规划了封闭测试区和开放测试区两类测试基地，封闭测试区由在建的国家智能交通综合测试基地及封闭高速公路两部分构成。

　　国家智能交通综合测试基地位于无锡市滨湖区，规划总面积为 208 亩，分为公路测试区、多功能测试区、城市街区、环道测试区和高速测试区等功能区域，包括不少于 150 个应用场景，涵盖多种道路类型。测试基地可以对智能网联汽车的功能符合性、性能可靠性和稳定性等关键性能进行测评，并由第三方权威机构提供认证服务。基地还包括智能交通管理技术综合测试平台、交通警察实训平台与智能网联汽车运行安全测试平台，可以满足对智能交通系统的全方位综合测试、标准体系研究和训练需求，保障智能网联汽车安全运行，推进智能交通体系建设。

第八节　浙江 5G 车联网应用示范区

　　2015 年 9 月，工业和信息化部与浙江省人民政府签订了《关于基于宽带移动互联网的智能汽车与智慧交通应用示范合作框架协议》，明确浙江成为中国首个通过开展部省合作推进 5G 车联网应用示范的省份，并选择了云栖小镇（杭州）为核心的西湖区和以乌镇为核心的桐乡市（嘉兴）作为 5G 车联网的示范试点。

　　2016 年年初，以上两个示范试点的实施方案通过专家评审，开始施工。在中国移动的助力下，2016 年 7 月，云栖小镇初步建成了 5G 车联网应用示范项目，测试场地建设完成了基于 LTE-V 车联网标准的智能汽车的车 - 车、车 - 路信息交互场景。中国移动在该示范区中布设了 34 个 LTE-V 路面站点及覆盖所有园区道路的高清摄像头，实现车与车、车与人、车与网之间的互联互通，使交通信息在指挥中心和被测车辆之间得以快速传递。

第九节　国家智能网联汽车（武汉）测试示范区

　　2016 年 11 月，工业和信息化部与湖北省政府在武汉签订合作框架协议，批准建设智能网联汽车和智慧交通应用示范城市。选定以武汉开发区智慧生态城·车都生态智谷为国家智能网联汽车（武汉）测试示范区的核心区域，规划总面积为 90 平方千米，包含封闭测试场地及开放测试示范区，计划于 2020 年年底全部建成，建成后整个示范区的道路总长为 159 千米，其中测试道路总长为 68.3 千米，交通路口总计 152 个。示范区分三个阶段建设开放测试示范区，第一阶段计划建成 5 平方千米左右的封闭测试示范区，第二阶段拟建设 15 平方千米的智慧小镇，打造初具智慧小镇城市功能的特色示范样本，第三阶段计划建成 90 平方千米的智慧生态核心区"1+8"城市外环高速。

根据测试示范区的产业规划、布局、地理特点及现有基础配套，将示范区划为四个部分，分别为凤凰工业园片区、军山物流基地片区、龙灵山片区及智慧生态城片区。测试示范区包含居民区、商业区、物流区、旅游风景区及工业区。封闭测试基地位于武汉经开区通顺大道与武监高速之间、四环线西南侧、东荆河西侧，占地总面积约 3629 亩。封闭测试基地分七大功能区，分别是高速环路、城市工况测试区、柔性测试区、强化测试区、无人军车测试区、极限性能测试区和研发实验区，各功能区既相互独立又相互融合，满足高效率测试需求。该封闭测试试验场正处于建设阶段，具体建成时间待定。

.测试示范区建设的第一个阶段在 2019 年 9 月之前先行完成 115 千米示范道路改造，包含路侧感知设备、通信设备、充电服务设备、北斗地基增强站等，完成开放道路测试系统、园区内摆渡车应用系统、无人公交系统、基于交通运行状态的路网信息服务系统的建设，完成部分数据中心和场景库的搭建，同时将各应用系统进行集成搭建管理服务中心。

第二、三阶段为到 2020 年年底完成示范区所有规划项目建设，实现示范区的智能驾驶、智能交通及智能城市的全面普及和应用，形成集测试、应用、示范及体验于一体的综合性示范区。

第十节　广州智能网联汽车与智慧交通应用示范区

广州已提出创建基于宽带移动互联网的智能网联汽车与智慧交通应用示范区的规划，并于 2018 年 3 月 30 日正式启动。计划到 2020 年，完成封闭测试区内部分基础设施的建设改造，可实现小规模智能网联汽车测试承载能力；完成半开放测试区内基础设施建设改造，形成智能汽车与智慧交通示范的基础支撑环境。广州统筹规划的智能网联汽车封闭测试场尚处于选址规划阶段。目前已基本完成选址工作，拟选址花都区和韶关新丰县，占地面积分别为 1900 亩和 8600 亩，两个测试区预计总投资 46 亿元，建成后预计可实现 400 台车 / 日的测试容量。

第十一节　中德合作智能网联汽车车联网四川试验基地

2014 年，《中德合作行动纲要：共塑创新》发布，包括了《中德合作智能网联汽车、车联网标准及测试验证试点示范》合作备忘录，从而促成了中德合作智能网联汽车四川试验基地的建设项目。2017 年 11 月 27 日，成都经开区正式获得工业和信息化部批准，承建四川试验基地，这也是全国唯一的国家级中德智能网联汽车试验基地。

中德智能网联汽车试验基地包含智能网联汽车、车联网标准及测试验证等内容，计划整体投资 300 亿元，包含了四个部分。包含 1.2 平方千米的封闭测试区、5 平方千米的半开放体验区、50 平方千米的综合示范区。试验基地预计在 2025 年建成 200 平方千米的智慧交通生态圈，打造出一个充满活力并融合科技服务、科技金融于一体的汽车产业新城。

2018 年 12 月，成都智能网联汽车科技发展有限公司作为业主发布包含上述工作的招标公告，招标完成后及时开工，预计工期为 2600 天。在开放路试方面，四川省尚未放开智能网联汽车道路路试。

参考文献

[1] 袁建华，王敏，陆文杰，罗为明，郑羽强 . 自动驾驶技术解读——国内外自动驾驶测试示范区现状 [J]，道路交通科学技术，2017（5）.

[2] 移动绿色互联网技术集团有限公司 . 中国自动驾驶仿真技术研究报告（2019）[R]. 2019.

[3] 国汽智联 . 产业研究：中国智能网联汽车测试示范区发展调查研究 [R].
2019-03-15.

企业篇

第二十章

百度

第一节　企业概况

　　百度公司成立于 2000 年，是全球最大的中文搜索引擎。百度多年深耕人工智能技术，提早布局自动驾驶，于 2015 年 12 月成立自动驾驶事业部，致力于核心技术的研发和商业化应用。2017 年，进一步成立智能汽车事业群组（IDG），覆盖无人驾驶与车路协同（L4）、辅助驾驶（L3）、车联网三大业务板块。百度依托人工智能、高精度地图、高精度定位等领域的优秀能力，致力于高级别自动驾驶系统（L4）的研发，目前已取得全球领先的核心技术。在此基础上，百度自主设计开发了"阿波罗（Apollo）自动驾驶平台"（以下简称"阿波罗平台"），提供了一套覆盖车辆平台、硬件平台、软件平台和云端数据服务的系统级解决方案。

　　基于阿波罗平台的百度自动驾驶汽车已在北京、长沙、重庆、美国加州等地进行了实际道路测试，测试里程突破 200 万千米。2017 年 7 月 5 日，百度正式对外开放了阿波罗平台，这是全球范围内自动驾驶技术的第一次系统级开放。阿波罗平台秉持"开放能力、共享资源、加速创新、持续共赢"原则，旨在聚集全产业链力量，共同打造技术先进、安全可靠的自动驾驶产业体系，合力构建开放合作新生态，助推我国汽车产业实现跨越式发展。

第二节　自动驾驶相关业务

一、承担自动驾驶国家新一代人工智能开放创新平台建设

2017 年 11 月 15 日，科技部在京召开新一代人工智能发展规划暨重大科技项目启动会。科技部介绍了新一代人工智能重大科技项目实施的总体构想，并宣布首批国家新一代人工智能开放创新平台名单，百度公司建设的自动驾驶国家新一代人工智能开放创新平台名列其中。与封闭系统相对应，开放平台所承载的软件、数据和相关服务，将在未来汽车产业价值链中占据越来越重要的位置。基于开放的自动驾驶平台，生态中的企业、成员间能够实现技术、数据共享和市场、商业共赢，有利于加速创新和商业化进程，帮助我国汽车产业掌握智能化时代的自主核心技术，由汽车大国向汽车强国迈进。

二、推进自动驾驶核心技术突破

在自动驾驶领域，百度已拥有丰厚的技术积累，截止到 2019 年 9 月，百度自动驾驶技术相关专利申请数量达到 1800 余项。百度已取得全球领先的环境感知、行为预测、规划控制、操作系统、智能互联、车载硬件、人机交互、高精度定位、高精度地图和系统安全等核心技术，以及全球最佳交通场景车辆识别技术，在国际自动驾驶场景 KITTI 数据集车辆检测准确率为世界第一，高精度地图和定位技术精度达到厘米级。自主研发了全球领先的车载计算系统(包括基于 GPU、CPU、FPGA 的异构计算平台和自动驾驶汽车操作系统 CarOS)。此外，百度还获得了全国 150 张测试牌照，在十多个城市测试运行，促进技术迭代。

三、加快自动驾驶车辆量产和落地应用

（一）红旗 Robotaxi

红旗 Robotaxi 车辆（见图 20-1）是百度和一汽集团联合深度定制的中国首款面向开放道路运营的 L4 级自动驾驶乘用车。该车辆搭载的是 Apollo 5.0 量产限定区域自动驾驶能力，目前已经获得了北京、长沙和武汉的测试牌照，进入载人测试运行阶段。与单纯的改装车不同，红旗自动驾驶车辆从电子电气架构到线性转向、制动、节气门，以及系统接口等方面进行了优化，冲压、焊接、

总装等部分的流水线被重新设计，线束、底盘线控及车辆供电系统等设计规范按照车规级标准执行，标准化的工艺、工序确保了装配的一致性。

红旗 Robotaxi 通过了一汽环境舱实验室严苛的高温测试，测试条件模拟覆盖到全国范围内 99% 以上的高温天气场景。红旗 EV 还拥有全面的系统监控能力，监控范围从车辆底盘、传感器、计算单元到自动驾驶软件的各个模块及复杂的自动驾驶行为。通过提供毫秒级故障检测，保障自动驾驶的正确性与实时性，为自动驾驶提供了安全熔断机制和完善的报警机制。新增了乘客区 PAD，其用途并非只有游戏影视等娱乐功能，还可以将无人驾驶环境可视化，让乘客直接看到自动驾驶车辆正在准确感知周边环境并做出有效反应。此外，还前装了定制版 OBU（车载单元），使得这辆车成为一辆真正意义上的智能网联汽车，能够和智能路侧设备进行 L4 级协同感知驾驶，实现智慧的车与聪明的路的结合。

图 20-1　红旗 Robotaxi

（二）阿波龙园区巴士（以下简称"阿波龙"）

阿波龙（见图 20-2）是基于百度阿波罗平台推出的 L4 级量产园区自动驾驶解决方案、由金龙提供整车设计和制造能力的全球首款 L4 级量产自动驾驶巴士。阿波龙在设计上颠覆了传统汽车概念，全新构建电动化、电子化及智能化的新形态，是全国首辆无方向盘、无加速踏板、无制动踏板的原型车。它前后安装有激光雷达、超声波雷达等传感器，因此不会像人一样"开小差"，能持续监测路面情况、周围物体，具有车流判断、路牌识别、避障等能力。阿波龙车身还采用了 RTM 轻型复合材料、整体全弧玻璃、宽幅电动门、自动无障碍爱心通道等新材料和新工艺。

2018 年，阿波龙率先量产下线，并先后在北京、雄安、厦门、武汉、惠州、福州等 20 多个地市落地应用，已累计接待了数万名试乘乘客，其中包括重要场合运营、重大领导人接待等。迄今为止，阿波龙实现零事故运营。2018 年世界智能网联汽车大会期间，阿波龙承担动态展示任务，成功完成对北京市、工业和信息化部、交通运输部等领导和嘉宾的接待试乘，展现了中国自动驾驶的产品技术能力。

图 20-2　阿波龙

四、构建了全球最大的自动驾驶生态

百度阿波罗平台始终坚持"开放平台"战略，赋能行业加速创新。阿波罗平台已迭代 7 个版本，开放代码超过 56 万行，发布了量产限定区域、量产园区的自动驾驶方案，孵化了大量的无人驾驶新物种车。全球合作伙伴达到 156 家，成为规模最大的自动驾驶生态，覆盖整车、ICT、高校、研究机构、区域政府等。百度 Apollo 5.0 技术框架如图 20-3 所示。

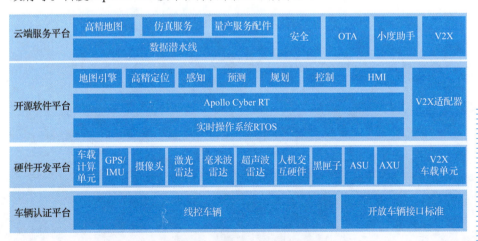

图 20-3　Apollo 5.0 技术框架

五、打造"聪明的车 + 智能的路",助力基础设施智能化发展

2018 年,百度发布 Apollo 车路协同开源方案,布局智能交通领域。百度与千方合作北京延崇高速自动驾驶与车路协同项目,未来将服务"科技冬奥";成立 Apollo 雄安智能交通研究院,探索未来城市建设;于长沙、重庆、沧州等城市落地自动驾驶车辆规模化载人测试和车路协同示范项目,助力城市出行更加智能、安全、高效。

第三节　企业愿景

百度始终致力于为全行业提供一套开放、完整、安全的智能驾驶解决方案,助力我国汽车与交通强国建设。百度作为中国互联网科技企业,愿意代表国家与全球最领先的科技企业竞争,抢占人工智能和自动驾驶制高点;愿意通过"Apollo 计划"的实施,加速中国汽车、交通产业的转型升级和自主自动驾驶技术成熟与商业化,打造开放合作的产业新生态,带动整个行业的创新发展。

第二十一章

华为

第一节　企业概况

华为创立于 1987 年，是一家 100% 由员工持有的民营企业。华为是全球领先的 ICT（信息与通信）基础设施和智能终端提供商。目前华为有 19.4 万员工，业务覆盖 170 多个国家和地区。

华为携手合作伙伴，为电信运营商提供创新、安全的网络设备，为行业客户提供开放、灵活、安全的 ICT 基础设施产品，为云服务客户提供稳定可靠、安全可信和可持续演进的云服务。华为智能终端，正在帮助人们享受高品质的数字工作、生活和娱乐体验。

30 多年来，华为和运营商一起建设 1500 多张网络，帮助世界超过 30 亿人口实现连接，保持了良好的安全记录。

华为加入 400 多个标准组织、产业联盟和开源社区，积极参与和支持主流标准的制定，推动产业良性发展。

第二节　自动驾驶相关业务

一、MDC 智能驾驶平台

打造 MDC 智能驾驶平台，并通过该平台建立广泛生态，最终通过开放合作，促进整个汽车产业走向智能化。华为的优势在于 AI 能力与云的能力，利用这些优势打造了以昇腾芯片为基础的、加上智能驾驶操作系统及自动驾驶云服务的 MDC 智能驾驶平台。通过 MDC 智能驾驶平台再开放 API（应用程序接口），与部件提供商、集成商、应用开发商等合作伙伴共同打造了三个生态。

（一）传感器生态

传感器生态包括激光雷达、毫米波雷达、摄像头等，让这些传感器方便与 MDC 智能驾驶平台连接在一起。作为选择之一，华为会开发毫米波雷达，实现全天候的成像，也会开发激光雷达，真正解决激光雷达面临的成本问题与性能问题。

（二）智能驾驶应用生态

基于 MDC 智能驾驶平台，打造算法与应用生态，希望广大合作伙伴基于 MDC 智能驾驶平台，开发智能驾驶的应用与智能驾驶的算法，支持汽车产业不断提供智能驾驶创新功能和服务。

（三）建立广泛生态联盟

把 MDC 智能驾驶平台跟各种执行部件连接起来，把接口的标准打造好，让 MDC 智能驾驶平台跟所有的执行部件容易配合。华为希望建立广泛的生态联盟，来推动建立标准、凝聚共识，以推动整个汽车产业走向自动化，真正实现完全的自动驾驶。

二、智能座舱平台

华为的核心理念是让智能座舱平台和整个智能终端生态结合起来。华为认为应该把智能终端硬件生态、软件生态、应用生态引入智能座舱。华为公司将基于麒麟芯片加上鸿蒙操作系统，打造智能座舱平台，最终构建起智能座舱生态，希望未来的智能座舱硬件也是可以更换的，应用是不断更新的，软件也是可以不断升级的。

三、智能电动平台

通过打造智能电动平台，使得车企在电动化上形成差异化体验。华为开发一款 MCU，基于 MCU 打造一个整车控制操作系统，并将这个操作系统开放给所有的汽车开发企业，不断提升用户差异化体验。车企基于 VDC 平台，就可以更好地进行差异化的整车控制。

华为将充分利用能源产业的规模化、器件一致性，把电动化成本降下来，解决充电、电驱、电池管理的成本与性能问题。

四、连接

华为希望通过 4G、5G、V2X 的技术，把车与路连接起来，把车与车连接起来。同时通过云服务，实现对所有连接的车进行有效的管理，这样就构建了把车都连接起来的生态。

第三节　战略选择

华为不造车，聚焦 ICT 技术，成为面向智能网联汽车的增量部件供应商，帮助车企"造好"车，造"好车"。

第二十二章

中兴——英博超算

第一节　企业概况

中兴通讯从 2016 开始投入汽车电子产品研发，于 2018 年 2 月成立了汽车电子产品线。2018 年 12 月 6 日，为了让汽车电子产品线更好地发展，更好地拓展这片市场空间和潜力巨大的市场，中兴通讯决定将其剥离出来成立子公司——英博超算。

英博超算以原来中兴通讯汽车电子产品线研发团队结合从传统车厂和汽车电子供应商招募的外部专才，建设独立的研发团队，将自己打造成为国内首批合格的汽车电子核心电子系统供应商。

目前，自动驾驶域控制器、智能以太网安全网关、一机多屏数字座舱控制器都是基于英博超算自有研发队伍进行的独立正向研发，中兴通讯在研发过程中给予了大力支持，所研发的产品能够达到车厂量产的严苛要求。2018 年 2 月，中兴通讯汽车电子产品线（英博超算前身）与一汽签署供应商定点合同，是国内第一家获得整车企业供应商定点合同的企业。2019 年 8 月 15 日，英博超算和奇瑞新能源汽车强强联手，充分发挥各自优势，组建了专业智能汽车解决方案合资公司——奇英智能，致力于汽车智能驾驶、智能网联方案和部件的研发与制造。

第二节　公司主要产品

一、L2+ 级自动驾驶域控制器

英博超算通过采用"升维思考，降维打击"的策略——采用面向 L3+ 级的域控制器的先进架构来实现高级辅助驾驶 L2+ 的功能，对标实现特斯拉所有功能且大幅度降低成本。根据工业和信息化部印发的《车联网（智能网联汽车）产业发展行动计划》，到 2020 年，新车驾驶辅助系统(L2)搭载率达到 30% 以上，在中国这一市场前景将十分广阔。英博超算研制的 L2+ 级自动驾驶域控制器如图 22-1 所示。

图 22-1　L2+ 级自动驾驶域控制器

二、车载智能安全网关

随着汽车的全面网联化，车载智能安全网关（见图 22-2）成为每一辆智能网联汽车的必需：一方面，它是整车的安全中心，相当于车上的"防火墙"，因为它是整车与外界数据通信的关键节点，数据具有不可篡改特性；另一方面，它位于整车的数据总线的中心，控制整车所有 ECU 数据的汇聚和分发。根据工信部制定的《车联网（智能网联汽车）产业发展行动计划》，到 2020 年，联网车载信息服务终端的新车装配率达到 60% 以上，车载智能安全网关及相关产品将在中国形成一个巨大的市场。

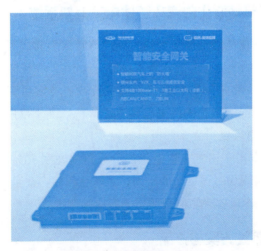

图 22-2　车载智能安全网关

三、全球首创的无约束智能网联系统开发平台

传统的汽车电子开发，要经过 A、B、C 样 2 年以上的漫长开发流程，车厂需要谨慎地选择技术路线，如果选择错误，就会产生沉没成本。而在通信领域，中兴通讯三十多年来一直采用数字积木式的硬件架构，一套硬件系统就能满足通信运营商的各种需求。在全球范围内，英博超算首先将通信领域成熟的成功的数字积木开发理念引入汽车电子领域，用积木式开发方式可以快速低成本地用 Pre-A 样进行功能验证，然后开发 B/C 样，可以使车厂缩短开发时间和研发成本。英博超算创新的 Pre-A 快速原型开发系统，支持快速、低成本实现硬件 Pre-A 样功能验证，可以缩短一半的开发时间和研发成本；采用数字积木开发方式，可快速开发全域控制器原型样机。基于数字积木开发台架（SDX），英博超算向车厂提供质优价廉的车载电子产品，这将让英博超算在智能汽车产业化进程中牢牢占据成本领先优势，占据更大市场份额。英博超算的智能网联系统开发平台如图 22-3 所示。

图 22-3 智能网联系统开发平台

四、面向智能网联化的汽车整体电子框架系统

汽车智能网联化的潮流势不可挡，软件应用服务将成为汽车竞争的关键。对智能网络化时代的无动于衷或者草率投资，会让车厂在智能网联化时代被"管道化"。针对车厂在智能网络化时代面临的挑战，英博超算采用"苹果模式"为车厂提供面向智能网络化的汽车整体电子架构。基于用户数据、车身数据，第三方 O2O 运营商可发布更多服务，丰富车厂软件生态，增强用户对车厂的黏性。2020 年汽车电子占整车价值量的份额将提升到 50%，车厂将会感受到愈发明显的智能网联化时代带来的压力，英博超算将会在基于底层域的生态建设引领行业，帮助车厂实现智能网络化的商业和技术的升级。

五、V2X 系统方案与产品

近年来，随着 LTE-V、5G 技术的高速发展，车联网迎来了难得的发展机

遇，依托中兴通讯使得英博超算在这方面拥有特殊的先发优势。一方面，车联网具有大量的运用场景，如道路安全服务、自动停车系统、紧急车辆让行、自动跟车等方面，市场前景广阔；另一方面，基于 V2X 技术实现车车通信 V2V、车路通信 V2I，以及相关智能交通互联技术对 ADAS 系统进行有机延伸，通过无线通信网络和传感技术，实现在信息平台上对车内、车外、车间、车与路、车与人等信息的抓取和有效利用，对于政府加强交通管理、提升交通效率等都有着巨大帮助。英博超算已经具备了车联网核心系列产品能力，包括 OBU、RSU、V2X 核心芯片的研发、生产和应用。目前，英博超算 V2X 整体解决方案已经成功在江西赣州示范应用落地。随着汽车智能网联化，中国的道路也已经逐步开始了智能网联化的改造，各地正如火如荼地开展示范区建设，这将产生一个巨大的市场，英博超算将成为中国 V2X 的市场主导者之一。

第三节　企业研发团队介绍

（一）公司总经理：田锋

1999 年西安交通大学毕业后进入中兴通讯工作至今（目前清华大学博士生在读），历任研发项目经理、中兴通讯集团战略规划总监、中兴新能源汽车副总裁、中兴自动驾驶电动汽车副总裁、中兴通讯汽车电子副总裁。田锋先生是中兴通讯在汽车领域的首席专家、带头人与先行者，曾主导设计了国内首个基于自研微内核实时操作系统及自研芯片的可满足 L3、L4 级自动驾驶的通用计算平台；主持了全国第一套大功率商用汽车无线充电系统的研发和商用布设工作（与东风汽车合作）；主持过多个重大国际、国内新能源通信项目。在自动驾驶电动汽车与电信行业拥有丰富的工作经验，工作经历深度涉及多个领域，包括互联网、无线网络、有线网络、骨干光传输、移动终端、汽车无线充电和自动驾驶电动汽车等，拥有多年的电信行业和自动驾驶领域从业及管理经验。

（二）市场及系统规划总监：汤新宁

前奇瑞汽车车联网研究所所长，专注自动驾驶领域超过 5 年；具有 10 年智能网联汽车技术、车联网产品和整车产品开发经验。主持国家发展改革委、工信部及安徽省等科技项目 4 项，获得市级科技进步奖 2 项。

（三）硬件研发总监：付玉堂

2015 年入职中兴通讯，中兴"蓝剑领袖计划"成员，高级通信硬件系统工程师，申请专利 10 余篇，曾负责 5G、卫星等相关项目单板开发。

（四）软件开发总监：景永年

2008 年入职中兴通讯，IC 系统架构专家级工程师，先后担任过开发工程师、科长、开发经理、项目经理、部长等职务。主持开发了基于中兴微 IPTV 芯片的软件开发工作，并实现了千万颗芯片的批量发货。

第四节　企业愿景

通过 ICT 技术进军汽车电子领域，为合作伙伴提供智能网联汽车相关解决方案，定位目标是成为世界级供应商。

第二十三章

地平线

第一节　企业概况

地平线（Horizon Robotics）致力于成为边缘人工智能芯片及解决方案全球领导者，以"赋能万物，让每个人的生活更安全、更美好"为使命。

地平线具有领先的人工智能算法和芯片设计能力，通过软硬结合，设计开发高性能、低成本、低功耗的边缘人工智能芯片及解决方案，开放赋能合作伙伴。面向智能驾驶和 AIoT，地平线可提供超高性价比的边缘 AI 芯片、极致的功耗效率、开放的工具链、丰富的算法模型样例和全面的赋能服务。

目前，基于创新的人工智能专用计算架构 BPU（Brain Processing Unit），地平线已成功流片量产了中国首款边缘人工智能处理器——专注于智能驾驶的"征程（Journey）"系列芯片和专注于 AIoT 的"旭日（Sunrise）"系列芯片，并已大规模商用。此外，基于 BPU2.0 架构的地平线 Matrix 自动驾驶计算平台屡获国际大奖（如 2019 美国 CES 创新奖、2019 Embedded Vision Alliance "最佳汽车解决方案"奖等），得到了众多专业机构的认可。

依托行业领先的软硬结合产品，地平线向行业客户提供"芯片＋算法＋云"的完整解决方案。在智能驾驶领域，地平线同全球四大汽车市场（中国、美国、德国、日本）的业务联系不断加深，目前已赋能合作伙伴包括 SK、奥迪、博世、长安、比亚迪、上汽、广汽等国内外的顶级整车企业厂商；而在 AIoT 领域，地平线携手合作伙伴已赋能多个国内一线制造企业、现代购物中心及知名品牌店。

第二节 企业研发团队介绍

地平线是全球瞩目的人工智能初创企业之一，目前已在北京、南京、上海、深圳、杭州设有研发中心和商务运营团队。凝聚于共同的使命感，地平线会聚了上千名顶尖人才，他们大都毕业于国内外著名学府，具有资深的行业经验和丰富的国际化履历。公司核心成员曾多次在各项国际人工智能评测中获得全球第一，更在自动驾驶、搜索广告、语音搜索、视觉识别、芯片设计、并行计算等领域做出了影响数亿用户的产品和服务。

地平线拥有一支兼备技术研发、市场拓展及运营管理能力的豪华团队，核心成员曾在谷歌、NEC Labs、Facebook、三星集团、德州仪器、欧莱雅集团、摩根士丹利、百度、华为等国际、国内知名企业担任研发产品带头人和高级管理职务，具备卓越的行业洞察与优秀的团队管理能力。

地平线创始人兼 CEO 余凯是科技部新一代人工智能战略咨询专家委员会委员、中国证监会科技监管专家咨询委员会委员、百度深度学习研究院（IDL）创始人、百度自动驾驶创始人。

地平线联合创始人兼副总裁、地平线研究院院长黄畅曾经在美国南加州大学和 NEC 美国研究院担任研究员，2012 年加入百度美国研发中心，2013 年参与组建百度深度学习研究院（IDL），任高级科学家、主任研发架构师。

地平线联合创始人兼运营副总裁陶斐雯曾先后就职于 Google 硅谷总部销售团队、百度美国研发中心。

地平线 CTO 吴强博士是云计算及大数据并行处理专家，曾任 Facebook 高级主任研究员。

地平线首席芯片架构师周峰博士是著名芯片设计专家，原浙江大学教授、博导，曾任华为美国研究中心芯片资深架构师。

地平线通用 AI 首席科学家徐伟是全球顶尖的深度学习专家，前百度 IDL 杰出科学家。

第三节 企业愿景

企业愿景：成为边缘人工智能芯片的全球领导者。
企业使命：赋能万物，让每个人的生活更安全，更美好。

第二十四章

驭势科技

第一节　企业概况

驭势科技致力于用人工智能和大数据重构人和物的交通，为十亿级人群交付安全、舒适、高性价比的全栈智能驾驶技术方案、产品和服务。成立三年，驭势科技同时布局个人出行、公共出行和无人物流三大领域，并接连与上汽通用五菱、中国一汽、上汽大众、宇通客车、通用汽车、奇瑞新能源等多家领先的汽车品牌，GoFun 出行、摩拜等共享出行品牌，广州白云机场等国际机场，以及中国移动、中国联通、中国电信等行业头部客户达成合作，将无人驾驶技术落地于"高频、刚需、可量产"的场景。公司目前已经成为国内无人驾驶商业化领跑者，凭借领先的技术和实力，公司相继荣获"福布斯中国最具创新力企业 50 强""中国 AI 创业企业 top10""2019 安永复旦中国最具潜力企业""中关村新锐企业 10 强"等行业顶级荣誉。自成立以来，公司作为无人驾驶产业创业代表，先后受到中央电视台《新闻联播》《焦点访谈》，以及新华社、《纽约时报》和 BBC 等媒体报道。

第二节　自动驾驶相关业务

公司重点建立 1+1+X 的业务体系，即车脑（国内首款车规级车载计算平台）+ 云脑（包含运维服务、远程监控、仿真模拟、人机交互、数据管理、高精度地图等功能模块），向 X 个商业化场景进行技术赋能，并在多种商业场景中率先落地；重点布局的多场景、多级别的自动驾驶解决方案，包括：①全自动代客泊车方案；②无人驾驶短途接驳方案；③无人驾驶电动物流拖车解决方案；

④无人驾驶 BRT 公交方案；⑤高速 L3 级自动驾驶解决方案。

　　驭势科技开创了自动驾驶演进发展的新路线，采用独特战略破解百亿英里测试困局，先手布局无人驾驶生态。公司建立了国内唯一车规级"车脑 + 边卫 + 云脑"智能驾驶全栈技术体系，引领自动驾驶在多个场景商业化落地。其中作为国内首款的车规级智能驾驶控制器已经开始步入量产，实现装机应用。公司在"5G 超远程无人驾驶""机场无人物流""无人驾驶赋能分时租赁""AVP 小批量交付"4 个方面实现世界首创，并在"L3 整车企业量产""无人小巴运营""开放道路全国路测""云脑与国际车厂合作"4 个方面实现国内突破。目前，在机场无人物流、港区无人物流、无人微循环巴士方面已经实现商业化运营，真正去掉安全员，为实体经济服务产生运营价值。

　　公司多项技术成果先后多次在国际及国家级重要活动中应用展示，包括在世界移动大会展示国内首例 5G 网络超远程智能驾驶实车演示，在"一带一路"能源部长会议和国际能源变革论坛展示"太阳能 + 无线充电"公路及"无人驾驶"电动汽车观光专线，在世界互联网大会展示基于全无人驾驶理念设计的首款国内轻出行电动车短驳接驳，在首届联合国世界地理信息大会展示无人驾驶微循环摆渡，在工信部雄安车联网产业发展全体会议演示基于 5G 网络实况环境下的无人驾驶协同测试等。

第三节　企业研发团队介绍

　　公司由前英特尔中国研究院院长吴甘沙领衔，吸纳 30 余位国际顶级 IT/ 汽车科技公司的总监级工程师加盟，并建立 9 位顶级科学家顾问团队。团队兼具人工智能、物联网、工程系统和汽车行业基因，同时形成了涵盖技术、商业、战略、运营最为完备的管理职能体系，拥有国际视野和本地化资源。公司目前在全国拥有正式员工三百余人，研发及工程人员占比 75%，其中 71% 具有 5年以上工作经验，95% 具有硕士以上学历。公司专设人工智能研究院，由著名人工智能学者、宾夕法尼亚大学机器人实验室和沃顿商学院双教授史建波主持前沿技术研发，并拥有同类创业公司中领先的人工智能团队。

　　公司研发团队成员包括英特尔中国研究院总监级工程师、有 10 年以上软硬件设计和优化经验的系统团队人员、中国顶尖的计算机视觉和人工智能团队人员，以及 2013 年智能车未来挑战赛冠军团队的自动驾驶技术带头人。同时，公司凝聚了一批在无人驾驶、机器学习、深度学习、计算机系统、人工智能等方面有丰富经验的优秀人才，在车辆电控改造、车载计算机、传感器使用、机器学习和深度学习算法研发、控制规划算法、决策算法、仿真、整合测试等各个方面已经初步取得很好的成绩和进展，在无人驾驶领域处于行业领先地位。

第四节 企业愿景

企业愿景：以 AI 驾驶重塑人类生活方式。

企业使命：在 2031 年创造一个零事故、零拥堵的交通体系，使出行和物流成本降到 1/3，道路和停车空间减少 1/3，1/3 的路上总时间成为生产力时间。

第二十五章

一汽

第一节　自动驾驶相关业务

中国一汽顺应汽车产业发展潮流，在战略上，于 2016 年 12 月 19 日确定了致力于向优秀的汽车制造商和移动出行服务商转型的发展战略，力争成为"中国第一，世界一流"的移动出行服务公司。为实现中国一汽智能网联的战略转型和发展愿景，2018 年 11 月，中国一汽制定了智能网联业务领域的"旗偲计划"，旨在为用户提供智能的驾乘安全、极致的交互体验、伴侣式舒适体验，并将红旗汽车打造成智能网联第一品牌。通过自动驾驶、主动救助、加密算法、系统多重冗余设计等技术打造极致的行驶安全、信息安全和功能安全，通过颜值、交互、增强现实和在线升级等打造极致体验的智能空间。

在智能化方面：红旗品牌 2013 年在 H7 车型上实现了定速巡航、主动紧急制动、前碰撞预警等 L1 级先进驾驶辅助功能的量产；2018 年年底在全新红旗 EV 电动车平台上实现自动出车、自动泊车、拥堵跟车和超级巡航 4 个 L2 级智能驾驶功能量产；2019 年实现 L3 级高速公路和 L4 级代客泊车智能驾驶功能演示；2020 年计划在特定区域（如停车场、旅游区、校园等）实现 L4 级智能驾驶功能量产；2025 年计划实现 L5 级无人驾驶汽车量产。

在强大的信息产业支撑下，中国网联化整体发展呈现三阶段：网联辅助信息交互；网联协同感知；网联协同决策与控制。一汽集团在 2017 年已完成私有云平台规划与建设，基于聚合理念，不断地聚合第三方优质服务生态，为用户打造极致梦幻的出行体验。2018 年红旗品牌全系车型实现 100% 全时在线；2020 年网联化 V2X 功能将首次量产，推进网联化由网联辅助信息交互向协同感知迈进。目前一汽集团已积极开展基于 5G 的网联协同决策与控制技术预研究。

第二节 企业愿景

为了聚集智能网联全球顶级的研发人才,逐步建立以长春基地为核心的"三国五地"的研发机构,同时建立全球的产业链和服务链生态联盟,支撑中国一汽智能网联"中国第一、世界一流"目标的实现。

第二十六章

宇通客车

第一节　企业概况

一、企业生产经营情况

郑州宇通客车股份有限公司（以下简称"宇通"）是目前世界规模最大、工艺技术最先进的大中型客车生产基地，也是世界上规模最大的新能源客车研发生产基地，日产整车达 400 辆以上，年生产能力达 70000 辆以上。主厂区位于河南省郑州市宇通工业园，占地面积达 1700 亩；2012 年建成投产的新能源厂区占地面积达 2000 余亩，建筑面积达 60 万平方米，拥有底盘车架电泳、车身电泳、机器人喷涂等国际先进的客车电泳涂装生产线。

作为中国客车工业领军品牌，宇通已形成了 5 米至 18 米，覆盖公路客运、公交车、团体用车、旅游用车、校车、专用车、军车、市政环卫车、矿用车等细分市场，包括普档、中档、高档等的全系列产品。宇通产销量连续 15 年位居国内第一，连续 7 年位居全球第一；产品远销 40 多个国家和地区，出口额占中国大中型客车总出口额的 1/3，全球市场占有率达 15%。2018 年，客车产品实现销售 60868 辆，其中销售新能源客车 24748 辆，实现营收 317.46 亿元。2019 年前三季度累计销售客车 42140 辆，同比增长 6.57%，行业第一品牌地位进一步强化。

二、科技创新平台情况

宇通是国家创新型企业、国家火炬计划重点高新技术企业、国家技术创新示范企业，拥有国家电动客车电控与安全工程技术研究中心、国家认定企业技术中心、国家认可实验室（CNAS）、企业博士后科研工作站、客车安全控制技术国家地方联合工程实验室、应急信息技术国家工程实验室车辆信息技术分实验室等国家级研发平台。

依托创新平台，宇通在安全、节能、环保、舒适、电子化、智能化等客车核心技术领域获得授权专利 1841 件，其中发明专利 177 件以上；主持及参与制定国家、行业标准 115 项，受工信部委托，主持起草的《电动客车安全技术条件》已作为行业重要准入管理文件强制执行；公司先后承担了国家"863"计划、新能源汽车产业技术创新工程、国家重大科技成果转化、国家重点研发计划等 40 余项国家和省市级科研项目，突破了多项制约产业发展的关键技术难题；近年来共获得各类科技成果及奖励 32 项，其中宇通主持完成的《节能与新能源客车关键技术研发及产业化》项目获得 2015 年度国家科学技术进步二等奖。2018 年 12 月 28 日宇通正式获批组建河南省智能网联客车工程技术研究中心，致力于建成世界一流的智能网联客车核心共性技术研发和测试平台，构建智能网联客车新产品、新技术、新工艺推广中心，成为产、学、研、用国际交流合作平台和智能网联客车技术领域人才培养基地。

三、技术创新和产品研发情况

宇通按照国家纯电驱动的技术转型战略，坚持电动化、智能化、网联化的产业发展方向，确立了"三横五纵"的研发布局，开发插电式、纯电动、燃料电池三大动力系统，重点突破车载能源系统、电驱动系统、智能化与网联化、充电/加氢、高效电附件与整车热管理等共性核心技术，自主研发的新能源客车综合技术处于国际先进水平，其中整车节能与控制技术、高压隔离电源变换技术、高密度电驱动控制技术等方面处于国际领先水平。

通过技术创新，实现了混合动力、插电式、纯电动共平台开发，自主研发的新能源客车动力系统已成为行业主流动力系统，形成了具有国际竞争力的 6～18 米系列化新能源客车产品；提出了行业首个覆盖产品、配套、服务、金融的新能源客车 4E 商业推广模式；集成智能充电、车联网、车路协同、智能辅助驾驶技术，实现了上海中运量主线 71 路公交车较传统公交车运营效率的大幅提高。

截至 2019 年 8 月，宇通新能源客车已在全球累计推广超过 12 万辆，新能源客车、纯电动客车、插电式客车市场占有率均居行业第一。海外市场方面，凭借优越的性能批量远销至法国、英国、澳大利亚、智利等 24 个国家和地区，不断用实力扩大新能源客车的全球版图。2019 年 10 月 18 日比利时世界客车博览会，宇通展示了 U12、T13、ICE12 三款新品，其中 U12 与 T13 均获得"Busworld

设计奖"，ICE12 凭借优越性能揽下"Busworld 环保奖"，创下中国车企在比利时车展获奖数量的新纪录。

第二节　自动驾驶相关业务

一、自动驾驶研发情况

宇通自 2013 年开始自主研发自动驾驶系统，围绕多传感器融合、决策与协同控制、车载超算平台、云控平台等开展关键技术攻关，先后研发了三代自动驾驶系统并开展了常态化示范运行，详见表 26-1。

表 26-1　宇通自动驾驶研发历程

事　件	介　绍
2015 年 8 月，宇通完成了搭载第一代自动驾驶系统的客车研发	在"郑开大道"上进行了全球首例自动驾驶客车开放道路试运行。运行全程 32.6 千米，用时 65 分钟，途经 26 个红绿灯，平均车速 30km/h，最高车速 68km/h，车辆具备巡线行驶、自动防撞、车路协同、路口通行等自动驾驶功能
2016 年 12 月，宇通搭载第二代自动驾驶系统的客车研发完成	相对于第一代产品增加了自主避障、自主换道、自主超车等功能，提升了系统环境适应能力，并在北京通州测试场完成了超过百天的可靠性路测
2018 年 5 月 18 日，宇通在新能源厂区正式展开基于第三代自动驾驶系统的纯电动公交车通勤常态化示范运营	实现了 L3 级自动驾驶，具备换道避障、路口通行、路径动态规划、精确进站等主要功能，每天运营 8 小时，自动驾驶日行驶里程近 60km，最高车速 30km/h。截至 2019 年 10 月，已完成约 500 天的园区摆渡运营，安全行驶约 22000km，搭载乘客近万名
2019 年 1 月宇通获得开放道路自动驾驶测试牌照	宇通 L3 级自动驾驶客车在襄阳国家智能网联汽车测试场，完成了为期一个月的封闭场地测试，顺利通过了工信部等 3 部委规定的 32 个测试场景，获得襄阳市开放道路测试牌照
2019 年 3 月，宇通 L4 自动驾驶 5 米微循环车亮相博鳌亚洲论坛	车辆具备 L4 级自动驾驶能力，自主研发了 3 大智能技术：在感知方面，采用基于深度学习的多源信息融合技术，保证车辆 360 度感知周围环境，基于 GNSS+IMU+VSLAM+LSLAM 组合定位技术，实现厘米级定位；在车辆决策层面，研发了强化学习的决策与协同控制技术，确保运行安全；在车辆执行层面，采用高可靠冗余线控执行机构，实现对车辆驱动、制动、转向系统的精确、高效、可靠及协调控制，并提供冗余安全保障，使车辆行驶更加稳健、安全。博鳌论坛会议期间，L4 级宇通微循环车先后接待国内外嘉宾及媒体 37 批超 200 人次，客户体验良好
2019 年 5 月 17 日，宇通打造了全球首条开放道路 L4 级 5G 自动驾驶公交车示范运行线路	在郑州市龙子湖智慧岛核心区域，宇通研发的 L4 自动驾驶微循环车落地试运行。车辆具备智能交互、自主巡航、换道、避障、超车、会车、跟车、进站，以及紧急制动、精确停靠、路口通行、车路协同等功能。同时发布了宇通"车 - 路 - 网 - 云 - 法"为一体的 5G 智能公交系统解决方案，构建面向未来的智能交通新体系。截至 2019 年 10 月，智慧岛 5G 自动驾驶微循环车累计运行近 15000km，接待 13000 人左右

此外，宇通还研发完成了自动紧急制动系统（AEBS）、前向碰撞预警系统（FCW）、车道偏离预警系统（LDW）等高级辅助驾驶系统，共包含 16 项主动安全技术。宇通在安全技术领域不断创新研发，2017 年完成 AEBS Ⅰ代预警功能的研发，2018 年完成 AEBS Ⅱ代主动制动功能的研发，率先通过行业标准认证测试，并实现全部 37 款 9 米以上营运车辆标配应用，为用户和乘客带来更高的安全保障。在 2019 年 10 月 24 日世界智能网联汽车大会期间，交通运输部组织的首届中国自动紧急制动系统（AEBS）比拼大赛中，宇通凭借优良表现，荣获比赛最高奖"大满贯"奖。

二、自动驾驶产品

在自动驾驶产品开发方面，宇通先后开发完成了面向 BRT 公交的 L3 级10 ～ 12 米纯电动客车和面向园区景区等封闭区域的 L4 级 5 米微循环车。其中 L3 级 10 ～ 12 米纯电动客车实现了车道内自动驾驶，具备巡线行驶、紧急制动、换道避障、路口通行、精确进站等主要功能，可有效减低驾驶人劳动强度、提升行车安全、提高运行效率，详细技术参数如表 26-2 所示。

表 26-2　L3 级自动驾驶纯电动客车技术参数

动力及燃料	纯电动
续驶里程	300km（开空调）
自动驾驶等级	L3
自动驾驶功能	超级巡航、自动转向、自动泊车、前向碰撞缓解、加速踏板误踩防护、停车制动、盲区预警、换道避障、路口通行、精确进站、车路协同
传感器配置	3 个 16 线激光雷达、1 个 8 线固态激光雷达、2 个 77GHz 毫米波雷达、1 个单目相机、12 个超声波雷达
自动驾驶行驶最高车速	60km/h

L4 级 5 米微循环车具备自主巡航、换道避障、紧急制动、路口通行、精确进站、自主会车、自主超车等功能，可实现工业园通勤、景区摆渡、机场摆渡等封闭区域的无人驾驶，有效降低客户运营成本，提升行车安全，提高通勤效率，详细技术参数如表 26-3 所示。

表 26-3　L4 级 5 米微循环车技术参数

动力及燃料	纯电动
续驶里程	200km（开空调）
座位数	12 座（站立位 5）
自动驾驶等级	L4
自动驾驶功能	超级巡航、自主转向、自主泊车、前向碰撞缓解、盲区预警、自主换道、自主超车、自主避障、路口通行、精确进站、车路协同
传感器配置	3 个 16 线激光雷达、1 个 8 线激光雷达、2 个 77GHz 毫米波雷达、3 个视觉传感器、12 个超声波雷达
自动驾驶行驶最高车速	20km/h

第三节　企业研发团队介绍

宇通 2017 年 1 月成立了智能网联客车研发团队——智能网联研究院。目前团队超过 400 人，其中博士 16 人，硕士 120 人。设有郑州、深圳两地研发中心，不断深化新技术的开发应用。业务覆盖自动驾驶、车联网、智能交通三大领域。其中自动驾驶业务涵盖感知、定位、决策控制、应用集成、建模仿真、系统测试等不同专业，自主研发基于深度学习的多源信息融合、基于强化学习的决策与协同控制、高可靠性冗余线控执行机构、异构多核车载计算平台、智能人机交互等技术。车联网业务致力于自主研发商用车车联网系统，为客户提供车载智能终端、行业解决方案等产品及服务，立志成为全球卓越的商用车车联网服务提供者。智能交通业务主要涉及车路协同、云控平台、智慧场站、公交智能调度系统等，提供自动驾驶运营一体化解决方案。

团队先后承担了"电动汽车智能辅助驾驶技术研发及产业化""电动汽车智能辅助驾驶关键技术研究与产品开发""电动自动驾驶汽车关键技术研究及示范运行"等 7 项国家及省市级科研项目，围绕着感知、定位、决策与控制执行、车路协同、5G V2X 等核心技术进行持续攻关，先后开发完成了 10～12 米自动驾驶电动客车和 5 米自动驾驶微循环车，并实现限定场景高级自动驾驶示范运行。

第四节　企业愿景

为适应新形势，实现新发展，宇通开展了新一轮品牌升级，提出了新的企业愿景——成为全球领先的公共出行解决方案商。宇通基于"2019 比利时世界客车博览会"面向全球发布了全新的品牌主张——宇通，为美好出行（YUTONG：Better Bus，Better Life），致力于给全人类带来更便捷、更安全、更舒适、更绿色、更精彩的出行生活。

美好出行，是有温度的，是探索的，是互联的，是可持续的。从产品到品牌，宇通走向世界的步伐越来越快，逐步成为改善当地公共交通环境、助力人民美好生活的象征。在这过程中，宇通实现了从"中国制造"到"中国创造"的跨越，让海外各国人民感受到中国品牌的正能量。

第二十七章

智行者

第一节　企业概况

北京智行者科技有限公司（以下简称"智行者"）成立于 2015 年，深耕无人驾驶汽车领域，聚焦无人驾驶汽车"大脑"的开发。公司拥有一支由互联网、人工智能、汽车整车、汽车零部件制造等领域人才组成的专业队伍，开发的无人驾驶车辆累计测试里程超过 130 万千米，在国内无人驾驶企业中名列前茅，是国内首个将无人驾驶技术及产品实现商业化落地的企业。

第二节　自动驾驶相关业务

智行者自主研发了无人驾驶操作系统 AVOS（Automated Vehicle Operating System）和自动驾驶整车控制单元 AVCU（Autonomous Vehicle Control Unit）。

无人驾驶操作系统 AVOS 能够灵活地进行视觉传感器、激光雷达、毫米波雷达等多传感器的配置以及信息融合，采用结合深度学习与基于规则的混合决策算法，提供安全舒适的车辆动力、制动、转向等系统的控制模块。AVOS 能够满足复杂结构化场景下 L4 级别自动驾驶。将算法核心层（Kernel 层）和定制化接口层（IO 层）分离是 AVOS 的最大特点，能够保证普适性的同时也适合定制化开发。

自动驾驶整车控制单元 AVCU 采用 NVIDIA 的 JETSON TX2 双模块处理器 + NXP 的 16 位协处理器异构计算平台、自研的 AVOS 自动驾驶大脑，集成 4G、DGPS、IMU、电台、Wi-Fi、CAN、LIN、USB、以太网、RS-232、RS-

485/422 等模块，采集激光雷达、毫米波雷达、超声波雷达、摄像头、轮速计等环境感知传感器，采用多传感器融合技术、深度神经网络学习技术等实现感知、融合、定位、决策规划、控制执行等自动驾驶算法。AVCU 采用车规级设计、汽车级 AEC 物料（部分模块除外），工作温度范围为 $-25℃\sim 75℃$，其驱动层带保护和故障诊断，防护等级达 IP67。

智行者生产的主要产品包括：搭载无人驾驶操作系统 AVOS 的乘用车无人驾驶解决方案"星骥"系列；搭载无人驾驶操作系统 AVOS 以及自动驾驶整车控制单元 AVCU 的"蜗（Ω）"系列无人环卫清洁车"蜗小白"、无人物流配送车"蜗必达"。

一、乘用车无人驾驶解决方案"星骥"系列

"星骥"系列是智行者推出的 L4 级别的自动驾驶解决方案，关键技术包括多源传感器融合感知、高精度地图与定位定姿、目标行为识别与轨迹预测、自主决策与轨迹规划、多目标纵横协同控制等。"星骥"系列定位于实现高速道路及复杂城市道路的自动驾驶，智行者根据客户的功能需求确定"星骥"的功能测试范围，根据"星骥"的实际运行环境确定产品的场景测试范围，形成测试方案及用例并执行测试。目前"星骥"自动驾驶测试累计里程达 50 万千米，安全性和舒适性得到较为充分的验证。

2016 年 10 月，在杭州云栖大会现场，智行者正式对外展示了国内首款低速无人驾驶电动汽车。样车基于厘米级高精度定位服务，搭载了智行者拟人化智能自动驾驶系统，并结合第三方的开放云控平台，面向特定场景提供一体化自动驾驶解决方案。

2017 年 7 月，智行者与云度新能源汽车公司联合推出开发无人驾驶电动汽车，实现了环保的智能汽车。

2017 年 9 月，智行者联合京东、东风汽车推出无人轻型厢式电动货车，助力京东打造智慧物流。

2018 年 9 月，智行者无人乘用车星骥勇闯天门山蛋糕弯，荣登央视《机智过人》节目。

2019 年 1 月，智行者获得国内最高级别路测 T3 牌照，星骥无人驾驶开始上路测试。

二、无人环卫清洁车"蜗小白"

无人环卫清洁车"蜗小白"采用最前沿的智能 AI 技术和无人驾驶技术，

集成激光定位技术、超声波雷达定位技术、差分定位技术、高清视频技术等多种先进技术手段，与高效的清洁作业方式融合一体，实现了无人驾驶功能，让扫地车脱离人工操作，自主在路面上完成清扫、洒水、垃圾收集等工作。可以满足客户节约人力、高效清洁的使用需求，是无人驾驶技术在清扫行业最具代表性的解决方案。目前，"蜗小白"在北京，天津，上海，香港，澳门等 22 个省市投放，于清华大学、河北雄安新区、首钢冬奥服务区、澳门渔人码头等五十多个场景累计投放两百余台。此外，与新加坡、阿联酋、马来西亚等国家已经开始了战略合作。

三、无人物流配送车"蜗必达"

无人物流配送车"蜗必达"搭载了智行者自主研发的 AVOS，提供了多传感器自适应融合算法、环境认知算法、设计合理的路径规划算法、高可靠性的控制算法和智能配送的解决方案，实现了特定场景下的无人驾驶配送，让物资转运和配送不再只依赖人力，可以自主完成任意目的地之间的运输工作。"蜗必达"的出现极大地提高了运输过程的自动化程度、降低了人工成本，把劳动力从驾驶环节中解脱出来，显著缓解物流行业人力需求缺口大的问题。

2018 年 2 月，春晚舞台的荧屏上，智行者无人物流配送车"蜗必达"与百度无人车队亮相港珠澳大桥，彰显了我国自动驾驶的实力，开创了无人驾驶登上春晚的先河，凸显了智行者的技术实力。

第三节　企业研发团队介绍

智行者拥有一支由互联网、人工智能、汽车整车、汽车零部件制造等各领域人才组成的专业队伍，公司核心团队来自清华、北航及美国加州大学等世界知名高校，以及多家知名整车企业、汽车零部件企业和互联网公司，现有员工 200 余人，硕士及博士以上学历占比达 60% 以上，研发人员占比达 80% 以上。

公司研发团队分为产品开发和技术研发两大模块。

CTO 牵头负责自动驾驶核心系统的研发工作。团队的核心人员均毕业于清华、北航及美国加州大学等高校，有着丰富的理论和实践经验。汇集了在高精度融合定位、感知、人工智能、深度学习、自动驾驶决策规划、车联网、软件系统架构、SLAM、计算机视觉等领域有丰富经验的专业人才。

产品副总裁牵头负责自动驾驶产品的设计、应用和制造工作。团队的核心人员均有数十年的汽车行业从业经验，从汽车产品研发到量产的全过程中有着丰富的实践经验。精通汽车产品的研发体系和质量管理体系。

研发团队具有专业的设计研发能力和积极创新的精神，能全方位满足客户需求。

第四节　企业愿景

智行者致力于成为无人驾驶"大脑"的提供商和行业赋能者。

第二十八章

图森未来

第一节　企业概况

图森未来（Tusimple）是一家专注于 L4 级别（SAE 标准）无人驾驶卡车技术研发与应用的人工智能企业，可实现卡车在干线物流场景和半封闭枢纽场景下的全无人驾驶，面向全球提供可大规模商业化运营的无人驾驶卡车技术，为全球物流运输行业赋能，帮助货运物流企业降低成本，提升运输效率。

图森未来成立于 2015 年 9 月，在中美日多地设有研发中心和测试基地，在全球拥有一支超过 600 名员工的庞大研发团队，汇集了来自全球各地的顶尖工程师人才。截至目前，图森未来已完成 D 轮融资，多轮总融资额达 3 亿美元，企业估值超过 10 亿美元，是全球首家无人驾驶货运独角兽企业。

第二节　自动驾驶相关业务

图森未来自主研发的以摄像头为主要传感器，融合激光雷达、毫米波雷达等其他传感器的 L4 级别无人驾驶卡车解决方案，具备环境感知、定位导航、智能决策、高精度地图、车辆控制等无人驾驶核心功能，能够实现货运卡车在干线物流场景和半封闭枢纽场景下的全无人驾驶。

自成立以来，图森未来取得一系列核心技术突破。

图森未来自主研发了无人驾驶 1000 米有效感知方案，该感知方案能够为卡车提供约 35 秒的反应时间，满足卡车在高速状态下的安全行车距离，在行业内遥遥领先；同时，图森未来推出夜间摄像头感知系统，实现了无人驾驶卡车的全天候运营，将无人驾驶卡车的使用率提高到 80%；图森未来无人驾驶卡车解决方案综合七种手段融合定位，精度可达分米级别；依靠自主研发的人工智能深度学习算法，图森未来无人驾驶卡车解决方案能够实现多维度车辆行为预测，支持灵活的运动策略，指导车辆根据地形和实际路况随时选择安全、节油、高效的行驶路线；图森未来通过自主采集建立高精度地图、精确三维表征保证安全性；图森未来无人驾驶卡车解决方案在 100km/h 的高速状态下，控制精度能够达到 3.8 厘米，超越经验丰富的人类司机的表现。

图森未来自主研发的无人驾驶自动跟驰解决方案，使得无人驾驶卡车在行驶过程中车间距稳定保持在 10 米左右，可自动变道、变速等，能够有效降低公路货运成本，提升安全性。

在无人驾驶商业化实践上，基于全球领先的无人驾驶技术，图森未来已在中美多地率先展开商业化试运营。

从 2018 年 8 月至今，图森未来一直在美国进行无人驾驶商业化试运营并取得主营收入，是世界上首家拥有无人驾驶物流运输主营收入的企业。

2019 年 5 月，图森未来与美国邮政达成合作，在亚利桑那州凤凰城邮政服务中心和得克萨斯州达拉斯配送中心之间超过 1600km 的线路上为其提供无人驾驶运输服务。目前，图森未来服务于 18 名客户，并和 UPS（优比速）一起在美国亚利桑那州的凤凰城和图森市之间进行日常的试运营。

在中国，图森未来 2018 年 10 月获得由上海颁出的全国首张重卡自动驾驶道路测试牌照，在上海临港地区展开路测。2019 年 4 月，图森未来入选上海首批人工智能试点应用场景，在临港地区展开"AI+交通"示范运营，探索通过无人驾驶卡车连接临港物流园区、东海大桥、洋山港等物流场景，相关的测试和试运营的准备工作正在有序地进行中。图森未来将持续推动无人驾驶商业化在中国的落地与实现。

图森未来目前拥有一支全球最大的无人驾驶卡车车队，中国和美国的无人驾驶卡车数量合计超过 50 台，图森未来持续扩大自身占据全球领先地位的"仓到仓"无人驾驶商业化货运服务。

图森未来计划在 2019 年内，单月收入达到 100 万美元。并预计将在 2020 年，在某条货运路线上实现完全无人监管的驾驶。

第三节　企业愿景

图森未来希望基于其自主研发的可实际商业化运营的无人驾驶卡车解决方案，以及在干线物流场景和半封闭枢纽场景下的运营测试积累，通过无缝连接枢纽及干线场景，形成完整的物流闭环网络，夯实智慧物流基础，实现车辆及物流状态的全链条高效化、可视化、可控化、智慧化。进而通过构建智慧物流系统及其附属生态链，服务智慧城市。

图森未来将继续投入对 L4 级无人驾驶技术的研发与完善，并加快无人驾驶商业化在全球的落地步伐，进一步致力于解决卡车行业的痛点问题，提高运输效率，降低运输成本，提供运输安全性，改善运输过程中的环境污染问题，推动全球运输行业的优化与升级。

第二十九章

中电科普华

第一节　企业概况

　　普华基础软件股份有限公司（以下简称普华）是中国电子科技集团有限公司（以下简称中国电科）整合集团优势资源共同投资设立的，注册资金2.89亿元人民币。普华致力于国产通用操作系统及嵌入式操作系统等基础软件领域的研究和开发，是中国电科发展基础软件的战略平台，也是汽车电子领域唯一连续牵头承担国家"十一五""十二五"核高基的研制单位，是国际AUTOSAR（汽车开放系统架构）组织高级合作伙伴。公司业务包括通用操作系统、汽车电子基础软件、云计算底层架构及军工基础软件等。

　　在操作系统领域，普华承接电科集团在国产自主可控领域的战略要求，先后为国家电网、审计署、财政部、气象局等多个部委提供国产操作系统产品和服务。并与龙芯、兆芯、飞腾、申威等芯片厂商，以及中科曙光、联想、宝德、浪潮等建立起紧密的合作伙伴关系。全面与WPS、Oracle、太极等各家应用软件厂商建立产业链生态，更好支撑应用。

　　在嵌入式操作系统领域，普华致力于国产汽车基础软件的研发，是核高基软件领域唯一连续牵头承担"十一五""十二五"任务的单位。拥有国内技术能力较强的AUTOSAR基础软件的开发和技术服务团队，是国内首家通过ASPICE三级认证的汽车电子软件开发企业，具有丰富的用户案例和AUTOSAR集成服务实战经验；普华提供的基础软件平台汽车电子产品在整车企业和零部件供应商处已大规模量产，得到市场的充分验证。普华联合国内主要整车企业发起成立的"中国汽车电子基础软件自主研发与产业化联盟"（简称CASA），致力于推动产业链合作，加快国内汽车电子基础软件的自主研发和标准化工作，正在我国汽车电子行业发挥着越来越重要的作用。

成立至今，普华公司获得多项荣誉，包括"中国软件和信息服务基础软件领军企业奖""中国基础软件行业信息化最具影响力企业奖""上海市计算机行业最具发展潜力科技型企业'十强'""中国软件行业最佳国产基础软件平台厂商""上海信息服务业新模式、新业态优秀企业""上海市明星软件企业"等。

第二节　自动驾驶相关业务

一、MCAL 程序开发

上层应用对硬件的直接访问给软件移植带来了困难，为了提高软件的可重用性，使上层软件的开发独立于具体的硬件，并发挥硬件的最佳性能，有必要向上层软件开发人员提供标准的微控制器抽象层 MCAL（Microcontroller Abstraction Layer）驱动软件。MCAL 驱动软件位于基础软件平台的分层架构中的底层。MCAL 向上提供标准的微控制器驱动接口，屏蔽底层硬件差异；向下直接访问硬件，并充分利用硬件特性优化驱动实现。

普华研发的 MCAL 驱动软件主要包括通信方面的 CAN（CANFD）、LIN、车载以太网、SPI 等驱动；I/O 方面的 ICU、PWM、ADC、DIO、PORT 等驱动；存储方面的 Flash、EEPROM；还包括微控制器单元 MCU、通用定时器 GPT、看门狗 WDT 等驱动。MCAL 驱动软件结构如图 29-1 所示。

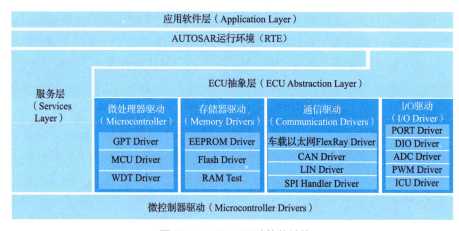

图 29-1　MCAL 驱动软件结构

普华开发的 MCAL 驱动软件对当前的主流微控制器芯片如英飞凌、意法半导体、恩智浦、瑞萨、德州仪器等均支持，用户主要为国内知名整车企业及汽车电子公司等，如精进电动科技股份有限公司、上海慧舵电子科技有限公司、蔚隆（南京）汽车智能科技有限公司、科力远混合动力技术有限公司、台达电子企业管理（上海）有限公司等。

二、以太网模块开发

随着汽车行业的发展，智能互联、车载信息娱乐和网络安全等领域对带宽的要求越来越高，加上博通 BroadR-Reach 方案解决了传统以太网标准在车载应用中的各种问题，使得车载网络对以太网的需求越来越多。车载以太网模块就是为了适应这些新的变化开发出来的标准 AUTOSAR 组件。

普华研发的 ORIENTAISTM 以太网模块提供了基于 AUTOSAR 4.2.2 的标准 Socket 接口，用于封装以太网数据；同时提供 SOME/IP、DOIP、UDP NM 等应用层协议，用于客户车载以太网通信、诊断和网络管理功能的实现；能够支持 TCP/IP 协议族（IPV4），支持服务和事件报文的发现，支持 SOME/IP 数据的序列化和反序列化，支持 ISO-13400-2 国际标准，支持基于 TCP 和 UDP 的 DOIP 报文收发，支持 UDP 报文的同步休眠和唤醒等功能。目前已在广州汽车集团股份有限公司、重庆集诚汽车电子有限责任公司、腾讯大地通途（北京）科技有限公司等整车企业及汽车电子零售商进行应用，并得到广泛好评。AUTOSAR 组件结构如图 21-2 所示。

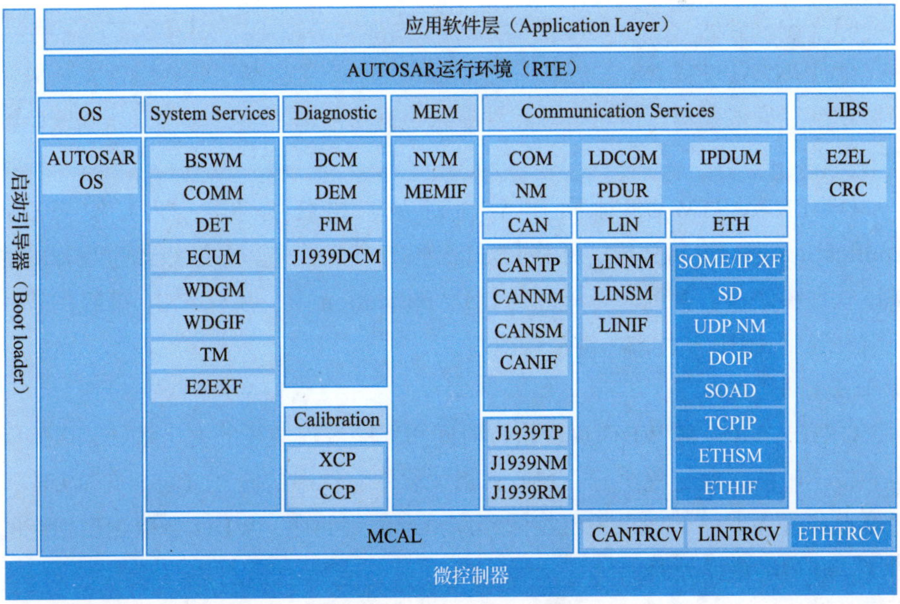

图 21-2　AUTOSAR 组件结构

三、功能安全

在现代汽车领域中，各智能 ECU（电子控制单元）模块广泛使用，给汽车行业带来了巨大的变革。但由于设计中的缺失，以及开发中风险管理意识的不足，倘若存在设计缺陷的 ECU 在车辆的安全控制系统中使用，会导致大量的人员伤亡事故的发生。为此，车辆功能安全标准 ISO 26262 越来越受到各车厂和零部件供应商的重视。

AUTOSAR 是开放的、标准化的模块化软件架构。其不同的软件模块可能对应不同的 ASIL 等级，如操作系统（OS）为 ASIL-D，而 Dcm 为 QM。

根据 ISO 26262 的要求，若待开发系统的不同组件的 ASIL 等级不同，有两种解决方案：①所有的组件按照系统组件的最高 ASIL 级别开发；②确保组件间"免受干扰"，避免高 ASIL 级别的组件被低级别的组件所影响。AUTOSAR 选取"免受干扰"的组件开发模式。该方案避免了所有模块的重新开发，仅需其内部实现"免受干扰"。ISO 26262 认为组件间相互干扰，有下面几种原因：内存、时序、数据通信。

普华采用国际 AUTOSAR 标准策略，通过 ORIENTAISTM OS、ORIENTAISTM WDG 和 ORIENTAISTM E2ELib 提供相关功能安全机制来检测和阻止软件故障，解决上述三个问题，确保 AUTOSAR 组件间"免受干扰"，实现整个 AUTOSAR 系统的功能安全。

（1）内存分区

ORIENTAISTM OS 安全上下文（SafeContext）控制了软件组件在任务切换和中断期间的隔离。防止软件组件在未经许可的情况下，写入另一个软件组件的内存。

ORIENTAISTM OS 对操作系统对象（如任务和中断）按照 OS-Application 进行逻辑分组，并将其对应到 MPU 配置中。根据 QM 过程开发的基础软件模块被合并到一个单独的 OS-Application 中，并与 ASIL 等级的软件隔离，避免 ASIL 软件的内存被误改写。

（2）时序监控

ORIENTAISTM WDG 负责执行时间和程序流程监控的安全机制，以确保功能按正确的顺序流程执行。在所有相关软件组件中的检查点定期向 WDG 管理器报告程序时序。如果被监控的程序出现时序问题，WDG 会检测到相应的错误，并启动错误处理。

此外，ORIENTAISTM OS 也提供执行时间保护、执行时间间隔保护和锁定时间保护。

（3）数据通信保护

ORIENTAISTM E2ELib 保护着发送和接收方向上的安全相关的通信。数据通过校验进行保护，可以检测到任何对数据内容的损坏。使用消息计数器可以检测不正确的消息序列、消息失败或不希望的重复等情况。

四、域控制器

域控制器因为有强大的硬件计算能力与丰富的软件接口支持，使得更多核心功能模块集中于域控制器内，系统功能集成度大大提高，这样对于功能的感知与执行的硬件要求降低。加之数据交互的接口标准化，会让这些零部件变成标准零件，从而降低这部分零部件开发和制造成本。由于汽车电子硬件走向集中化的趋势，汽车电子供应商数量将减少，同时域控制器供应商将更加重要。

普华经过十多年在汽车电控基础软件和软硬件一体化的深耕，与国内外整车企业及 Tier1 的多平台的开源合作，借助自身优势及客户需求，以动力域控制器为基础，结合软件定义汽车为入口，形成以短期目标为单个域控制器，长期目标为多域控制器的完整解决方案。通过动力域的集中控制，将核心算法全部集中在动力域控制 DCU 中，其余模块以零部件的形式标准化，整车的匹配可以根据客户的需求灵活地定制，这样整车企业可以要求把结构相近的平台进行跨平台整合，更加方便生产，也增加对信息安全的防护，对整车企业是非常有利的。合作模式为整车企业主导应用软件，普华提供 HW+BSW 的平台产品，如图 29-3 所示。

图 29-3　普华与整车企业的合作模式

增程式动力总成域控制器的拓扑图和资源预期，集成了 EMS 控制单元，利用安装在发动机上的各种传感器测出发动机的各种运行参数，再按照预存的控制程序精确地控制喷油器的喷油量；集成了电池管理系统，保护动力电池使用安全，时刻监控电池的使用状态，通过必要措施缓解电池组的不一致性，为新能源车辆的使用安全提供保障；集成了电动机控制预驱，采集电动机的转动方向、速度、角度，对车载电动机实现精准控制。增程式动力总成域控制器的结构如图 29-4 所示。

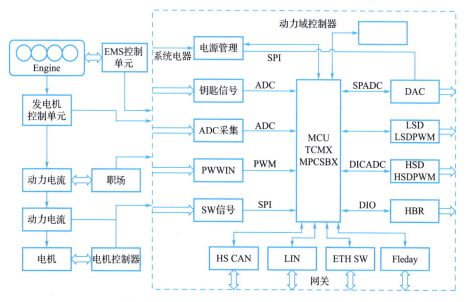

图 29-4　增程式动力总成域控制器的结构图

第三节　企业研发团队介绍

普华作为汽车电子基础软件领域的标杆企业，拥有一支技术过硬、经费丰富的汽车电子基础软件研发专业团队，目前该团队人数近百人，其中博士 1 人，硕士 40 余人，拥有高级职称人员 25 人。

本团队在汽车电子领域已深耕十几年，拥有国内当前汽车电子基础软件领域最资深的专家，在汽车车控操作系统、功能安全、行业标准等方面均走在国内技术最前沿。本团队先后承担了国家科技部、工信部、上海科委、上海经信委、商委等国家及地方的科技项目，截至 2019 年 10 月，团队共承接科技研发任务近 60 项，在汽车电子基础平台领域积累了极丰富的研制经验。

在承担国家"十二五"核高基重大研制任务中，普华形成了具有国际先进水平的汽车电子基础软件平台产品，并应用于 9 款 36 种自主电子控制系统中，总产量 94 万余套，在车身控制器、新能源整车控制器、网关控制器等关键零部件系统中实现了应用。其中在吉利乘用车、陕西法士特等项目中直面国外著名厂商 Vector 等成功中标，实现了在国内市场上与国外产品同台竞争。

本团队长期跟踪研究 AUTOSAR 国际规范，并开展了兼容 AUTOSAR 标准的国产汽车电子基础软件平台研发、集成和测试工作，在 2018 年，成为中国软件行业中唯一的国际 AUTOSAR 组织高级合作伙伴。

第四节　企业愿景

　　通过资源整合、技术与业务模式创新，提升中国基础软件的核心竞争力，具有领导国内自主基础软件生态环境发展的能力，具备应用软件关键运行环境软硬件一体化保障能力、支撑应用软件工程化开发的保障能力以及自主可控基础软件生态环境的产业化推动能力，聚集国内最优秀的基础软件人才。将普华打造成为国内卓越，国际一流的基础软件领军企业。

第三十章

四维图新

第一节　企业概况

　　四维图新成立于 2002 年，是中国导航地图产业的开拓者，经过十余年的创新发展，四维图新已成为中国第一、世界第三大的位置服务提供商，是导航地图、导航软件、动态交通信息、位置大数据，以及乘用车和商用车定制化车联网解决方案领域的领导者。

　　四维图新的研发投入比一直在 A 股市场保持名列前茅，四维图新面向行业发展，坚持创新，深化转型之路，围绕"数据＋计算"核心能力，依托位置服务与智能汽车科技，以全面的技术发展战略迎接自动驾驶时代的来临。如今，四维图新轻量级自动驾驶解决方案拿到北京市自动驾驶路测 T3 牌照，成为唯一一个获得该等级测试牌照的位置服务提供商；自动驾驶地图也获得来自宝马的订单，成为行业首个面向 L3+ 自动驾驶系统的自动驾驶地图订单。

　　创新性的产品技术解决方案赋能"智能汽车大脑"，以智慧出行助力美好生活，让四维图新成为中国市场乃至全球市场值得客户信赖的智能出行科技企业。

第二节　自动驾驶相关业务

一、自动驾驶整体解决方案

　　四维图新自 2015 年起开始全力投入自动驾驶相关技术的研发，拥有研发、测试、项目、产品等架构，以自主研发的自动驾驶算法、核心技术和整体解决方案，覆盖自动驾驶全周期。

2018 年四维图新完成了京昆高速 5262km 的自动驾驶路测，自动驾驶车途径秦岭、剑门关、雅安、西昌等路况复杂山区，平均行驶 130km 需要人工介入一次，单日最长无接管里程达到 600km，充分验证了四维图新自动驾驶方案的有效性。

2019 年，四维图新获批北京市政府颁发的自动驾驶车辆道路测试试验用临时号牌（"路测牌照"），等级为 T3 级，四维图新成为第一家获批 T3 路测牌照的位置服务提供商。获发牌照前，自动驾驶车辆需经过封闭试验场 5000km 测试、能力评估、专家组评估 、北京市自动驾驶测试管理联席工作小组联席会审议等多个环节把关，并对车辆在近 30 个大场景下的自动行驶、变速、变道、转向、交通标牌信号灯识别、障碍物躲避能力，和对道路、标志标线、交通设施的识别能力，以及对交通法规和人性化驾驶规则的理解能力等，进行全面的检验与考察。四维图新自动驾驶汽车主要传感器是 4 个 16 线激光雷达、2 个长距毫米波雷达和 1 个搭载四维图新自主研发视觉感知算法的单目摄像头，以最低配置要求拿到该牌照。

发展路径：自动驾驶地图 +AI 是四维图新在自动驾驶方向上独特的发展路径，贯穿四维图新自动驾驶解决方案在定位、感知、规划、决策、辅助控制的全环节。

自动驾驶地图：作为自动驾驶系统的重要组成部分，高精度地图相较于传统的导航电子地图，更专注于自动驾驶场景，让自动驾驶车辆人性化的理解不断变化的现实环境，通过云端实时更新的多图层高精度地图数据，在自动驾驶车感知、定位、决策、规划等模块起到重要作用，是自动驾驶解决方案不可或缺的一环。

高精度地图的高精度，不仅高在其厘米级的量化程度，更高在其空间抽象的层次，帮助系统准确定义自身在环境中的位置，并在不断变化的环境中安全、平稳地驾驶。

2013 年，四维图新开始了在自动驾驶地图领域的技术研究和探索；2015年成立智能地图事业部，正式开启面向 Level3 及以上自动驾驶系统的自动驾驶地图产品化研发与商业化落地工作。如今，四维图新已经掌握了从数据采集、自动化制图到众包更新及快速迭代的自动驾驶地图完整产品能力解决方案，以高速与普通路场景兼容的产品标准、厘米级的数据精度、多维度 MMS 的数据更新技术，以及实时在线的数据分发服务，让四维图新自动驾驶地图成为自动驾驶系统中实时的、高可靠性的传感器。四维图新自动驾驶地图如图 30-1 所示。

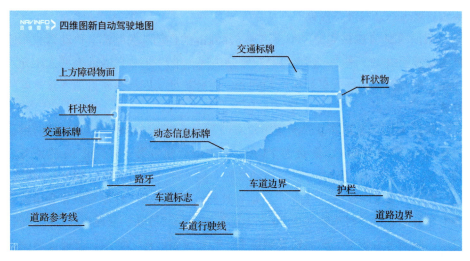

图 30-1　四维图新自动驾驶地图

目前，四维图新自动驾驶地图已覆盖全国全部高速道路，并开始了城市道路数据产品化工作四维图新自动驾驶城市道路地图如图 30-2 所示。2019 年年初，四维图新与宝马签署了自动驾驶地图及相关服务许可协议，将为宝马集团所属品牌在中国 2021 年开始量产上市 BMW iNEXT 车型，提供面向 L3 及以上自动驾驶系统的自动驾驶地图产品及服务。

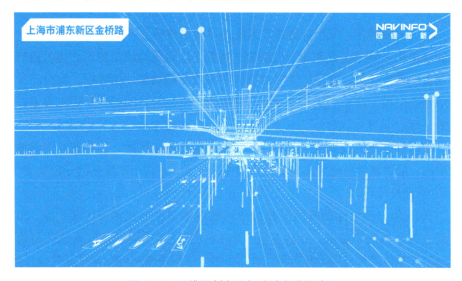

图 30-2　四维图新自动驾驶城市道路地图

未来，四维图新还将继续深入自动驾驶地图相关技术的创新开发，积极推进产品合规化、标准化与商业化落地，以开放的心态联手客户及行业合作伙伴，共建数据生态，以优质可靠的产品服务赋能自动驾驶发展。

　　AI：除自动驾驶地图，AI 技术在整个四维图新自动驾驶发展路径上同样扮演着重要角色。四维图新在位置服务领域有着近 20 年的持续创新与积累，这为 AI 的发展留下了宝贵的财富。在全国地图数据采集过程中产生的高质量影像数据，和近 30 万 km 高速道路的点云数据，以及来自国内外合作伙伴的多元数据，为四维图新基于 AI 的深度学习算法提供了大量有效的训练数据集。四维图新基于 AI 的深度学习算法处理结果如图 30-3 所示。

图 30-3　四维图新基于 AI 的深度学习算法处理结果

　　基于 AI 的视觉感知算法在让系统准确进行物体识别、细节计算的同时，让自动驾驶车在降低对高线束激光雷达依赖的前提下，快速重构 3D 环境，并对环境、车、人、物体进行预测。

二、自动代客泊车解决方案 AVP

　　自动代客泊车是自动驾驶的首尾环，是自动驾驶最靠近应用落地量产的开路先锋。同时，自主泊车也是集停车场环境感知、车位识别、路径规划、高精度地图、泊车控制等系列技术链条于一体的综合过程。四维图新目前正在积极整合自主泊车业务，从自主泊车的根本需求出发，多层次、多维度对方案实现路径进行考量，通过激光雷达与视觉多方案并研，以及车、场、云、图多端技术路径复合，拟在有限的计算资源条件下，提供 kB 级大小的停车场泊车地图，实现分米级泊车精度，进而保证该方案在有效性的前提下更易于落地。

三、高精度定位

对于自动驾驶车来说,时刻精准定义自身位置是一个关键环节。四维图新旗下的六分科技,基于 GNSS 卫星定位系统(兼容北斗、GPS、格洛纳斯、伽利略),借助遍及全国的地基增强站和自主研发的数据结算中心,向用户提供高精度定位产品与服务。不仅能以稳定、准确的定位服务保障自动驾驶的安全可靠,还可定制化赋能多行业应用。

2019 年 4 月,六分科技正式引入中国电信及中国互联网投资基金战略投资,并与中国电信签署了全业务合作协议。2019 年年底,六分科技将快速完成组建"全国一张网"地基增强系统,包括 2000 多个参考基站,建设覆盖全国的厘米级高精度定位基础服务设施,实现 7×24 小时播发厘米级、亚厘米级高精度差分定位,打造后处理毫米级、实时厘米级和分米级的高精度定位开放平台。

依托四维图新的车规级芯片设计经验及自身核心能力,在用户端,六分科技部署自主研发的用户端硬件产品,支持 RTK+ 惯导模式及 IMU 内各传感器在线标定,在恶劣天气、非视距场景(急转弯、连续弯道等)和其他车载传感器弱卫星信号覆盖场景下,仍可提供精确、稳定、可靠的高精度定位结果。

第三节　企业研发团队介绍

百年汽车行业正在迎来电动化、自动化、网联化、共享化等一系列变革,四维图新扎根汽车行业近 20 年,始终围绕着客户发展需求与痛点进行创新与赋能,面向新时代汽车出行革命,四维图新也在不断依托自身能力,以面向未来的技术储备为驱动力,构筑竞争壁垒。正因如此,从 2015 年起,四维图新研发投入持续走高,在由中国上市公司研究院公布的一份榜单中,2018 年四维图新以 11.66 亿元的研发费用、54.65% 的研发投入比,在 3088 家参评 A 股公司中位列榜首。即便在市场环境下行时期,2019 上半年,四维图新研发投入依然高达 5.44 亿元,较 2018 年上半年同比增长 18.59%。

高精度地图业务和自动驾驶业务是投入的重中之重。四维图新的自动驾驶团队目前规模近百人,形成了感知分析、融合决策、中枢控制、硬件平台、环境仿真、辅助工具等多维度研发主体。

第四节　企业愿景与定位

四维图新——智能出行成就美好生活

做客户信赖的智能出行科技企业

后记

  中国电子信息产业发展研究院中国软件评测中心在对自动驾驶关键技术及产业发展现状等长期研究积累的基础上，研究学习国内外相关文献，充分参考借鉴国内外最新产业动态和研究成果；调研国内外相关企业，汇集整理和分析来自实践应用的相关素材；邀请行业专家进行技术研讨和咨询评审；历时半年完成了《2018—2019年中国自动驾驶产业发展蓝皮书》。

  本书由宋娟担任主编，王伟担任副主编。全书总计14万余字，分为综合篇、技术篇、产业篇、企业篇。综合篇、技术篇、产业篇编写人员如下：第一、三、四、十、十八章由王伟编写；第二、五、六、十四、十六章由王卉捷编写；第七、八、九、十五、十九章由路鹏飞编写；第十一、十二、十三、十七章由李京泰编写。企业篇的资料由相关企业提供。在研究和编写的过程中，得到了相关部门领导及行业专家的大力支持和耐心指导，在此一并表示诚挚的感谢。

  由于能力和水平所限，我们的研究内容和观点难免存在有待商榷之处，请广大读者和专家批评指正。

反侵权盗版声明

电子工业出版社依法对本作品享有专有出版权。任何未经权利人书面许可，复制、销售或通过信息网络传播本作品的行为，歪曲、篡改、剽窃本作品的行为，均违反《中华人民共和国著作权法》，其行为人应承担相应的民事责任和行政责任，构成犯罪的，将被依法追究刑事责任。

为了维护市场秩序，保护权利人的合法权益，我社将依法查处和打击侵权盗版的单位和个人。欢迎社会各界人士积极举报侵权盗版行为，本社将奖励举报有功人员，并保证举报人的信息不被泄露。

举报电话：（010）88254396；（010）88258888

传　　真：（010）88254397

E-mail：　dbqq@phei.com.cn

通信地址：北京市海淀区万寿路 173 信箱

　　　　　电子工业出版社总编办公室

邮　　编：100036

赛迪智库

面向政府 服务决策

思想，还是思想
才使我们与众不同

《赛迪专报》	《安全产业研究》	《产业政策研究》
《赛迪前瞻》	《工业经济研究》	《军民结合研究》
《赛迪智库·案例》	《财经研究》	《工业和信息化研究》
《赛迪智库·数据》	《信息化与软件产业研究》	《科技与标准研究》
《赛迪智库·软科学》	《电子信息研究》	《无线电管理研究》
《赛迪译丛》	《网络安全研究》	《节能与环保研究》
《工业新词话》	《材料工业研究》	《世界工业研究》
《政策法规研究》	《消费品工业"三品"战略专刊》	《中小企业研究》
		《集成电路研究》

通信地址：北京市海淀区万寿路27号院8号楼12层
邮政编码：100846
联 系 人：王 乐
联系电话：010—68200552 13701083941
传 真：010—68209616
网 址：www.ccidwise.com
电子邮件：wangle@ccidgroup.com

面向政府 服务决策

研究，还是研究
才使我们见微知著

规划研究所	知识产权研究所	安全产业研究所
工业经济研究所	世界工业研究所	网络安全研究所
电子信息研究所	无线电管理研究所	中小企业研究所
集成电路研究所	信息化与软件产业研究所	节能与环保研究所
产业政策研究所	军民融合研究所	材料工业研究所
科技与标准研究所	政策法规研究所	消费品工业研究所

通信地址：北京市海淀区万寿路27号院8号楼12层
邮政编码：100846
联系人：王 乐
联系电话：010-68200552 13701083941
传　　真：010-68209616
网　　址：www.ccidwise.com
电子邮件：wangle@ccidgroup.com